心安，灵魂的归宿。

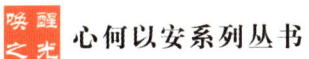 心何以安系列丛书

心何以安

化解苦难

胡山林 著

河南大学出版社
HENAN UNIVERSITY PRESS

图书在版编目(CIP)数据

心何以安.化解苦难/胡山林著.——郑州:河南大学出版社,2015.3
ISBN 978-7-5649-1930-6

Ⅰ.①心… Ⅱ.①胡… Ⅲ.①人生哲学－通俗读物 Ⅳ.①B821-49

中国版本图书馆 CIP 数据核字(2015)第 055679 号

责任编辑　孙小成
责任校对　张亚如
封面设计　郭　灿

出　版	河南大学出版社
	地址:郑州市郑东新区商务外环中华大厦 2401 号　邮编:450046
	电话:0371-86059712(高等教育与职业教育出版分社)
	0371-86059713(营销部)　网址:www.hupress.com
排　版	郑州市今日文教印制有限公司
印　刷	河南瑞之光印刷股份有限公司
版　次	2017 年 9 月第 1 版
印　次	2017 年 9 月第 1 次印刷
开　本	890mm×1240mm　1/32
印　张	7.25
字　数	188 千字
定　价	28.00 元

(本书如有印装质量问题,请与河南大学出版社营销部联系调换)

目 录

引 言
　　苦难无法掌控,能掌控的是对待苦难的态度　/001

一　接受与抗争　/003

　　1. 对无法避免的苦难,最明智的态度是坦然接受　/003
　　2. 苦难来了,不要老问为什么为什么为什么　/005
　　3. 交流沟通是克服心理困境的最好选择　/008
　　4. 接受,敬重,感恩　/010
　　5. 苦难是上帝赐给自己体会幸福的机会　/011
　　6. 就命运而言,休论公道　/013
　　7. 世界是一个整体,你要整个接受它　/015
　　8. 改变我能改变的,接受我不能改变的　/018
　　9. 人生就是与困境相周旋　/019

二　信念是人生的支柱　/022

　　1. 有信念的人经得起任何风暴　/022
　　2. 困顿潦倒中直道而行,知其不可而为之　/023
　　3. 坚守民族气节,在高寒荒野牧羊十九年　/026

4. 万里孤行,西天取经 /029
5. 忠君爱国,拯时济世,痴心不改 /033
6. "我是中国人民的儿子,我深情地爱着我的祖国和人民" /036
7. 正义的事业必须坚持到底 /040
8. 为在南非建立民主自由的社会而奋斗 /042

三 意志能创造奇迹般的奇迹 /048

1. "我要扼住命运的喉咙" /048
2. 钢铁意志筑就文学高峰 /054
3. "顽强是个妙不可言的东西" /058
4. 继承丈夫遗志,登上科学讲坛 /062
5. 高位瘫痪女博士,摇着轮椅上哈佛 /068
6. 意志是重要的,但又不是万能的 /072

四 希望是不幸者的第二灵魂 /078

1. 《命若琴弦》的启示 /078
2. 像坚持初恋一样坚持理想 /081
3. "圆梦大师"的圆梦人生 /083
4. "我的生活是从没有希望中走出希望的" /086
5. 在任何恶劣乃至绝望的环境里都不要放弃对未来的渴望 /094
6. 信念不死,希望永存 /098

五 看破人生而后爱它谓之乐观 /101

1. 乐观的内涵 /101
2. "早晚都会过去" /103
3. "病魔摧残了我的肉体,但没有泯灭我乐观顽强的意志" /106
4. "快乐和勇气是抗击病魔的最佳武器" /109

5. "告别之前：我生命中最美好的一年" /113
6. "你是我见到的英国最阳光的女人之一" /115

六 爱心使苦难变得温暖 /122
1. 爱是最好的医药 /122
2. "想不到人间还有你这样人如其名的女性" /124
3. 暴走减肥，割肝救子 /125
4. 唯有爱与坚持才能创造人生奇迹 /129
5. 风雨无阻陪读失聪儿子十六年 /133
6. 爱情的神奇力量 /135
7. "要做好一个国家的总统，首先要做好一个孩子的父亲。" /137

七 再苦再难，也不妨幽它一默 /140
1. 直接与天神开玩笑 /140
2. 不可救药的乐天派 /141
3. 金圣叹：临死也把玩笑开 /142
4. 生平与疾病，皆可拿来调侃 /145
5. 新陋室铭 /148
6. 杨绛：以游戏心态面对人间闹剧 /150
7. 提前十六年写给自闭症儿子的信 /154
8. 苦恼人的笑 /161

八 读书写作中寻找精神慰藉 /164
1. 读书写作中慰藉受伤的心 /164
2. 忍奇耻，效先贤，著书立说 /165
3. "鬼狐有性格，笑骂成文章" /168

4. "字字看来皆是血,十年辛苦不寻常" /170

5. 以读书思考对抗贫病交加与孤独的绝境 /172

6. 在藏书室里自言自语自得其乐 /175

7. 面对锥心的失子之痛,在写作中以智慧"安魂" /178

九 穿行在思想的密林里 /183

1. 化"地狱"为"天堂" /183

2. 正道直行,以道自任 /184

3. 人生如寄,不计荣辱 /186

4. 万事皆不介意,胸中廓然无物 /188

5. 高人雅士皆同道 /189

6. 换个角度看问题 /192

7. 自我反省中释然 /194

8. 灵魂飞翔于天地之间 /195

十 艰难困苦,玉汝于成 /199

1. "艰难困苦,玉汝于成"的奥秘何在 /199

2. 赢得全世界人民尊敬的盲聋哑作家、教育家 /202

3. 生下来没有四肢的国际演讲家和布道者 /207

4. 无臂钢琴师 /215

5. 美与人性的使者 /219

6. 流浪汉残手练就新字体 /222

后记 /225

引　言

苦难无法掌控，能掌控的是对待苦难的态度

苦难二字，具有沉甸甸的分量，人人畏惧，避而远之，然而苦难却如影随形，常常与人生相伴相随。于是，如何对待苦难、化解苦难，便成了人生一大课题。在这方面，人类已经积累了极为丰富的经验和智慧，体现在现实人生和思想文化各领域，当然也包括文学作品里。这是一笔极为宝贵的精神财富，挖掘整理并批判地继承这笔财富，对于当下乃至将来所有人的人生，都具有现实的借鉴、参考意义。

苦难的种类繁多，现实表现千类万殊，但归纳起来，删繁就简，大而化之，大类不外乎自然性苦难与社会性苦难。

自然性苦难主要指来自自然（界）所加诸人类的各种不幸，如先天或后天的残疾，如洪水、地震、瘟疫、死亡、非人为原因的疾病（有的疾病的原因系人为，如极不健康的生活方式），如电击、矿难、车祸等突发性灾难；社会性苦难是指由于社会方面的原因而导致的各种人生苦难，如遭受打击迫害，侮辱歧视，蒙冤受屈，不公正待遇等。简言之，自然性苦难源于非人为因素，社会性苦难源于人为因素。

两类苦难的原因、性质不同，但有一点是共同的，那就是不以人的意志为转移，具有无法预测、无法掌控性。谁都不想碰上苦难，但苦难却不期而至，降临到你的头上，怎么办？苦难的降临受

难者个人无法掌控(能掌控就没有苦难了),但人们能够掌控的是对待苦难的态度。也就是说,苦难虽然是逃避不掉的,但是通过个人的主观努力,也许是可以超越、可以化解的。这里说的超越、化解,不是把苦难消除了,归零了,而是从精神上理解了,接受了,化解了,超脱了,乃至于战胜了。正是在对待苦难的态度上,才见出了人的人格力量和精神境界,见出了人的智慧与高贵。也正因为此,面对苦难的"态度",才具有了普世价值和意义,才值得讨论、研究和借鉴。

一 接受与抗争

本节主要讲北京作家史铁生化解苦难的人生智慧。因为他的苦难和他对苦难的思考,极具代表性而且绝对有哲学或者说理论的高度(深度),值得作为标本、作为典型向读者介绍。

21岁那年,正欢度美好青春的史铁生,突然被一场灾难(因"脉管炎"病致双腿瘫痪)所击倒,从此他陷入痛苦绝望的深渊,几乎丧失生存的勇气。然而经过痛苦执着的精神探索,他终于越过一道道思想障碍,从深渊中渐渐走出来直至登上精神高地,从此活得热烈而辉煌。引领他走出深渊走上精神高地的,是他对人生苦难的透彻悟解。正是这种悟解帮助他接受、理解、超越了苦难。

那么他是怎样一步步化解并进一步超越人生苦难的呢?弄清这一问题,理清史铁生的思路对于每个人都有现实的或潜在的意义。因为,每个人都可能面临不同的人生苦难,然而并不是每个人都能有效地化解。有些人可能一辈子生活于苦难的阴影之中而不能超拔,这就需要借助史铁生的人生智慧。这里笔者试对史铁生化解人生苦难的心路历程做粗略的梳理,自己受益的同时,也想让其对读者的人生有所启发。

1. 对无法避免的苦难,最明智的态度是坦然接受

21岁,人生正该向他展示美好一面,却突然被"种"在了病床上,这种残酷的现实,任谁也无法接受。残疾,可怕的不单是生理上的痛苦和生活上的不便,更主要的是意味着从此被抛出了正常的人际群体,从此改变了早已习惯了的生活轨道。残疾,本来应该得到世人更多的同情和关怀,然而事实却相反,他得到的更多的是冷漠和歧视。

这种种痛苦的经历和体验,在一向被认为是史铁生精神自传的中篇小说《山顶上的传说》中有详细的描述:作品主人公也是一位残疾青年,他去找工作,官员们因其残疾而拒绝他;他和一位姑娘相爱了,但姑娘的父母就因为他的残疾而死活不同意;他和姑娘约会时周围人可以随意闯入而毫无歉意,因为他们认为残疾人根本不可能获得爱也不配获得爱,如果他爱别人或接受了别人的爱就是居心不良;他写小说,编辑愿意降低标准发表,因为他是残疾人……这一切,让他的心灵自尊受到极大伤害,他痛切体会到"歧视也是战争,不平等是对心灵的虐杀"。他常做噩梦,梦见自己走进了人们的包围圈,周围每一张脸上都带着嘲笑;梦见自己赤身裸体拖着两条变了形的腿在拼命地逃,但总也逃不脱……如此残酷的精神折磨使他痛苦使他怨恨,然而却找不到怨恨的对象:"你倒了霉,又不知道该恨谁;你受着损害,又不知道去向谁报复;有时候你真恨一些人,但你又明白他们都不是坏人;……你似乎是被一种莫名其妙的力量抛进了深渊。你怒吼,却找不到敌人"。他想抗争,于是梦见自己变成了一头骄蛮的斗牛,凭着一双角,一腔血,一条命,叫喊着,横冲直撞。总之,他恨一切人,想把整个世界都毁掉。但这一切全无用,于是他想到了死,用氰化钾,用DDVP(敌敌畏),想用手摸电线插头……

此时的残疾青年,被灾难所击倒,彻底陷入了精神绝境。

作品中残疾青年的精神绝境也就是现实中史铁生的精神绝境。不过,生活中的史铁生并没有在绝境中陷溺太久,而是经过艰苦的精神探索很快走出了心灵的深渊,进入了一个新的境界。新境界的标志——"镇静",就是能够镇静地对待困境,不再恐慌了。

之所以能够镇静,是基于现实理性的指导——灾难之所以为灾难,就因为它已经成为事实;对于既成事实,最明智的态度就是坦然而平静地接受。正如英国作家毛姆所说,对已经无法改变的事实发牢骚,等于是徒然浪费感情。灾难已经来了,你承认它,它在;你不承认它,它照样在。既然如此,还是坦然承认是上策。"别总想着逃避困境:你恨它,怨它,跟它讲理,想不通,觉得委屈,其实这都还是想逃避它。可困境所以是困境,就在于它的不讲理,它不管不顾、大摇大摆地就来了,就找到了你的头上,你怎么讨厌它也没用,你怎么劝它一边去它也不听,你要老是固执地想逃离它,结果只能是助纣为虐,在它对你的折磨之上又添了一份对自己的折磨罢了。"(史铁生:《我与地坛》第387页,人民文学出版社,2011)

总之,对于一切已经到来的苦难,坦然接受就是明智,明智让人平静,让人豁达,让人释然。

2. 苦难来了,不要老问为什么为什么为什么

谁都不想遭遇苦难,但苦难不期而至,横亘在你面前,强加到你头上,这时候你怎么办?绝大多数人的天然反应是,极端痛苦,怒发冲冠,捶胸顿足,不能接受。他们想,天下那么多人,为什么别人没不幸,而偏偏让我不幸啊!我上一辈子杀人放火了吗?如果我杀人放火了,你让我再怎么不幸我都认了,因为我活该,我愿用一辈子受罪来赎罪。可是谁能证明我杀人放火了?没人证明,为什么偏偏让我不幸?是啊!问得好啊!你问得理直气壮、振振有词、咄咄逼人,可是,可是请问你问谁呀?谁能给你个回答呀?父母?爷爷奶奶?法师?还是神?没有人回答你,能回答你问题的只有"上帝"(客观的、人们无法掌控的超人力量),可是上帝是谁你是谁呀,上帝压根儿不搭理你。换句话说,你的苦难没有原因,没有理由,没有根据,你不幸就不幸了,没人给你个说法,没人为你负责。这就是人生的真相,命运的真相。

史铁生短篇小说《宿命》讲了上述道理。主人公莫非是一位中学老师,26岁还是单身,因为他志存高远,不想过早失去自由,他要出国留学,想看看更广阔的世界。经过刻苦努力,他终于如愿以偿,考上了美国研究生。签证办好,飞机票买好,明天就要飞到大洋彼岸实现自己的梦想了。此时的莫非是命运之神的掌上明珠。要知道,20世纪80年代,年轻人能考上个大专就是"天之骄子"了,而他考上的竟然是一般人想都不敢想的美国研究生。莫非的幸运无以复加,正在云端飞翔。然而,谁也想不到,当天晚上他遭遇车祸,腰椎被撞断,高位截瘫,从此被"种"在病床上了。莫非的命运一下子从云端跌到了深渊里。人们形容巨大反差往往用"天壤之别",现在莫非遇到的,不是天壤之别,而是天渊之别。天壤是从天上到地上,现在是从天上到深渊,从天堂到地狱。这让谁受得了?!莫非痛苦得多次要自杀,但在一圈人的劝告下终于没死成。没死,就要反思是什么原因导致了如此巨大的不幸?我为什么躲不开那罪恶的一秒钟?在这之前我干啥了?之前之前又干啥了?这样一路穷追下去,导致他不幸的最后原因终于找到了,原来是一声"发闷的狗屁"。就是这一声发闷的狗屁,导致了连锁反应,环环相扣,终于把他"种"在了病床上。

"发闷的狗屁"当然是一个绝妙的艺术意象,其象征意义是——什么都不是,太卑微卑贱不值一谈。平时我们说一个东西啥也不是的时候常说,你那东西算狗屁,你那东西狗屁不是。现在,把莫非的命运从云端推入地狱的原因连普通的"狗屁"都不是,而是"发闷的"狗屁,比"狗屁"还低一等。一声发闷的狗屁,竟然摧毁了莫非庄严神圣的幸运,实在让人哭笑不得,无比感慨!这是什么?是荒诞,是命运的恶作剧。这让人怎么接受?但不接受你又有什么办法?现实是,你愿接受也得接受,不愿接受也得接受,反正已经是铁定的事实。你不服吗?不服也得服。这就是命运。

所以,当莫非苦思冥想追来追去,最后得知是一声狗屁摧毁了

他的命运时,他无比悲愤,痛苦难抑。作品的最后一段是这样的:

> 如今当我做任何一件事情的时候,我都听见那声闷响仍在轰鸣。它遍布我的时空,经久不衰,并将继续经久不衰莫非的一生。
> 为什么为什么为什么?为什么要有这一声闷响?
> 不为什么。
> 上帝说世上要有这一声闷响,就有了这一声闷响,上帝看这是好的,事情就这样成了,有晚上有早晨,这是第七日以后所有的日子。
>
> (《史铁生作品集》第二卷第 304 页,中国社会科学出版社,1995)

这是什么意思?这意思是说,那一声闷响没有原因("不为什么")。你不是悲愤无比地质问为什么为什么为什么吗?你问谁呢?谁能给你个回答呢?没有谁。因为谁也不知道。知道原因的只有"上帝"——不是人格神的上帝,而是自然、宇宙、客观规律的上帝。而这样的上帝不是"主体",没有"人格",没有主观意识,是一种超人力量。在它那里,不为什么,那是自然规律自然形成的。正如孔夫子所说:"天何言哉?四时行焉,百物生焉,天何言哉?"这就是说,没人为你的不幸负责,因此,当你遇到不幸时,你就不要捶胸顿足,悲愤难抑地呼喊为什么为什么为什么了,那样的结果只能伤害你自己。

既然如此,那就再也没什么话好讲。明智的人就不要再气不忿,不要再急扯白脸地和造化讲道理——讲来讲去讲不清最后只有气死你自己。你本来已经不幸了,再加上气,不幸加不幸,这是何苦?!所以,面对不期而至的苦难,笔者劝你最好咬牙切齿地冷冷说一声:老子认了!!

"老子认了!"这话听起来似乎有点粗俗,有点野蛮,有点不文明,但是,笔者偏爱这句话,觉得只有这句话过瘾、到位、有力度,能表达我所认可的对待苦难的态度。我认为这句话的品质是俗中见雅,大俗大雅,以俗为雅。

细想,这句话的心理内涵是多么丰富啊!它的冷静里蕴含着理智、理性,蕴含着洞达造化真理后的平静与豁达,蕴含着压倒命运的不屈意志和力量。当你急扯白脸和上帝争吵讲理时,你被命运压倒了;而当你说"老子认了"的时候,你压倒了你不幸的命运,凸显你成熟的气质和阔大的气象。两种态度,两种境界,相差何其大也!

"老子认了"具有魔咒一样的效应,此语一出,所有不幸带来的冤屈感豁然冰释,所有的憋闷和压抑瞬间释放,如拨云见日、扬眉吐气。当你从心底涌出这句话的时候,你就从受本能支配的原始自发状态走向清醒理智状态,从此你就是底气十足的人,就是聪明智慧的人。对待苦难,消极无奈地接受是本能,能说"老子认了"才是本事!

3. 交流沟通是克服心理困境的最好选择

《在北京友谊医院"友谊之友"座谈会上的发言》中,史铁生讲过一个意思,苦难来了,心中痛苦,那么交流、沟通、倾诉与倾听,是克服任何心理困境的最好选择。为什么呢?因为,同是生活在这个世界上,谁的生活中都难免有些艰难,谁心里都难免有些苦恼和困惑;甚至可以说艰难和困惑就是生命本身,这是与生俱来的,终生不能消灭的。既然人们都难免会遇到苦难,大家心里都有困惑、迷惘,那么心里痛苦时大家不妨坐在一起敞开心扉,坦诚地说一说我们的困惑,大胆地看一看平时不敢触动的某些心灵角落,这就是最好的办法。心里的困惑存在一天,这办法就不会过时。就是说,一切具体的心理治疗方法,都要由这样的开端来引出。自我封闭,是心理治疗的最大障碍。困境不可能没有,艰难不可能彻底消灭,但人与人之间的交流、沟通、倾诉与倾听,却可以使人获得一种新的生活态度,或说达到一种新的境界。

新境界?内涵是什么?标志是什么?史铁生说,一是认识了爱的重要——困境不可能没有,最终能够抵挡它的是人间的爱愿。另一个是镇静——能够镇静地对待困境了,不再恐慌了。这是一种新的生活态度,一种注满了智慧的好心情。

史铁生用《小号手的故事》说明这种境界:战争结束了,有个年轻的号手最后离开战场,回家。他日夜思念着他的未婚妻,一路上都在设想如何同她见面,如何把她娶回家。可是,等他回到家乡,却听说未婚妻已和别人结婚,家乡早已流传着他战死沙场的消息。小号手痛苦之极,便又离开家乡,四处漂泊。孤独的路上,陪伴他的只有那把小号,他便吹响小号,凄婉悲凉。有一天,他走到一个国家,国王听见了他的号声,使人把他唤来,问:你的号声为什么这样悲伤?号手便把自己不幸的经历讲给国王,国王听了非常同情,然后下了一道命令,请全国的人都来听这号手讲他的故事,都来听他那哀伤的号声……日复一日,年轻人不断地讲,人们耐心地听,只要那号声一响,人们便围拢来,在他周围默默地听……就这样,不知从什么时候起,他的号声已不再那么低沉、凄凉了。又不知从什么时候起,那号声开始变得嘹亮,变得生气勃勃了。

国王和民众其实也没有为小号手特别地做什么,为什么小号手的情绪由悲伤、凄凉变得生气勃勃了?原因无它,就在于他在向别人讲自己的故事和吹响号声的时候,他心里的悲伤和郁闷转移出去了,释放出去了,他那颗孤独无依的心和他人的心交流了,沟通了,因而不孤独了。换句话说,他的悲伤化解了,从而在友爱中赢得了一种好心情。

小号手的故事当然是具体的,个别的,特殊的,但这里面蕴含着共同的、共通的、普遍的道理。人是社会关系的总和,人生活在

化解苦难

群体中,一个人有了困惑、痛苦时需要向人倾诉,需要与人交流,在倾诉和交流中得到慰藉。其次,心理郁结需要缓解,需要释放,向人倾诉,与人交流,郁结的心结自然就会得到缓解和释放。所以史铁生说:"交流、沟通、倾诉与倾听,是克服任何心理困境的最好的选择。"(史铁生:《我与地坛》第391页,人民文学出版社,2011)

4. 接受,敬重,感恩

接受,敬重,感恩,都是史铁生对待苦难的态度。

对于自身的苦难,史铁生不仅是接受,更进一步来讲,是敬重。什么意思?史铁生作了解释。他说,有一回,有个记者问我:你对你的病是什么态度?我想了半天也找不出一个恰当的词,好像说什么也不对。最后我说:是敬重。这绝不是说我多么喜欢它,但是你说什么呢?讨厌它吗?恨它吗?求求它快滚蛋?一点用也没有,除了自讨没趣,就是自寻烦恼。但你要是敬重它,把它看作是一个强大的对手,是命运对你的锤炼,就像是个九段高手点名要跟你下一盘棋,这虽然有点无可奈何的味道,但你却能从中获益,你很可能就从中增添了智慧:比如说逼着你把生命的意义看得明白。一边是自寻烦恼,一边是增添智慧,选择什么不是明摆着的吗?所以,对困境先要对它说"是",接纳它,然后试试跟它周旋,输了也是赢。(史铁生:《我与地坛》第387—388页,人民文学出版社,2011)

要"敬重"的当然不是苦难本身,而是苦难作为"对手"的身份和地位。有了它,才可以激发你生命的潜能,激发起奋斗的意志,才能显现出你的人格力量,所以要敬重它。如果它的作用真的实现了,你确实在和它周旋的过程中成长了,成熟了,那你对苦难的态度就不仅是敬重,而且应该"感恩"了。——这也正是史铁生的意思。

2005年底,史铁生在给笔者的一封信中说:"您说命运对我不公,真也未必。四十几岁时,我忽然听懂了上帝的好意,不由得心存感恩。命运把我放进了疑难,让我多少明白了些事理,否则到死我都会是满腹惊慌。"(史铁生:《病隙碎笔》第 411 页,人民文学出版社,2011)这段话是对拙作《寻找灵魂的归宿——史铁生创作的终极关怀精神》(人民文学出版社,2005)一书的回应。在这本书中,笔者不止一次地为史铁生鸣不平,认为上帝苛待了他,命运对他不公平,然而他自己却说"真也未必",而且还说这是"上帝的好意",还"心存感恩"。最初读到这句话时,我有点吃惊,因为毕竟不太合乎人之常情,但是,稍加思索,我立马理解了。细读全信你会感到史铁生的话说得非常真诚,非常平静,一点装和炫耀的成分也没有;证之以现实中他的生活状态,更感到他的真诚。然而,这"平静"中包含了多少难以言说的精神内涵啊!史铁生以诚实、善思的天性,在与苦难周旋的过程中逐步加深对它的体验和认识,从思想上、精神上完成了对苦难的步步超越。这一历程是一份具有标本意义的精神履历表,它给苦难中人,甚至不在苦难中的人的启发,将是深刻而宝贵的。

5. 苦难是上帝赐给自己体会幸福的机会

接受苦难并不等于理解苦难。知苦难已成既定事实无可挽回,知困境不可消除无法回避,因而对苦难和困境只能说"是",只能接受。这当然是现实理性的胜利,但无论如何总也是一种无奈。这是硬生生把苦难咽下去,因而暂时还不大化解得开,表现为理智点头而情感摇头,理性说"是"而内心遗憾。如何能让理智接受情感也接受呢?史铁生在精神探索的路途上继续跋涉。

背负着苦难继续上路,不久,史铁生又来到一块精神高地。在这里,天广地阔,一马平川,了无障碍。因为,在这里,他从哲学意义上理解了苦难,因而也就从内心深处化解了苦难。

史铁生对苦难的理解和化解,得益于他无师自通的哲学思维。世上人千方百计都想避开坏运而企求好运,然而究竟什么是

化解苦难

坏运什么是好运,却不一定都能想明白。好吧,既然人人都企求好运,那么我们就设计一个具有特别好特别好命运的人,看看他又能怎样。

在《好运设计》中,史铁生通过精心"设计",把世人所认为的"好运"都集中到一个人身上,让他百事顺遂,万事如意,心想事成,尽善尽美。他本应该感到幸福无比,结果恰恰相反,他并不感到幸福。因为,绝对的好运导致绝对的麻木,让他彻底丧失对"好运"的幸福感。为了让他对"好运"具有幸福感,必须加给他一些痛苦以作衬照;但这种对幸福的体验可能只是暂时性的,一旦痛苦消失,幸福感就跟着消失。所以,为了让他永远保持对"好运"的幸福感,就必须永远不断地加给他痛苦。为什么呢?因为,说到底,"所谓好运,所谓幸福,显然不是一种客观的程序,而完全是心灵的感受,是强烈的幸福感罢了。没有痛苦和磨难你就不能强烈地感受到幸福,那只是舒适只是平庸,不是好运不是幸福"。(《史铁生作品集》第三卷第192页,中国社会科学出版社,1995)通过一番"设计",史铁生告诉读者,世界上压根就没有绝对的好运,绝对的好运让你感觉不到那是好运,其结果与坏运无异。

既然世上没有绝对的好运,绝对好运的结果是反而感受不到幸福,其实质等同于坏运,那么,我们面临的坏运岂不是上帝赐给我们感受幸福、领悟幸福、体验幸福的好机会?!毕竟,只有身负坏运的人才是对幸福最敏感的人呀!换句话说,身负坏运换个角度看其实也是好运,谁说不是这样呢?!

其次,再进一步,究竟什么是好运什么是坏运,也没有标准呀!

长期患病的痛苦体验使史铁生进一步悟到,苦难与幸运都不是绝对的而是相对的。同一境遇,你可以说它是苦难,也可以说它是幸运,问题是没有更大的苦难作比照,你就体会不到这种境遇是幸运还是苦难。关于这层意思,史铁生是这样说的:"生病也是生活体验之一种,生病的经验是一步步懂得满足。发烧了,才知道不发烧的日子多么清爽。咳嗽了,才体会不咳嗽的嗓子多么安详。刚坐上轮椅时,我老想,不能直立行走岂非把人的特点搞丢了?便觉天昏地暗。等到又生出褥疮,一连数日只能歪七扭八地躺着,才看见端坐的日子其实多么晴朗。后来又患'尿毒症',经常昏昏然不能思想,就更加怀恋起往日时光。终于醒悟:其实每时每刻我们都是幸运的,因为任何灾难的前面都可能再加一个'更'字。"(史铁生:《病隙碎笔》第2-3页,人民文学出版社,2011)

在任何灾难面前都可能再加一个"更"字,而在"更"字没有出现之前人们总是看不见它,因而也就体会不到"更"字之前的境遇其实也是一种幸运。

还有,即使不是苦难而是幸运,但人们往往记得住苦难而记不住幸运。史铁生还以自己的经历为例说明道理:坐上轮椅那年,大夫们总担心我的视神经会不会也随之作乱,隔三岔五推我去眼科检查,并不声张,事后才告诉我已经逃过了怎样的凶险。那次摆脱了眼科的纠缠,常让我想想后怕,不由得瞑揖默谢,谢上帝默默赐给自己一个幸运。但"人有一种坏习惯,记得住倒霉,记不住走运,这实在有失厚道,是对神明的不公"(史铁生:《病隙碎笔》第3页,人民文学出版社,2011)。

想通了上述道理,史铁生发现,自己的苦难其实正是上帝赐给自己体会幸福的机会;自己的苦难换个角度看或许也可以说是幸运;自己既有苦难的时候也有幸运的时候,其实人人都这样。所以,史铁生说,抱屈多年,一朝醒悟:上帝对史铁生并没有做错什么。

6. 就命运而言,休论公道

从哲学辩证法的角度看,世界上没有绝对的好运,也没有绝对的坏运;一味地尽是好运反而体会不到幸福,所以摊上坏运反而是上帝赐给人体会幸福的机会。再者,任何苦难前面,理论上说都可

化解苦难

能再加一个"更"字，但上帝没有把"更"字加给你，这本身就是幸运。这些道理，已经够深刻、够有说服力的了，对于从理性上化解苦难已经起到相当大的作用了。但是，史铁生毕竟是史铁生，史铁生是天生具有哲学气质的思想家和文学家，他不满足于仅仅从哲学层面的理解，他还要更上层楼，他换个视角，即从终极视角，或者说从宇宙构成的视角，造化的视角，进一步深入探究苦难的来源。

从终极视角看人生，史铁生发现，人间戏剧需要各种角色，人世间本来就是由幸运和苦难构成，没有了苦难也就等于没有了世界，没有了人间戏剧。

在《我与地坛》中，史铁生写他在园中见到过一对小兄妹，妹妹漂亮但却弱智，因此常遭无聊家伙的戏耍。为什么不能让她漂亮又聪明，给她一个完美呢？上帝为什么这样安排，上帝的意图到底是什么呢？

> 谁又能把这个世界想明白呢？世上的很多事是不堪说的。你可以抱怨上帝何以要降诸多苦难给这人间，你也可以为消灭种种苦难而奋斗，并为此享有崇高与骄傲，但只要你再多想一步你就会坠入深深的迷茫了：假如世界上没有了苦难，世界还能够存在么？要是没有愚钝，机智还有什么光荣呢？要是没了丑陋，漂亮又怎么维系自己的幸运？要是没有了恶劣和卑下，善良与高尚又将如何界定自己又如何成为美德呢？要是没有了残疾，健全会否因司空见惯而变得腻烦和乏味呢？我常梦想着在人间彻底消灭残疾，但可以相信，那时将由患病者代替残疾人去承担同样的苦难。如果能够把疾病也全数消灭，那么这份苦难又将由（比如说）相貌丑陋的人去承担了。就算我们连丑陋，连愚昧和卑鄙和一切我们所不喜欢的事物和行为，也都可以统统消灭掉，所有的人都一样健康、漂亮、聪慧、高尚，结果会怎样呢？怕是人间的剧目就全要收场了，一

个失去差别的世界将是一潭死水,是一块没有感觉没有肥力的沙漠。

看来差别永远是要有的。看来就只好接受苦难——人类的全部剧目需要它,存在的本身需要它。看来上帝又一次对了。(史铁生:《我与地坛》第13页,人民文学出版社,2011)

在这里,史铁生发现,世界构成的公式是:苦难+幸运=人间戏剧=存在真相=上帝意图,苦难和幸运去掉任何一项都不称其为世界,也都没有了人间戏剧。所以,对于一个人来说,"所谓命运,就是说,这一出'人间戏剧'需要各种角色,你只能是其中之一,不可以随意调换"(史铁生:《病隙碎笔》第1页,人民文学出版社,2011)。上帝选定谁承担苦难,谁就别无选择,只有接受它。

这就是宇宙、自然、世界的真相,这就是存在或曰造化的规律。世事从来都是由幸运和不幸构成,就像氧原子和氢原子组成水,你不可能拿掉你不喜欢的那一个而保留你喜欢的另一个。因此,人生在世,必须接受造化的安排,没有商量的余地。亘古以来,风就是这样吹的,地就是这样转的,你不服不行。人间有人间的道理,造化有造化的道理。你可以和人讲道理,但没法和造化讲道理。造化本身没有意识,是无知无情的。

"于是就有一个最令人绝望的结论等在这里:由谁去充任那些苦难的角色?又有谁去体现这世间的幸福、骄傲和快乐?只好听凭偶然,是没有道理好讲的。"对此,史铁生无比感慨,他以大彻大悟的语气说:"就命运而言,休论公道。"(史铁生:《我与地坛》第13页,人民文学出版社,2011)

7. 世界是一个整体,你要整个接受它

在《病隙碎笔》中,史铁生借约伯的苦难,继续从终极视角解说上述道理。

化解苦难

《圣经》中约伯的故事是著名的受苦受难的故事,史铁生借此谈他对苦难的认识,以及面对苦难应有的态度。

约伯是一个叫乌斯的地方的老人,家业兴旺,儿女满堂,对上帝满怀虔敬的信仰,一家人过着幸福美满的生活。有一天,魔鬼撒旦对上帝说:约伯敬畏上帝乃是之前蒙上帝赐福,若你愿意动手毁坏他一切所有,他必当面抛弃你。上帝因此决定考验一下约伯的信仰是否纯正,于是命令撒旦夺走了约伯所有的儿女和财产,结果约伯经受考验,信仰坚执并纯正。撒旦继而又蛊惑上帝说:人是情愿舍弃一切而保全自己,若伤及他的骨和肉,他必当面抛弃你。于是上帝决定再次考验约伯,又命撒旦使约伯身染恶疾。约伯在此过程中,虽倍受煎熬,却始终敬畏和信仰上帝。最终上帝现身使约伯开悟,并把原先夺走的所有财产、儿女及健康重新返还给了这位苦难又可敬的老人。

《圣经》中的上帝是一位有思想有意志的人格神,你看他可以随意发号施令决定人的吉凶祸福。史铁生当然不信这样的人格神,但他却从故事中受到了面对苦难人类应该怎么办的启发,于是以他聪慧睿智的思考,对约伯的故事做出了无神论的独特解释。

借助约伯的故事,史铁生讨论了以下几层意思。

首先,世界是一个整体,你要整个接受它,而不是单单拿掉苦难的世界。

不断的苦难曾使约伯的信心动摇,他质问上帝为什么对他如此苛刻。"上帝把他伟大的创造指给他看,意思是说:这就是你要接受的全部,威力无比的现实,这就是你不能从中单单拿掉苦难的整个世界!"约伯于是醒悟。醒悟了什么?醒悟苦难原是宇宙、人生的本真存在,人生中避不开苦难,苦难乃人生题中应有之义,不必大惊小怪;人,不可能光是享有幸运,也可能遭遇苦难;你要是摊上了苦难,那也没有办法,只有耐心接受才是明智之举。

其次,你的苦难没有原因,没有理由,因此你不必怨愤不必闹心。

　　史铁生说过,危卧病榻,难有无神论者。意思是面对苦难,人的精神往往脆弱,会不由自主地自责:是我有什么罪孽而受惩罚吗?是我对神不虔诚吗?如果你自觉没有做错什么而遭遇不幸,你会满腔怨愤,埋怨上帝不公平,结果自己闹心烦躁活不下去。事实如何呢?事实是,正如上帝指给约伯看到的,生活从来都布设了凶险,不因为谁的虔敬就给谁特别的优惠。意思是,"天地不仁,以万物为刍狗",宇宙造化自有规律,不以个人意志为转移,因而自然不会偏爱或有意苛待某个人,一切都是自然而为。既然如此,你还闹什么心?!

　　再次,苦难面前,没有什么能够拯救你,能够拯救你的,只有你坚定的信心。

　　苦难面前,谁都忍不住希望有个人格神,以向他祈祷,寻求他的保佑,求他赐福。但是人格神不存在,因此他也不会给你许诺,给你保证。那么怎么办?出路只有一个,依靠自己的信仰,或者说战胜苦难的信心和希望。"真正的信心前面,其实是一片空旷,除了希望什么也没有,想要也没有。""人不可以逃避苦难,亦不可放弃希望——恰是在这样的意义上,上帝存在。"(《病隙碎笔》第6页,人民文学出版社,2011)

　　由约伯(个体)的故事生发开去,推而广之,人生在世,不止约伯面临苦难,而是人人都可能遇到苦难,苦难面前任何人都没有豁免权,正所谓苦难面前人人平等。面临苦难,难免求神保佑("危卧病榻,难有无神论者"),但是,你所求的那个按你的祈祷解除你苦难的人格神有吗?当然没有,所以这个神不能依靠;唯一靠得住的神是自己的精神——苦难面前永不丧失的信心,永不放弃的希望。

　　笔者以为,理解史铁生借宗教谈哲理的文字,一定要分清有神论和无神论,分清两个上帝——人格神和非人格神。史铁生笔下的上帝,不是人格神而是宇宙神——大自然本身,客观世界本身。

——对世界、人生、宇宙、造化认识到这一步,还有什么话说?!还有什么不能接受、不能理解?!还有什么不幸和苦难不能化解?!

记得好像是德国人有句格言——理解了也就宽恕了。事实正是如此,经过由近及远,由浅入深,由个别到一般,由具体到抽象,由形而下到形而上通天达地出入六合的思考,史铁生的心态由愤激躁动走向安详平静,从浑浊昏暗走向清澈澄明。透彻成熟的理性不但坦然接受了苦难,而且彻底理解了苦难,从而也就从内心深处真正地包容了、化解了苦难。

精神能够走到这一步,正如我们前面所说,得益于他的哲学智慧和看问题的终极视角。史铁生的身体苦难深重,但他的精神却相当自由潇洒。他的思想具有二重性,他常常把"自我"分为"主我"与"客我",或者说是精神性之我和肉身之我。(在《病隙碎笔》里,常常有"史铁生和我"这种说法,这里的"史铁生"即"客我",这里的"我"即自我意识,即理性,即"主我"。)他的主我常常自由灵活地从客我中分离出来,站在高处和远处,居高临下,像神一样地俯瞰自己,俯瞰他人,俯瞰世界上的一切,因而能够看到世界人生的真相,看到自己存在的真相。他把自己融会到大千世界之中,芸芸众生之中,他像看别人一样看自己,包括自身的灾难。有了这种神一样的眼光,还有什么看不破,还有什么不能理解不能化解呢?!

8. 改变我能改变的,接受我不能改变的

关于化解苦难的智慧,史铁生还有一句座右铭值得向读者介绍。在散文《"透析"经验谈》中,史铁生向病友们介绍了自己透析的几条经验,如,"别太把自己当成病人,适当地工作"等等,最后他说:"我多年患病的座右铭是:把疾病交给医生,把命运交给上帝,把快乐和勇气留给自己。"(史铁生:《我与地坛》第 394 页,人民文学出版社,2011)

疾病是人类生活中最普遍最有代表性的一种苦难,这则关于

患病的座右铭所体现出的思想当然适用于所有苦难。

这句话简洁明白,毋须解释。但是,其中所蕴含的人生智慧却值得仔细品味。这句话让我想起一句流传甚广的祷告语:主啊,请赐给我勇气,去改变可以改变之事;主啊,请赐给我力量,去忍受可以忍受之事;主啊!请赐给我智慧,以分辨上述两者之差别。也有人翻译为:主啊,请赐我力量来改变我能改变的;给我勇气来接受不能改变的,以及给我智慧,分清二者的差别。

上述祈祷语说明古人早就明白一个道理,人生中有些事是个人无法掌握无法控制的,对于个人无法掌控的事情,就坦然接受、耐心忍受、不发怨言。对于个人能够掌控的事情,一定要尽力而为,尽人事以听天命。换句话说,你管不着的就算了,你管得了的要尽力;在可以掌握的范围内做命运的主人,在无法掌握的范围内做命运的朋友。史铁生从患病中悟出的智慧与时空点距我们相当遥远的古人相通。史铁生的感悟,对所有苦难中的人都有启发和借鉴意义。

9. 人生就是与困境相周旋

史铁生看到既然人世间苦难的存在具有必然性、本原性,当然也就同时具有空间上的普遍性和时间上的永恒性,也就是说它无处不在无时不在,它与生俱来与生共存。如果把苦难称为炼狱的话,那么,人生的过程就是不断地必经炼狱的过程,炼狱不在终点上而在整个过程之中,而这就是人生的真相,即所谓的"本真生存"。(史铁生:《病隙碎笔》第257页,人民文学出版社,2011)既然如此,那么人生的过程也就必然是与苦难相周旋的过程。

人生就是与苦难相周旋,正是史铁生对人生实质的判断。史铁生一生接连不断地生病住院,打交道最多的医院是北京友谊医院,因而和医院的大夫,尤其是柏晓利大夫结下了深厚友谊。2001年柏大夫成立了抑郁症患者互助组织——友谊医院心理健康之

化解苦难

友,请史铁生去开讲座,史铁生讲座的题目是《人生就是与困境周旋》(即《在北京友谊医院"友谊之友"座谈会上的发言》)。讲座中史铁生介绍了自己对待疾病的态度,讲自己与疾病做斗争或者说化解苦难的经验。讲座中最值得关注的一点是他对人生与苦难的关系的认识,对人生实质的认识——既然人生中苦难与生俱来,是存在的规律,生命的本真,不可避免,不可消灭,那么人生的性质,从某种意义上说就是与苦难相周旋——"人的一切事都是与困境的周旋"。

这是一个由个别到一般、由具体到抽象,具有普遍哲学意义的结论,一个极为深刻的人生命题。对人生与苦难的关系有了如此清醒冷静的认识,就没有了苦难面前的怨气,就有了应对苦难的精神准备和与苦难抗争的力量。

也许有人觉得这一判断似乎有点太悲观了,但史铁生不这样认为。他说,未见人生困境,无视这样困境,不敢面对这样困境——以此来维系的乐观,是傻瓜乐观主义。信奉这样乐观主义的人,终有一天会发现上当受骗,再难傻笑,变成绝望,苦不堪言。见了这样困境,因而灰溜溜地再也不能振作,除了抱怨与哀叹再无其他作为——这样悲观是傻子悲观主义,信奉这样悲观主义的人,真是惨极了,他简直就没一天好日子过。相反,看到困境的存在而又不屈不挠地与之相周旋,这才是真正的乐观主义。(史铁生:《病隙碎笔》第208—209页,人民文学出版社,2011)关于这一意思,史铁生的另一种说法是,看破了人生而后爱它,这才是明智之举。

人生就是与困境相周旋,是史铁生从困境角度对人生实质的认识,同时也是自己人生的指路明灯,史铁生就是在这一思想指导下走完了他艰难而光辉的一生。

史铁生18岁到陕北插队,艰苦的条件很快使他腰椎患病,回北京治疗,实指望能够治好,结果变成了瘫痪,再也站不起来了。作为一个残疾人,四处找工作遭拒,无奈只好到一个街道小作坊打工养活自己。打工期间双肾衰竭,只好回家养病。生活沉重灰暗,没有出路,万般无奈之中练习写作。写作是他找到的最适合他的人生之路。写作激发了他的生命激情和内在潜能,他把自己的所感所悟所思所想都倾注于作品中。史铁生的一生,无论多么艰难困苦,都没有停止过写作,直至写到生命最后一息——2010年12月30日上午9时35分58秒。此为Word文档显示的工作时间。此后史铁生就不得不放下写作去医院透析了,透析之后感觉头疼难忍,回家就突发脑溢血了,然后是辗转于朝阳、宣武两个医院,31日凌晨3时46分溘然长逝。这就是史铁生的一生,与苦难周旋的一生,平凡而伟大的一生。

  史铁生相当勤奋,在饱受疾病折磨的一生中,为世人留下三百多万字宝贵的精神遗产。关于史铁生的价值,周国平先生有过恰切准确的评价。2012年1月4日在中国作家协会召开的"史铁生文学创作研讨会"上,著名哲学家周国平说:"我简要地说一说我心目中史铁生的价值,这个价值归结为一句话就是:他是中国当代最有灵魂的作家。""我想说出一个我自己真心认为、但无须别人赞同的看法:铁生是中国当代唯一可以称作伟大的作家,他代表了也大大提升了中国当代文学的高度。倘若没有铁生,中国当代文学将是另一种面貌,会有重大缺陷。在这个灵魂缺席的时代,我们有铁生,我们真幸运!"(岳建一主编:《生命——民间记忆史铁生》第312—313页,中国对外翻译出版公司,2012)

化解苦难

二 信念是人生的支柱

1. 有信念的人经得起任何风暴

信念,不同典籍上解释多多,莫衷一是。笔者参考各种解释,以及常识中人们的理解,倾向于把它解释为信仰的理念。人与动物的根本区别在于人有思想、有理念,人是靠思想、理念活着的,所以,当一个人对某种理念"信"而"仰"之的时候,你可以想象会激发出多么强大的力量。

关于信念的力量或意义,不用笔者饶舌,网上(百度百科)列出相关的名言警句有长长的一大串,这里摘录几则与读者共赏:

> 信念是人生的支柱,是沙漠中的绿洲,是航海时的灯塔。信念的力量在于,即使遭受厄运,也能点燃希望的火炬;信念的伟大在于,即使遇到险境,也能扬起生活的风帆;信念的魅力在于,即使身陷困窘,也能保持高洁的品行。最可怕的敌人,不是没有信念,而是没有坚强的信念。
> ——罗曼·罗兰
> 在荆棘道路上,惟有信念和忍耐能开辟出康庄大道。
> ——松下幸之助
> 由百折不挠的信念所支持的人的意志,比那些似乎是无

敌的物质力量具有更大的威力。　　　　　——爱因斯坦

信念！有信念的人经得起任何风暴。　　——奥维德

人,只要有一种信念,有所追求,什么艰苦都能忍受,什么环境也都能适应。　　　　　　　　　　　　　——丁玲

如果一个人有足够的信念,他就能创造奇迹。

——温塞特

信念之于人,尤其是身处困境中人,可以激发出强大的乃至于不可思议的精神力量,这一点在上述名言中已经讲得相当精彩相当透辟了。这些名言警句,并不是文人学士凭空的舌灿莲花,而是由实实在在的现实例证做支撑。

2. 困顿潦倒中直道而行,知其不可而为之

这里讲的是孔子的故事。

孔子是中国著名大思想家、大教育家,儒家学派创始人。孔子在古代被尊奉为圣人、至圣、至圣先师、万世师表,其思想对中国和世界影响深远,被列为"世界十大文化名人"之首。

孔子祖上是殷商王室的后裔,他出生时家族早已没落。孔子三岁时父亲病逝,母亲失去庇佑,被父亲正妻赶出家门,于是带孔子至曲阜阙里,过着清贫的生活。

孔子曾说过:"少也贱,故多能鄙事。"年轻时曾做过"委吏"(管理仓廪)与"乘田"(管放牧牛羊)。虽然生活贫苦,孔子十五岁即"志于学"。孔子"三十而立",并开始授徒讲学。凡带上一点"束修"的,都收为学生,如子路、子贡、颜渊等是较早的一批弟子。昭公二十五年(前517年),鲁国内乱,孔子离鲁至齐。在齐不得志,遂又返鲁,"退而修诗书礼乐,弟子弥众",从远方来求学的,几乎遍及各诸侯国。其时鲁政权操在季氏之手,而季氏又受制于其家臣阳货。孔子不满这种"政不在君而在大夫""陪臣执国命"的状况,

不愿出仕。他说:"不义而富且贵,于我如浮云。"

孔子想在本国从政的愿望始终不能实现,不得已离开鲁国,到外国去寻找出路,开始了长达十四年之久的周游列国的颠沛流离生涯。这一年,孔子五十五岁。在周游列国的过程中仍然屡遭挫折,得不到尊重,无奈只好继续奔走流浪。路过匡城时,因误会被人围困了五日。逃离匡城,到了蒲地,又碰上卫国贵族公叔氏发动叛乱,再次被围。鲁哀公二年(前493),孔子离开卫国经曹、宋、郑至陈国,在陈国住了三年。吴攻陈,兵荒马乱,孔子便带弟子离开。楚国人听说孔子到了陈、蔡交界处,派人去迎接他。陈国、蔡国的大夫们怕孔子到了楚国被重用,对他们不利,于是派人将孔子师徒围困在半道,前不靠村,后不着店,所带粮食吃完,绝粮七日,最后还是子贡找到楚国人,楚派兵迎孔子,孔子师徒才免于一死。孔子六十四岁时又回到卫国,六十八岁时在其弟子冉求的努力下,被迎回鲁国,但仍是被敬而不用。孔子晚年致力于整理文献和继续从事教育。鲁哀公十六年(前479年),孔子七十三岁,患病,不愈而卒,葬于鲁城北泗水之上。

综观孔子的一生,既丰富多彩又困顿潦倒,胸怀大志却挫折连连,可谓是充满苦难的一生。那么孔子是如何化解人生中的苦难,他的人生能给我们带来哪些启发呢?

孔子生活于一个动荡不安的巨变时代。孔子出生并成长于西周宗法礼制传统较深的鲁国,这时周王朝的统治已经名存实亡,天下大乱,诸侯间相互征战,出现了"王道衰,政教失,强陵弱,众暴寡,百姓纵心,莫之纲纪",即礼崩乐坏的社会局面。社会动乱的结果是阻碍了生产力的发展,老百姓被驱赶到战场上卖命,整个社会经济凋敝,民不聊生;同时,人们的精神和信念也在崩溃,道德沦丧,做人做事没有了底线。

面对这样纷乱无序、弱肉强食的社会局面,孔子痛心疾首,立志拯救社会,恢复社会秩序。孔子设想的较低的理想社会是"小

二 信念是人生的支柱

康",最高目标是建立"天下为公"的大同社会。"大同社会"的基本特点是：大道畅行,"天下为公",因而能"选贤与能,讲信修睦","人不独亲其亲,不独子其子,使老有所终,壮有所用,幼有所长,鳏寡孤独废疾者皆有所养",阴谋欺诈不兴,盗窃祸乱不起。这是一幅理想化的传说中的尧舜时代的原始社会景象,也是孔子憧憬的理想社会。

为了实现自己的社会理想,孔子给出的方案是"礼"与"仁",在治国的方略上,他主张"为政以德","以德治国"——用道德和礼教来治理国家。这种治国方略也叫"德治"或"礼治"。

但是,当时社会生活中流行的是弱肉强食的丛林法则,统治者热衷的是"霸道",而不是孔子主张的"王道",所以对孔子的理想和方案,各国统治者听听拉倒,没人真的去采纳。孔子想重整社会秩序的远大抱负始终无法得到施展。虽有短暂的从政经历,但终因各种原因未能实现。孔子对此死不甘心,于是他周游列国,到处宣传自己的治国理念,希望能借助政治权力实现天下大治的愿望。结果四处碰壁,无论到哪儿都被冷冷地拒之门外。在周游列国的多年中,孔子和弟子们经常挨饿,经常受到围攻,受到奚落,情形非常凄惨,连孔子自己也承认自己一行"累累若丧家之犬"。

孔子是非常讲究礼仪和尊严的人,何以落魄到如此地步而不改？原因无它,就因为他心里有强大的精神信念做支撑。这就是,他有崇高的政治理想,而且他坚信自己理想的正义性。为了实现崇高的理想,坚守自己的信念,他受尽委屈,困顿潦倒终生而不改志。虽然不被统治者赏识和接受,但他还是抱持一线希望而四处游说——哪怕有一分的希望,也要尽百分之百的努力。换句话说,虽然知道可能行不通,但他的信念要求他,他的心灵呼唤他——"知其不可而为之"。

"知其不可而为之",见于《论语·宪问》。有一次,孔子的弟子子路夜宿于石门,早晨守门者问他从哪里来,子路说从孔子那里来,守门人说"是知其不可而为之者与?"(是那个明知行不通还硬要去做的人吗?)语言文字中我们听不出守门人的语气,因而也无法判断他对孔子是嘲笑还是赞赏。两千多年后的我们,完全可以把这句话理解为正面的赞赏。"知其不可而为之",这是一种多么崇高伟大的精神啊!以孔子之聪明,他不可能不知道如此的坚守会被人视为迂腐,被别人所嘲笑,但他宁愿坚守这种迂腐而对别人的嘲笑全然不予理睬;以孔子之世故,他不可能不知道当隐士图个自在清闲对自己更有利,但他不屑于洁身自好只顾自己,他心里装的是天下,是社会,是大事业,为了心中的大事业他宁愿忍辱负重,置个人的利益于不顾。这是多么伟大的担当啊!对男子汉大丈夫来说,这绝对是正直的事业,为此坚守是值得的,所以孔子一生无论到哪一步,都始终坚持直道而行。

孔子一生困顿——穷困潦倒,挫折连连,苦难重重,但他用信念的力量化解了,克服了。什么是高贵?什么叫伟大?我看这就是了!

3. 坚守民族气节,在高寒荒野牧羊十九年

这里讲的是著名的苏武牧羊的故事。

苏武,字子卿,杜陵(今陕西杜县)人,其父苏建曾随大将军卫青出击匈奴有功,被封为平陵侯,做过代郡太守。按汉朝制度,太守以上官员的儿子可以直接出任郎官,苏武后来做到了中郎将。武帝天汉元年(公元前100年),匈奴且鞮侯单于继位,他害怕汉朝趁机袭击,主动上书和好。汉武帝任命苏武为正使,张胜为副使,携带大量礼品,护送匈奴使者回匈奴,同行的有一百多人。

苏武到达匈奴的时候,且鞮侯单于地位已经巩固,见苏武态度恭谨,礼品丰厚,以为汉朝是在贿赂他,怕他南下,态度变得十分傲慢。苏武大失所望,但身为汉使,只能按使节的礼仪行事,依旧不卑不亢地对待且鞮侯,维护汉朝的尊严。

二 信念是人生的支柱

就在苏武完成使命准备回国时,匈奴上层内部发生了谋反事件,副使张胜受到牵连,接着又连累到苏武。单于大怒,要把苏武一行全部处斩,后来有人建议,处斩不如收降。且鞮侯命汉朝降将卫律审讯张胜和苏武。卫律先以张胜参与谋反罪要挟苏武,命苏武到匈奴王庭接受审讯。苏武说:"我身为汉使,现在律下不严,居然要受匈奴审讯,有辱皇上使命和大汉尊严,生不如死。"随后抽出佩刀刺进胸膛。卫律眼明手快,一把抱住苏武,但苏武已身负重伤昏迷过去。且鞮侯派人悉心照料苏武,想使苏武归降。

苏武伤愈之后,且鞮侯命苏武旁听审讯张胜,宣布汉使若投降就可赦免。张胜贪生怕死主动请降。卫律手按佩剑对苏武说:"张胜是副使,副使有罪,正使应当连坐,你是否归降?"苏武不卑不亢地说:"我没参加谋反,和张胜又非亲属,怎能连坐到我?"卫律举剑要杀苏武,苏武不慌不忙,端坐不动。

卫律威胁不成又改为利诱,说:"我以前对不起汉朝而降匈奴,匈奴十分重义,封我为王,管辖数万百姓,牛马遍野,羊骡满山,享尽了荣华富贵。你今天归降,明天就和我一样。否则,抛尸荒山,白白送命,谁知道你为汉而死?"苏武沉默不语,也不正眼看卫律。卫律又接着说:"你能听我劝告,归降匈奴,我和你结为兄弟,你现在不听我的,以后想见我是万万不能了。"

听到这里,苏武大骂说:"你作为大汉臣子,不顾大汉恩义,背叛皇上和亲人,投降匈奴作奴才,无耻之极,我怎么还可能要见你?再者,单于信任你,让你审理这个案子,你不公正执法,分清是非,反而要挑起汉匈两家矛盾,自己在一边幸灾乐祸。你知道我不会投降,你想杀我,使汉匈开战,那么匈奴的灭亡必因我而起。"卫律见威逼利诱都不成,只好告诉且鞮侯单于。

且鞮侯单于见苏武大义凛然,更加想收降苏武,把苏武关在地窖里,断绝饮食,逼苏武就范。时值秋冬之交,雨雪连绵,苏武吞雪水充饥,数日不死,凭着顽强的意志活了下来。匈奴人以为有天神

化解苦难

相助,回报单于。单于传令把苏武一个人流放到北海(今西伯利亚贝加尔湖),让他放牧一群公羊,说等公羊生了小羊再接他回来。

北海地处苦寒,荒无人烟,匈奴不给任何粮食衣物。苏武以羊皮为衣,以野鼠草根为食,和羊群共宿以御寒。在这荒漠上,除了丛生的野草,就是漫天的风雪,终年见不到一个人影。苏武抱着代表汉廷的旄节牧羊,无论坐卧行走都拿着汉节。岁月一天天流逝,节杆上缀的三重旄牛尾都落尽了,只剩下一根竹竿。

且鞮侯估计苏武经受了那么多苦难应该投降了,就派李陵到北海劝降。李陵早年和苏武同僚,早已知道苏武出使匈奴,但感到无颜相见。这次受命而来,二人抚今追昔感慨万千。李陵对苏武说:"你的兄长因为不小心碰坏了皇上的车辕,以大不敬罪伏剑自尽。你的弟弟和一个宦官在摇船时不小心把天子的一匹马推到河里淹死,也饮药而亡。我来的时候,听说你嫂子已经去世,你夫人因年轻已改嫁,其余家小生死不知。天子对你没多少恩义,你家中也没有什么留恋的。天子年事已高,法令变化无常,大臣无辜被杀的有几十家,你即使回去也不一定会见到天子;见到天子也不一定就能得到赏赐。你这样持节牧羊究竟为了谁?"苏武回答说:"我父子兄弟没什么功劳,却都受天子重恩,纵使肝脑涂地也难报答。臣下对于主上,就像儿子对于父亲,是没有什么交换条件的。你不要多说了。"李陵闻言,深为自己投降匈奴感到惭愧,二人洒泪而别。

后来,一直到汉武帝的儿子汉昭帝做皇帝的时候,汉匈和亲,才实现真正的和平。汉昭帝要求且鞮侯送回苏武等人,且鞮侯谎称苏武已死。后来,常惠私会汉使,把苏武在北海牧羊的实情告诉汉使,并教汉使对单于说汉家天子在上林苑射下一只大雁,雁足上有信指明苏武还活着,正在北海牧羊。汉使见且鞮侯时,把这番话一说,单于听后无言以对,只好放回苏武等人。此时,距苏武出使已整整十九年。

苏武出使时年富力强,一行一百多人,还朝时须发斑白,只剩

二　信念是人生的支柱

九人。到达长安之后,万人空巷,欢呼苏武回朝。汉昭帝亲自接见,拜苏武为典属国(负责少数民族事务的最高长官),并画其像在麒麟阁上以示表彰。后人为颂扬苏武坚贞不屈的爱国意志,专门谱写了一曲《苏武牧羊》,千古传唱。

苏武牧羊的故事,两千年来世代流传,人们为苏武的民族气节所折服,为他坚强的精神信念所感动。忠君爱国是那个时代普遍信奉的道德理念,正是这一理念支撑苏武战胜了威胁、利诱和朋友的劝降,一个人在极度寒冷的荒原和一群羊在一起度过了漫长的十九年。十九年终于迎来了转机,但完全有可能转机并没有出现,那样的话,苏武就暴尸异域荒野,淹没于无边的历史黑夜之中了。设身处地想一想这是怎样艰苦的环境,在那样的环境中人的身体和精神将经受怎样的非人折磨! 这样的困境中仍然心如铁石不动摇,没有坚如磐石的精神信念能行吗?! 信念,只有坚定的信念能爆发出如此强大的精神力量,从而能战胜任何让人不可想象的苦难。有苏武的事迹在,信矣!

4. 万里孤行,西天取经

玄奘,俗名陈祎,公元602年出生于河南偃师缑氏镇陈堡谷,法名玄奘,通称三藏法师、唐三藏,唐僧是他的俗称。玄奘11岁在洛阳净土寺剃度出家。时值隋末农民战争,中原是战场。他避难西入长安,为求师学习佛法,经汉川到达成都。学习几年,又出川到荆州,北上相州,至赵州,返回长安。这时唐朝初建,社会还不稳定。玄奘东西南北地奔波,相当辛苦,表现出不畏艰险的精神。

玄奘在遍谒名师,通晓各宗各派学说之后,深感国内佛教经典译本太少,残缺不全;并且一些译本漏洞百出,舛误太多,使人难以窥探印度佛学的本来面目。要纠偏补缺,解决各家疑难,了解佛学真谛,最好的办法就是到印度亲自考察。于是玄奘产生了到印度获取真经以弘扬佛理的远大志向。

化解苦难

经过两年多的准备,他和一批志同道合的同行准备出发,但是,向朝廷递交的出国申请一直批不下来。唐王朝立国之初,关防极严,严格禁止出国。凡未经批准私自越障外出者,一经抓获,严惩不贷。由于政府不支持,擅自越境一旦被抓获后果不堪设想,于是原打算同行的伙伴一一退缩,唯独玄奘矢志不移,反复考虑后决定放弃消极等待,偷越边境,冒死西行。

唐太宗贞观元年(627)秋,河南、关中、陇右地区大旱,玄奘随饥民西出长安,踏上了西行取经之路。一路途经秦州、兰州,很快到达唐代西部边陲重镇凉州(今甘肃武威县)。

凉州地处中西交通要道,玄奘准备从这里往西,越玉门关边防偷出国境。不料他西行求法的意向被凉州官府发现,官府问清情由后,迫令他立即东还长安,不得延缓。玄奘在当地佛门同行的帮助下迅速逃离凉州,昼伏夜行,风餐露宿,好不容易才到达西部边境城镇瓜州。打听清楚西行路线后,玄奘准备出境后先到伊吾国(新疆哈密一带),但尚未出发,凉州方面已经发现他西逃,缉拿他的公文很快到达瓜州,幸亏具体办案的衙吏信奉佛教,当着玄奘的面撕毁捉拿他的文书,催他赶快离开瓜州。玄奘正愁无人引路,恰巧这时有个叫石槃陀的胡人来礼佛受戒,交谈之下,愿意引路,帮助玄奘偷越玉门关烽火台。玄奘非常高兴,和他约期启程。

次日黄昏,石槃陀带着一位胡人老翁来见玄奘,介绍说:"这位老翁非常熟悉西行道路,往返伊吾国已有三十多次了,请他帮助出点主意。"(《法师传》卷一,以下同)老翁接着描述西行路途的险恶,并劝玄奘说:"不少成群结队的人都迷失道路而丧生,你单身一人如何可行?最好多作考虑,别去冒险。"玄奘坚定地回答说:"贫僧为求大法,发誓西行,若不至婆罗门国(印度),终不东归,纵死途中,亦无悔恨!"胡翁知道无法劝阻,便把自己骑的马送给玄奘,劝他快走。

当晚,玄奘和石槃陀出发,三更时分到玉门关附近。二人绕过

二 信念是人生的支柱

关口,偷渡疏勒河,在一片草地上铺褥而眠。玄奘毫无睡意,卧在草地上默诵佛经,祈求能平安出境。此时带路的胡人石槃陀胆怯后悔,怕被烽火台守军抓获性命难保,企图杀死玄奘,原路退回。天将拂晓,石槃陀拔刀而起,蹑手蹑足,慢慢向玄奘睡处摸过来。玄奘知道他生异心,立即起身端坐,两眼瞪着他。石槃陀最终迟疑不决,提刀徘徊。玄奘同意让他返回瓜州,但他威胁说:"如果法师被捉住,供出我的姓名,我家中还有妻儿老小,怎么办?"玄奘当即对天发誓:"即使被捕,千刀万剐为微尘,也不会供出你的名字。"石槃陀这才放心,策马返回瓜州。

玄奘单人独马,进入烽火台防区。两次趁黑在烽火台附近取水时都被守军发现,差点箭下丧生。幸赖一烽火台戍守校尉通情达理,钦佩玄奘西行求法的勇气和胆识,赠与饮水与干粮,放他通行。从此,玄奘脱离大唐国境,进入渺无人烟的八百里大沙漠(今甘肃安西至新疆哈密的一段沙漠)。

茫茫黄沙,一望无际,上无飞鸟,下无走兽,只凭一堆堆白骨和驼马粪便为标记,玄奘踏沙迈进,仅走了百余里就迷失了道路。在下马取皮囊饮水时,不料袋重失手,将所带饮水全部倾覆,懊丧之极,策马回转,打算重返烽火台补充饮水后再上路。向东走了十来里,忽自念道:"我当初立誓,不到婆罗门国决不东归一步,现宁可西行而死,哪能东归而生呢?"于是勒马回头,向西北继续前进。

沙漠气候变幻无常,白天太阳晒得人透不过气来;到夜晚气温骤降,寒气刺骨,如刀割一般。有时,远处的景物随沙漠气流变化,幻出种种奇特现象,十分骇人可怕。玄奘毫不畏缩,摸索着在沙漠中走了五天四夜,由于滴水未入,人马皆昏死过去,后遇夜风,渐渐苏醒,又勉强前行,终于发现一块绿洲和清泉,由此走出沙漠到达伊吾国。

玄奘在伊吾国住了十多天后,又到了高昌国(今新疆吐鲁番一带)。高昌王麴文泰笃信佛教,对玄奘极为器重,用最热情的款待

化解苦难

方式强留玄奘于高昌。玄奘滞留难行,没办法只好用绝食的方式来表示抗争。一连几天,他水米不进,脉搏微弱,气若游丝,生命危在旦夕。麴文泰被玄奘的决心感动,内疚自责,终于答应放行。他向玄奘赔礼谢罪并结为异姓兄弟,请求玄奘回返归国时再到高昌讲经三年,玄奘答应了他的请求。离开高昌时,麴文泰为玄奘准备了足够他旅途20年所用的东西,备马数十匹,派数十名役夫随行护送。

玄奘一行从高昌出发,经阿耆尼国(新疆焉耆)、屈支国(新疆库车)、跋禄迦国(新疆拜城、阿克苏一带),到了葱岭北隅的凌山(耶木素尔岭)。这是一座陡峻崎岖、终年冰冻的雪山。一行人在风雪交加的恶劣气候中,沿着雪坡冰崖一步步往上爬,不断有雪崩或冰块下坠把人畜砸伤,每前进一步都冒着极大的危险。七天七夜后玄奘一行才翻过此山。清点人数,高昌王派遣的护送人员,已死亡十分之三四,驮运东西的牲畜冻死就更多。

此后的路上,仍然处处险境。如,到了康国,由于居民不信佛教,要用火焚烧玄奘的两个徒弟,幸而国王制止,玄奘等才平安通过。有时遇到强盗,衣服资财全被掠夺,同行者悲哀哭泣,他劝慰众人说,人生最宝贵的是生命,生命保住了,损失的衣物算什么,鼓励徒众,继续前进。一次,在恒河,强盗认为玄奘体貌魁伟,适合祭祀天神,便把他绑上祭坛。玄奘毫不畏惧,镇静地默念佛经。谁知这时狂风骤起,吹断树枝,暴徒以为老天责怪他们作孽,慌忙向玄奘表示歉意,他这才躲过一场灾难。一道道难关过后,玄奘于公元628年夏末进入北印度国境,长途跋涉将近一年,行程达13 800余里。

在印度几年,玄奘走遍各地,搜集和学习各种佛学经典,出席了戒日王主办的全印度佛旨辩论会,玄奘为论坛主人。由于他高深的佛学造诣和威望,竟没有人敢向他发难;有人想暗杀他,但阴谋没有得逞。玄奘求学的目的达到了,便带着佛经取道回国。贞观十九年(645),经历了17个春秋,玄奘携带梵文经书657部回到长安。随后在弘福寺、慈恩寺翻译佛经,译书75部,1335卷,并著有《大唐西域记》,成为中国历史上杰出的佛学家、翻译家、旅行家。玄奘历尽千辛万苦赴西域取经的精神,为后人树立了光辉的榜样,他坚韧不拔的精神流传千古,激励着一代又一代的后来人。(根据张力、黄修明主编《中国历代高僧》及相关资料编写。)

　　玄奘西天取经的事迹,经过小说《西游记》的传播,已经家喻户晓了,不过,那毕竟是艺术家虚构想象的产物。西天取经确实艰难,但唐僧毕竟还有神通广大的几个弟子保护;然而生活中真实的"唐僧"可没有那么幸运,他取经的路上绝大部分时候是一个人独行的。想想他一路上所遇到的一个又一个异乎寻常的艰难险阻吧,每一处艰险随时都可能使他遇难的啊!他的行程与其说是探险,不如说是冒险,是舍生忘死。可以说,他丧命路途的可能大,而成功生还的可能性小,所以说唐僧的成功差不多可以说是一种偶然或侥幸,是意志和毅力结出的奇果。但就是在这种超越想象的艰难困苦中,玄奘竟然丝毫没有动摇过,可以想象,他心中的信念是多么坚强。在他那里,信念的意义绝对大过生命,他为信念生,也可以为信念死。没有如此坚强的信念,要完成那么艰难的事业,完全是不可想象的。信念,信念,玄奘把它的力量发挥到了极致,正如前面所引关于"信念"的名言所说:信念!有信念的人经得起任何风暴;如果一个人有足够的信念,他就能创造奇迹。

5. 忠君爱国,拯时济世,痴心不改

　　本节想说一说唐代诗人杜甫。杜甫是中国家喻户晓之人,说到他,大家脑子里立马涌现出几个关键词:穷困潦倒,颠沛流离,忧国忧民。不错,这几个关键词正可以概括杜甫的生平和思想。

　　杜甫终生穷困潦倒,颠沛流离,但却始终不改忧国忧民之心,在艰难困苦的人生中创作出了不朽的伟大诗篇,原因何在?古人

化解苦难

认为是因为杜甫有伟大的"胸襟"。如清代叶燮说"千古诗人推杜甫",因为杜甫胸襟博大,所以"其诗随所遇之人、之境、之事、之物,无处不发其思君王、忧祸乱、悲时日、念友朋、吊古人、怀远道,凡欢愉、幽愁、离合、今昔之感,一一触类而起;因遇得题,因题达情,因情敷句,皆因甫有其胸襟以为基"(《中国美学史资料选编》,下册,第323页,中华书局,1981)。

叶燮所说的胸襟,笔者认为也可以理解为今人所说的信念。杜甫胸襟博大即他有坚定不移的政治理想和道德信念,换句话说有一颗忠君爱国、拯时济世之心。

杜甫的忠君爱国、拯时济世之心表现于他所有诗歌创作中,这是他全部创作的中心主题。著名的"三吏""三别"不用说了,让我们以他的一首五言诗《自京赴奉先县咏怀五百字》为例,来看看杜甫之胸襟或者说信念吧!

这首诗作于公元755年(天宝十四年)秋冬之交。此时,安史之乱已经爆发,但消息尚未传到京城。杜甫自京赴奉先县,一路上所见所闻令他忧心如焚,他似乎已预感到动乱即将到来,于是情动于中,发而为诗,忧愤难抑,悲壮感人。

原诗500字,从"杜陵有布衣"到"放歌破愁绝"为第一段。大意是说,我这人真傻啊,简直是越活越糊涂了,明明是布衣老百姓,偏偏要自比稷与契(虞舜时的著名贤臣)。如此想入非非,当然是失败无疑了。然而我并不灰心沮丧,心中仍怀有实现理想的憧憬和希望。虽然穷困潦倒,但我忧心如焚,念念不忘百姓的疾苦。同学先生们笑我迂阔不合时宜,但我却壮怀激烈不改初衷。难道我真心不想泛舟江湖、潇洒度日吗?非也。只因为生逢盛世明君,我想拯世济民为国效力,不忍撒手远去罢了。当然我也知道朝堂政坛人才济济,也不独缺我一个,真的走了也无妨,但我天性如此,就像葵花向太阳。我愿慕大鲸成宏业,绝不愿似蝼蚁之辈一心为自己。我愿耿介去做人,羞于钻营去巴结。所以到现在仍埋没尘埃之中而无出头之日。像我这样的人,既不能高攀稷与契,亦不愿沉沦或俯就,又不忍像巢、由那样逃避现实。唉,没办法!喝酒吧——"沈饮聊自遣,放歌破愁绝。"

这一段直抒胸臆,感慨中有心酸,自嘲中有幽愤,牢骚中有忠心,感伤中有执着,终是一个不放弃——"自知不合时,终于不放弃"。这就是杜甫——"知其不可而为之","虽九死犹未悔"。中国知识分子积极用世的社会责任感,终生不变的忧患意识,以及自知与世不合又不改初衷的心理矛盾等等,统一在杜甫身上体现出来了。

接下来第二段("岁暮百草零……惆怅难再述")叙写他一路上的所见所闻所思所感:一边是皇家豪门的奢侈靡费,一边是贫民百姓的生存艰难,这种鲜明的对比,杜甫以"朱门酒肉臭,路有冻死骨"这一千古名句概括之,令人惊心动魄。面对这一无法改变无法忍受的社会现实,他痛心疾首,苦到无言——"荣枯咫尺异,惆怅难再述"。

第三段("北辕就泾渭……颒洞不可掇")从路上写到家里。回家一看,全家号啕,幼子因为"无食"已经饿死了,境况极为凄惨。接下来杜甫又由自己联想到千千万万的普通老百姓:像我这样按规定可以免租免税免兵役的小官员之家尚且如此,普通老百姓的苦况可想而知了。既然民不聊生,恐怕大乱不会太远了。想到这里,他的忧思推向高潮:"忧端齐终南,颒洞不可掇"——我的忧愁像终南山一样连绵不绝,像大海一样无边无际。

读完全诗,杜甫的博大胸襟豁然展现在读者面前,一个有着坚定的政治理想和道德信念,有着伟大人格的形象屹立在读者面前,这就是杜甫其人。他使人敬仰使人感动。清代叶燮读杜甫的体会具有代表性:"我一读之,甫之面目跃然于前。读其诗一日,一日与之对;读其诗终身,日日与之对也,故可慕可乐而可敬也。"(《中国美学史资料选编》,下册,第 322 页,中华书局,1981)

化解苦难

关于杜甫的伟大胸襟、坚定信念,研究诗词的大家叶嘉莹先生曾给以高度评价。在中国古代诗人中,叶先生特别推崇屈原、陶渊明和杜甫。谈到杜甫的时候,她说:

> 至于杜甫,那真的是忠爱缠绵,他不但在早期就写了"致君尧舜上,再使风俗淳"的诗句,一直到他晚年流落四川,只要我有一口气在,一定要回到我的首都和朝廷,我是不能放下对国家的关怀的。最后到他流落到湖南,已是他临死前不久了,杜甫最后是死于湖南的。他登上岳阳楼,还写下了"昔闻洞庭水,今上岳阳楼。吴楚东南坼,乾坤日夜浮。亲朋无一字,老病有孤舟。戎马关山北,凭轩涕泗流"的诗句。此时杜甫与亲戚朋友连一个字的音信都没有,而且又衰老多病,他自己曾写诗说是"左臂偏枯半耳聋",可是他想到的不是自己,而是国家还没有完全安定太平,那戎马的战乱还在北方存在,所以他登上岳阳楼,靠近窗子向北遥望时就涕泗交流。这就是我所说的杜甫是用他的生命来写他的诗篇,用生活来实践他的诗篇的。(叶嘉莹:《唐宋词十七讲》第 323 页,岳麓书社,1989)

正是由于有伟大胸襟、坚定信念作支撑,杜甫才没有被人生苦难所压倒,而是在精神上超越了他所面临的人生苦难,从而在极为艰难的困境中仍然写出了感动古今的伟大诗篇。

6. "我是中国人民的儿子,我深情地爱着我的祖国和人民"

谈到邓小平,几乎没有人不知道他"三落三起"的人生经历。他的第一次"落起"是在 20 世纪 30 年代初期中央苏区时,由于以博古为代表的中央临时政府推行"左"倾冒险主义,邓小平、毛泽覃、谢唯俊和古柏等人则坚决支持以毛泽东为代表的正确路线,为

二 信念是人生的支柱

此遭批斗,并一度被关进监狱,职务也被撤销,并受到党内最严重的警告处分。直到1935年遵义会议,这次"落起"才画上句号。受此影响,他那很有名气的职业革命家妻子——金维映和他离了婚。第二次"落起"在"文化大革命"初期,邓小平被作为"刘邓资产阶级司令部"的第二号人物被打倒,全家受到株连,被下放到江西新建县拖拉机修造厂劳动改造,直到迎来1973年的复出。第三次"落起"是在"文化大革命"后期,邓小平主持的"全面整顿"大刀阔斧,成效显著,但邓小平的做法被错误地认为是违背了"以阶级斗争为纲"的路线,"四人帮"发动了"批邓、反击右倾翻案风"运动,邓小平再次被打倒,直到1977年7月才获得第三次解放。

人生短暂,机遇难得,作为职业政治家,其中每一"落"对他都是致命的灾难,都会给他带来锥心的心灵痛苦,何况是三"落"?!那么人们不禁要问,邓小平是怎样面对人生苦难,他是怎样度过逆境的呢?

邓小平度过逆境的原因很多,但首要的应该是他具有坚定的政治信念。

信念,听起来很空,但对政治家邓小平来说却是实实在在的。他的信念可以用他一句著名的话来表述:"我是中国人民的儿子,我深情地爱着我的祖国和人民。"为了寻求救国真理,邓小平十六岁就远赴法国留学,转变成为一名马克思主义战士。归国后,他全身心地投入党领导的争取民族独立和人民解放的革命斗争,先后担任党和军队的许多重要领导职务,为新中国的诞生立下了赫赫功勋。新中国成立后,邓小平领导了西南全区的政权建设,后当选为中共中央政治局常务委员会委员、中共中央总书记,为党的建设作出了重大贡献。"文革"期间,邓小平被下放到江西,复出后又被打倒,在如此艰难困苦的境遇下,他始终没有丧失对自己所从事的事业的信心。他相信任何事业都会遭受曲折,中国革命也是如此,道路是曲折的,前途是光明的。即使在"文革"最为艰难的时刻,他

化解苦难

也没有丧失对中国革命的信念。邓小平的两次沉浮都发生在"文化大革命"中,那是他最为艰难,最看不到前途的时候。但即使在那个处境,他也总相信问题是能够解决的,事情会向好的方向发展的。正是这种相信问题能够解决的政治信念,正是这种对中国革命光明前途的信心,才支撑他任何时候都没有丧失信心。

邓小平坚定的政治信念,还表现于他确信自己的所作所为是正确的。1987年,他曾两次与外宾谈到自己这段"落起"的历史。他说:"我参加共产党几十年了……这期间做了不少好事,也做了一些错事。人们都知道我曾经'三下三上',坦率地说,'下'并不是由于做了错事,而是由于办了好事却被误认为错事。"坚定地相信自己所作所为是正确的,问心无愧,所以就能胸怀坦荡,不随时事而俯仰。

坚定不移的政治信念,支配邓小平在即使看起来最无望的时刻,也仍然在思考党和国家的大事。不论毛泽东对身在江西的邓小平有何打算,对邓小平来说这是一个机会,使得他得以摆脱北京严酷的政治乱局。就像丘吉尔、戴高乐和林肯这些经历过大权旁落和东山再起的国家领袖一样,邓小平发现,这一段退出日常政治的在野岁月使他能够对国家的重大和长远目标形成清晰的认识。倘若邓小平没有对中国需要进行的改革的性质以及如何加以落实做过长期思考,很难想象他在1977年以后能够采取哪些熟练而有力的措施。毛泽东曾经利用他在延安那段被封锁隔绝的时间思考中共取得政权后全国的整体战略,邓小平也利用了他在江西的时光,思考着他所要进行的改革的大方向。

下放江西使邓小平能够很快让自己的情绪平静下来。虽然他不轻易流露感情,但据女儿邓榕说,父亲其实是个有感情的人。她说,父亲在北京挨批的3年里身体消瘦,面容憔悴,到了江西后体重又开始增加,恢复了健康。他服用安眠药已经多年,"文革"期间更是增加了用量。但是1970年1月1日,即来到江西还不到两个月,他睡觉时就完全不必服用安眠药了。邓榕说,父亲每天步行大约5 000步,围着小楼转40圈。用她的话说邓小平"一圈一圈地走着,走得很快……一边走着,一边思索……一步一步、一圈一圈地走着,日复一日,年复一年"。他将在北京重新担当重要角色的前景,使他的思考有了目标感。邓小平从来不跟妻子儿女谈论高层的事,但是妻子和女儿邓榕整天跟他生活在一起,又了解北京的政坛,所以能够觉察到他的心情与关切。据邓榕说,他们知道父亲散步时在思考着自己的前途和中国的未来,以及回京之后要做些什么。

邓小平无法预见什么时候能回北京、回京后干些什么,也无法预见那时候国家将面对怎样的具体形势。他可以思考如何让毛泽东批准他回去工作,也可以回顾自己与同事经历过的那些大起大落的生死斗争。但是,他还可以思考一些根本性的问题——党对待已步入晚年的毛泽东的历史遗产?如何既让毛泽东的接班人改变路线,同时又能维持党在人民群众中的威望?基于他在中共领导层的广泛个人交往,他可以评估不同领导人可能发挥的作用。他还可以思考如何实现由周恩来提出的四个现代化目标,思考中国的当务之急是怎样在灾难性的"文革"之后恢复秩序。

总之,坚定的政治信念指导下的观察、思考和判断是支撑邓小平在逆境中坚守的精神支柱。人们把邓小平在江西劳动时踩出的那条小道视为后来搞整顿、搞改革的伏笔,虽然是一种文学化的比喻和引申,但他第二次复出后那样勇敢地搞整顿,第三次复出后又推动一系列改革,与他在逆境中冷静地总结当代中国的经验教训、思考现实中存在的问题,不能说没有关系。也就是说,他在思想认识上是做了准备的。

主要参考资料:傅高义著,冯克利译,《邓小平时代》,三联书店;邓榕:《我的父亲邓小平:"文革"岁月》,三联书店;程桂芳、凌步机等著:《邓小平小道》,中央文献出版社出版。

7. 正义的事业必须坚持到底

亚伯拉罕·林肯(Abraham Lincoln)(1809—1865),美国第16任总统,首位共和党总统,也是首位被暗杀的总统。他亲自领导了拯救联邦和结束奴隶制度的伟大斗争,为推动美国社会向前发展做出了巨大贡献,是美国历史上最伟大的总统之一,至今仍受到美国人民乃至全世界人民的崇敬。

然而,这么一个受人崇敬的伟大总统,一生却多灾多难。林肯出生在肯塔基州一个贫苦家庭,用他自己的话说,他的童年是"一部贫穷的简明编年史"。父母是英国移民的后裔,以种田和打猎为生。林肯7岁全家被赶出居住地。9岁时年仅36岁的母亲去世。15岁开始上学,正式上学时间加起来不到一年。18岁时自己制作了一艘摆渡船。为了维持家计,林肯当过俄亥俄河上的摆渡工、种植园的工人等等。22岁,与别人合伙做小生意失败。23岁,竞选州议员落选,想进法学院学法律未果,工作也丢了。24岁,向朋友借钱经商,年底破产,16年后才把这笔钱还清。25岁以前,林肯没有固定的职业,四处谋生。成年后,他成为一名当地土地测绘员,因精通测量和计算,常被人们请去解决地界纠纷。26岁订婚后即将结婚,未婚妻病逝,他精神完全崩溃,卧病在床6个月。29岁时努力争取成为州议员的发言人,没有成功。31岁争取成为被选举人,结果落选。32岁时当选国会议员。34岁时竞选国会议员连任落选。37岁时再次参加国会大选,当选。39岁时寻求国会议员连任失败。40岁时想在自己州内担任土地局长遭拒。45岁时竞选参议员落选。47岁时在共和党全国代表大会上争取副总统的提名失败。49岁时竞选参议员再次失败。51岁时当选美国第16届总统,南北战争爆发。55岁时连任美国总统,北方军取得胜利。

二 信念是人生的支柱

1865年4月14日晚,56岁的林肯在华盛顿福特剧院被刺杀,15日去世。

从上面经历可以看出,林肯的一生是充满苦难的一生,同时又是超越苦难、战胜苦难的一生。有人曾为林肯做过统计,说他一生只成功过少数几次,但失败过无数次,能够从无数次失败中傲然屹立,靠的完全是他坚强的信念和强韧的性格。他认为他所从事的事业是正义的,而正义的事业无论遇到多么大的困难,都要坚持到底。

正义的事业必须坚持到底是林肯的政治信念,贯穿在他一生的人生实践中,篇幅所限,这里仅举其中一例以证之。

1864年5月,南北战争正处于胶着状态,双方都损失惨重,精疲力竭,但却相互僵持着。联邦军统帅格兰特认为终止战争唯一也是最快的办法就是继续杀伤南军的人马,逼其投降,所以他命令继续拼命、射击、屠杀。但是损失却极为惨重,对此林肯虽然伤心,却知道除了继续下去之外没有别的办法,所以他一边指示格兰特"像斗犬般死守不放",一边下令再征召五十万士兵。征集令使全国震惊,国民陷入绝望的深渊,正如林肯秘书所写,现在是一片黑暗、怀疑与沮丧。

现在,林肯被北方和南方人同时诅咒,他被骂为篡位者、叛徒、暴君、恶魔、怪物,甚至有人主张把林肯杀死。有一天晚上,他骑马到"军人之家"的夏令总部时,被一名刺客开枪射穿了他的高帽子。6月,共和党提名林肯继任,可是现在他们却懊悔得不得了,党内几个元老劝林肯退位。另外还有人要求重开一次大会,撤销林肯的提名。连林肯的密友在日记中也写道,国民需要一位能干的领袖。林肯自己也相信自己已毫无希望了,他舍弃了竞选连任的念头。人民对他的领导已失去信心,他担心联邦也要瓦解了。

但是,就在这一片灰暗的形势下,林肯痛定思痛,认定自己的目标是正确的,自己所从事的维护国家统一的事业是伟大的,出现挫折和困难也许只是暂时的,正义的事业是一定能得到人民的理解和支持并最终是会取得胜利的。于是,林肯仍镇定地干下去,尽心尽力,不理会任何尖酸的指责。他说:"有一天我不再掌权时,如果世界上每一个朋友都离弃我,至少还有一个朋友留着,那个朋友将深驻在我灵魂中——我不是非赢不可,但一定不能错。我不是非成功不可,但一定要遵从良知良能。"

他疲惫又沮丧,常常拿起一本小圣经躺在沙发上,读"约伯记"求安慰:"你现在要如勇士束腰。我问你,你要回答。"熟知圣经的人都知道约伯在苦难中坚守、依然如故地坚信上帝的神意,很明显,林肯是借约伯鼓励自己,他从约伯身上获取了坚守正义的精神力量。

1865年3月,林肯在第二任就职演说中说了这样一段话:"让我们别对任何人心怀怨恨,将慈悲之心广布天下;仍坚持正义,照上帝的指引行事;努力完成我们的目标,包扎国家的创伤;照顾战士和遗孤、寡妇——尽一切力量追求并珍视国内和国际间永远的公正和平。"这段话是他的从政理念,也是他作为政治家、作为一个人的精神信仰,这一信仰给了他超越苦难的顽强的精神力量,是理解林肯灵魂的一把总钥匙。

资料来源:戴尔·卡耐基《人性的光辉:林肯传》,见《美国史上三大传记》,湖南文艺出版社,2011。

8. 为在南非建立民主自由的社会而奋斗

纳尔逊·罗利赫拉赫拉·曼德拉1918年7月18日出生于南非一个大酋长家庭,先后获南非大学文学学士和律师资格,当过律师。曼德拉自幼性格刚强,崇敬民族英雄。他是家中长子而被指定为酋长继承人,但他表示"决不愿以酋长身份统治一个受压迫的部族",而要"以一个战士的名义投身于民族解放事业"。当时南非白人政府实行残酷的种族隔离制度,残忍地压迫和歧视黑人,为了

二 信念是人生的支柱

争取民族平等,追求社会公平和正义,曼德拉毅然走上了追求民族解放的革命道路。在漫长的革命历程中,曼德拉领导黑人同胞进行了艰苦卓绝的斗争,历经风险而不屈。1962年8月,曼德拉被捕入狱,当年他44岁,南非政府以政治煽动和非法越境罪判处他5年监禁。1964年6月,他又被指控犯有以阴谋颠覆罪而改判为终身监禁,从此开始了漫长的铁窗生涯,在狱中长达27个春秋,备受迫害和折磨,但始终坚贞不屈。1990年2月11日,南非当局在国内外舆论压力下,被迫宣布无条件释放曼德拉。同年3月,他被非国大全国执委任命为副主席、代行主席职务,1991年7月当选为主席。1994年4月,非国大在南非首次不分种族的大选中获胜。同年5月,曼德拉成为南非第一位黑人总统。1997年12月,曼德拉辞去非国大主席一职,并表示不再参加1999年6月的总统竞选。1999年6月正式去职。

曼德拉2013年12月5日(南非时间)逝世,在漫长的一生中他带领黑人抗争,争取了自由,促成种族和解,消除了南非最大的社会隐忧。当选总统后遵循宪政体制,不贪恋权力,为新南非后世当政者做了表率。这些足以使他不朽。曼德拉被公认是过去一百年内这个星球上最伟大的政治家之一。

作为一个政治家,他经历过血雨腥风的洗礼,度过了长达二十七年的铁窗生涯,他下过地狱也上过天堂,这种奇特动荡的经历使他成为南非乃至全世界范围内追求公正、公平和尊严的化身,成为当今时代最令人鼓舞的偶像之一。美国总统奥巴马在为曼德拉的书《与自己对话》写的序言中说:"我无法想象,究竟是怎样的勇气支撑着曼德拉度过了这么漫长的监狱岁月。"这不仅是奥巴马好奇的问题,也是所有敬仰曼德拉、崇拜曼德拉的人想问的问题。

这一问题联结着曼德拉的整个精神世界,对此,大致都可以从《与自己对话》(纳尔逊·曼德拉:《与自己对话》,王旭译,中信出版社,2011)中找到相应的答案。《与自己对话》是曼德拉私人档案材

化解苦难

料的汇集,这些档案包括曼德拉写给自己或亲密友人的私人书信和言语。这里展示的不是为了迎合公众的需要和期望而包装好的曼德拉,而是真实的曼德拉。在这里,他不是远离普通人生活的圣人,而是像你我一样的普通人。

人们常说,只有伟大的信念才能产生伟大的动力,那么曼德拉的"伟大信念"是什么呢?这在他1964年接受审判时发表的演讲中说得再明白不过了。他说:

"我的一生已经奉献给了非洲人民的斗争事业。我在反对白人专政的同时,也反对黑人专政。我怀抱一个美好的梦想,那就是在南非建立一个民主自由的社会,在这样的社会里,人们和谐地生活在一起,享有均等的机会。我将为这个梦想奋斗终生,并努力让它实现。然而,如果有必要,我随时准备为之献出自己的生命。"(《与自己对话》第108页,下同)

建立一个自由民主的南非,这就是曼德拉的政治信念,就是他为之奋斗的目标。这一目标既伟大又艰难,不过,随着斗争的深入,曼德拉的思想更加成熟,目标更加高远,他把"自由平等"这一目标推广到全世界、全人类,他要为全人类争取这样的生活。这一思想表现在他在狱中撰写的未出版的自传手稿中:

"我们从来不会轻视敌人,在过去和那些极其难对付的人做斗争的过程中,我们一直都很勇敢,也赢得了所有人的尊敬。事实上,整个国家的人民已经为之奋斗了三个多世纪。虽然轮子已经生锈,而且布满了干涩的蜡,无法再转动下去,但是我们一直在努力,试图让它运转起来,我们来回地推着它,希望有一天,也坚信会有那么一天,这个轮子能够转起来。那些尊贵的人会垮掉,而那些被人看不起的人则反过来会变成尊贵的人,不对——是所有人类——包括这个星球上所有尊贵的和被人看不起的人都能够平等地生活在一起。"(第287页)

为南非黑人,为包括白人在内的南非社会,直至为全人类,这样高远伟大的目标自然会产生伟大的动力,产生战胜一切艰难困苦的勇气。他在狱中撰写的未出版的自传手稿中说:"我确信自己是在为实现全体人民的自由而全心全意地努力,这样的生活使我的生命更有意义,而我自己则更有民族自豪感,也真正地感受到了愉悦之情。"(第58页)

总之,在南非建立一个民主自由的社会,是曼德拉终生为之奋斗的梦想,这样庄严神圣的使命感,使他在最黑暗最残酷的日子里也能坚持到底。

曼德拉和妻子温妮是一对患难夫妻,在曼德拉被捕入狱后温妮也多次被捕,也受尽迫害。在极为艰难困苦的日子里,夫妻两人互相支持、互相鼓励,谁都没有退缩过。1969年6月23日曼德拉写给温妮的信中对妻子的勇敢倍加赞美,然后给她讲他们是在为建立新的世界而奋斗,这是一种光荣伟大的使命,鼓励她坚持下去。他说:"一个新的世界是要靠那些一直活跃于斗争的舞台上的人们,那些注定要经历风风雨雨的人们,那些在斗争中身体会受到严重伤害的人们才能创造出来的,而不可能依靠那些远远站在一边观望的人们来创造。只有那些在最黑暗最残酷的日子里也能坚持真理的人们,那些努力了上千次上万次的人们,那些从来不会被侮辱、羞辱甚至失败所打倒的人们才能配得上至高无上的荣誉。"(第152页)

曼德拉的这些话让我们联想起中国古人孟子的话:"天将降大任于斯人也,必先苦其心志,劳其筋骨,饿其体肤,空乏其身,行拂乱其所为,所以动心忍性,增益其所不能。"这段话在中国可谓是家喻户晓,历来是担大任、做大事的人自勉自励的话,或者是用来鼓励普通人尤其是年轻人的话:为了将来担当大任,现在必须能经受得住苦难的磨炼。曼德拉的一番话当然是第一种情况:他清楚地知道自己所担当的历史使命,为了这一使命,付出任何代价都心甘情愿,都是值得的。使命感,是曼德拉行为动力的源泉、自觉忍受苦难的心理支撑。正如曼德拉自己所说:"精神武器的能量有时很巨大,它对人产生的影响很难说得清楚。在某种程度上说,精神武器可以让囚犯成为自由人,可以把普通人变成国王,甚至把尘土变成金子。"(第 158 页)

曼德拉把自己的事业看作是和耶稣基督一样的神圣事业,有一次,他在给妻子的信中,详细叙述了耶稣受难的全过程,在信的最后他含蓄(因为信要经过监狱的审查)地写道:"对于你我,这则故事可以让我们想想当今所发生的事情。我希望,它对你是有意义的,也是有作用的,如果你能相信它,就会感觉快乐。"(第 193 页)这话说得明确一点,就是鼓励妻子、同时也勉励自己要像基督耶稣那样,背负沉重的十字架,牺牲自己拯救人类。

在《与自己对话》这本书中,随时随处都可以见到曼德拉对自己所从事的事业的坚定信念——他坚信反对种族压迫、种族歧视,争取民主自由的事业是正义的,而正义的事业终将取得胜利。

例如,1969 年 7 月 28 日写给塞夫顿·西菲沃武特拉(曼德拉的连襟)的信中说道:"我们的同志纪律严明,而且极具献身精神,他们正在为我们崇高的事业努力奋斗,正因为如此,我们应该随时做好准备,不管付出什么样的代价,都要承担起历史赋予我们的责任。不管审判进行到哪个阶段,这都是我们政治事业的指导方针。这种信念,支撑着我那隐隐不绝的勇气,一直到了诉讼的最后一天。审判判定我们有罪,但是那些有影响力的白人和黑人机构,以及一些著名的白人和黑人对我们表示了极大的支持,这就证明了我们的事业是正义的。"(第 110 页)

1971 年,是曼德拉和战友们在狱中最为艰难的时候,他给德班的律师们秘密写过一封信,信中控诉了监狱方面对他们种种非法的、残忍的污辱与虐待,最后他自豪地宣称:"我们是这个国家的民族英雄,如今正在遭受着迫害,而我们遭受迫害的原因是为这个国家能够重新成为人民的国家所作出的努力。在我们的有生之

年,在我们为自由南非激战的时候,谁说我们的人民会忘记我们,纯粹就是无稽之谈。"(第173—174页)

正是这种坚定的政治信念,使他在任何艰难困苦面前,都表现得无所畏惧,毫不动摇,因为他对自己所从事的事业充满必胜的信心。

化解苦难

三 意志能创造奇迹般的奇迹

"意志能创造奇迹般的奇迹"是俄国作家涅克拉索夫的名言,原话是:人的意志和劳动将创造奇迹般的奇迹。的确,意志的精神能量是强大得不可预测的。意志的精神能量可以用来成就任何事业,包括应对苦难。这已经被历史和现实的实践所验证。

1. "我要扼住命运的喉咙"

"我要扼住命运的喉咙"是贝多芬面对命运困境的豪言壮语,是他超越苦难的精神法宝,那么贝多芬是怎样超越苦难从而"扼住命运的喉咙"的呢?

贝多芬1770年12月16日出生于德国波恩的贫穷家庭。父亲是当地碌碌无为的宫廷唱诗班的歌手,母亲是一名倍受生活折磨的宫廷大厨师的女儿。在父亲的严格训练下,贝多芬从小就显露出音乐才华,但常常遭到父亲的打骂。贝多芬4岁时就会弹奏羽管键琴;5岁时患上中耳炎;8岁开始登台演出,并获得了音乐神童的美誉;10岁时他拜师于普鲁士最著名的音乐教育家聂费;11岁发表第一首作品《钢琴变奏曲》;12岁时经人推荐到宫廷乐队当任管风琴师助手,13岁参加宫廷乐队担任风琴师和古钢琴师。

贝多芬度过苦难的童年和少年时代,经过多年的奋斗,终于被社会承认。他频繁地举办个人演奏会,结交了许许多多音乐界的

三 意志能创造奇迹般的奇迹

朋友,创作的数量和质量得以迅速提高。当地音乐界乃至于整个维也纳城,都在谈论着贝多芬。贝多芬生活的前景似乎充满了阳光。然而,正当贝多芬该大展宏图的青春盛年,命运却和他开起了致命的玩笑。

大约从 1796 年开始,贝多芬患上了耳疾,听力急剧下降,而且越发严重。试想,耳聋对于一个音乐家来说是多么沉重的打击,如同画家的眼睛失明一样可怕!起初他以为只是一时的耳病,便去请医生治疗,但是,耳聋不但未见一丝好转,反而更加恶化。他的两耳整日鸣响,听觉越来越衰退,他的内心受到剧烈的痛苦折磨。

他绝望了。人生似乎不值得活下去了。在好几年中,他没有把耳朵丧失听力的事告诉任何人,独守着这可怕的秘密,连最心爱的朋友也不透露。他放弃到各王宫听他如此喜爱的欢快的音乐会,他尽量避免与人见面谈话,以至他的听力残疾在很长一段时间里不被知晓。他逐渐离群索居,变得愈来愈孤僻。

面对厄运却无能为力,这对他的骄傲是一次毁灭性的打击!

恐惧、忧郁、痛苦、绝望,所有人类最低沉最悲凉的情绪,都向他那颗本来就很易伤感的心灵袭来,他的精神陷入了最黑暗的深渊。那一段时期,贝多芬内心所经受的磨难,是常人难以想象的,也无人能够代其言说。

直到五年后,他才在绝望之中把真相告诉了自己的两个朋友。他在给韦格勒医生的信中写道:"我试用了各种治疗方法和药物,但总不见好转。我过着一种悲惨的生活,几年来,我躲避着一切交际,因为我不可能与人说话,我聋了。要是我干着别的职业,也许还可以,但在我的行当里这是可怕的遭遇啊。我的敌人们又将怎样说,他们的数量又相当可观!在戏院里我得坐在离乐队最近的地方,才能听见演员说话。假如我坐得稍远一些,就听不见乐器和歌唱的高音。人家柔和地说话时,我勉强听到一些,人家高声叫喊时,我简直痛苦难忍。我时常诅咒我的生命。别人教我学习隐忍,

化解苦难

我却愿向我的命运挑战,如果可能的话。但有些时候,我竟是上帝最可怜的造物。隐忍!多么伤心的避难所!然而这是我唯一的出路!"

贝多芬在给阿芒达牧师的信中写道:"我多希望你能常在我身旁!你的贝多芬真是可怜至极,你知道我的听觉已大大地衰退了。当我们在一起时,我已显现许多病相,我瞒着;但从此越来越恶劣,还会痊愈吗?我当然充满希望,可是非常渺茫;这类的病是无药可治的。我过着凄凉的生活,避开我心爱的一切人物,尤其在这个如此可怜、如此自私的世界上!我不得不在伤心的隐忍中寻找栖身之地!固然我曾发誓要摆脱这些祸害;但又如何可能呢?"

如此命运,对任何人都会是致命的一击;对一个音乐家来说,就更是灭顶之灾了!有多少人能够理解贝多芬当时那种痛苦、绝望,甚至想要结束生命的心情?在他那生命中最黑暗也是最艰难的时刻,贝多芬不止一次地想到过自杀。但他没有。不为别的,只为这世界上还有艺术,只为他时刻惦念着他作为一位音乐家还有着未竟的艺术使命。所以他坚强地活了下来,以自己的痛苦为代价去谱写艺术和生命的新乐章。

从1815年冬天起,贝多芬的耳朵完全聋了,他已无法与人对话,他和人们的沟通只有通过纸和笔来进行。在他死后,人们发现这种"对话册"有400余本。

他的朋友们是善良而忠诚的,但他的耳聋把他同他们隔离了。甚至他的助听器也往往使他失望。很长一段时间里,贝多芬变得性情暴躁,自卑、敏感、悲观、绝望、怀疑……种种不良情绪紧紧地攫住他的心灵。

他看见朋友们互相谈话,以为他们总是谈论他,说他的坏话,阴谋害他。有一天,他对一位朋友写了这样的话:"再也不要在我跟前露面。你是一条卑鄙的狗,一个不老实的家伙。"

第二天,当他发现自己的疑心是错的,而他的朋友是真诚的时

三 意志能创造奇迹般的奇迹

候,他又写了另外一个便条:"亲爱的朋友:你是一个诚实的人,你是对的。我现在明白了。所以今天下午来我这里吧。接受你的贝多芬的爱。"而他的朋友们——他们是多么好的人!——总是原谅他那粗暴的吵嘴,并且和他相处到最后。

他没有停止治疗。只要听到有好的方法,总是去试一试。他找过几乎所有维也纳的医生,甚至巫医,但都收效甚微。于是,他又寻求其他的办法,试用各种助听器。钢琴制造家格拉夫还特意为贝多芬制造了一架以增加音量为目的的四副机械装置的平台钢琴。这种钢琴加设了面向演奏者的反射板;为使低音与高音集中,加盖了聚音顶棚。但不论怎样补救,耳聋对贝多芬音乐事业还是产生了巨大的不利影响。

他的钢琴演奏技巧已大不如从前了,尤其是快速句型,以往是没有谁比得过他的,但如今演奏起来多有力不从心之感,手指触键也变得越来越不确实,时有过强或过弱的情况出现;此外,他的指挥艺术也不可避免地受到了损害。据同行们回忆,直到1819年,贝多芬还能够指挥自己的作品,但排练和演奏中,却经常和乐队合不上拍,以至于出现混乱。在许多时候,贝多芬只是专注于自己的内心表达而无法与乐队配合,这时乐队只能以首席乐师的动作为准,而不能听命于贝多芬的指挥棒了。更有时,出现了这样的奇怪场景:一个乐队配备两个指挥——作曲家贝多芬和另一位"实际指挥"。

除了肉体的可怕的痛苦外,爱情的挫折同样给贝多芬带来了一生的折磨。

当他头一次到维也纳的时候,他向一个从他自己家乡来的歌唱家威尔曼求婚,但是她拒绝了,因为贝多芬"太丑了"。

就在他遭受耳聋折磨的时候,1801年,一个有魅力的17岁姑娘闯入了他的生活,这就是贝多芬曾题赠著名的十四号钢琴奏鸣曲《月光》的人。但由于贝多芬听力残疾和境况的艰难,她嫁给了

化解苦难

一位伯爵。这打击是摧残心灵的,尤其在贝多芬由于疾病而使心灵变得脆弱的时候,狂乱的情绪更有把他彻底毁灭的危险。

他决定要自杀,他甚至给兄弟卡尔与约翰写好了遗嘱:"哦,人们,你们认为或者会说我是心怀怨恨的、倔强的或是恨世主义的,你们对我是多么不公道啊!……可是,你们想:六年来我得了不治之症。庸医误人,年年都希望病好起来,结果受骗了,最后不得不背上一个永世的病魔。"贝多芬还在遗嘱后面注明了"等我死后开拆",他差不多要结束他的生命了。

精神上的痛苦和对生活与创作的愿望在贝多芬内心进行着激烈的挣扎,他在遗书里披露了自己所承受的巨大苦楚,以及自己决意与厄运做毫不妥协的抗争的心路历程:"当别人站在我的身旁,听到了远方的笛声,而我一无所闻;别人听到了牧人的歌唱,而我还是一无所闻,这对我是何等的屈辱啊!这类事情已使我濒于绝望,差一点我只能用自杀来收场。是艺术,是她留住了我。啊!我认为,在我还没有完成交给我的全部使命之前,就离开这个世界,这简直是不可能的。就这样,我在熬过这痛苦的生活,真痛苦啊!"

此时,尽管痛苦万分,贝多芬受到康德哲学观的激励,他开始重建信心。"要忘掉自己的不幸,最好的方法就是埋头苦干。"

贝多芬正是受冥冥之中艺术之神的召唤,才鼓足了勇气与命运抗争。艺术拯救了贝多芬,也赐福于全人。经受了这次命运的挑战,贝多芬的精神更加成熟,意志更加顽强,音乐创作也进入了一个崭新的阶段,他的创作生涯中许多最重要的、具有划时代意义的作品,如《第二交响曲》《第三交响曲》、歌剧《费德里奥》等,就是在这场精神危机后陆续问世的。

1822年,贝多芬要求亲自指挥最后一次的预奏。显而易见,他全没听见台上的歌唱,他把乐曲的进行延缓了很多。当乐队跟着他的指挥棒进行时,台上的歌手自顾自地匆匆向前,结果全局都乱了。平时的乐队指挥翁洛夫不得不提议休息一会儿。当大家重新开始时,同样的紊乱又发生了,但怎样使他懂得呢?没有一个人忍心对他说:"走吧,你不能指挥了。"

贝多芬不安地东张西望,想从不同的脸上猜出症结所在,可是大家都默不作声。他突然用命令的口吻呼唤他的好友兴特勒,把谈话手册递给他,示意他写。兴特勒写道:"恳求你勿再继续,等回去再告诉你理由。"贝多芬一跃下台,对他嚷道:"快走!"他一气跑回家里,倒在便榻上,双手捧着脸,这样一直到晚饭时分。用餐时他一言不发,保持着深深的痛苦的表情。

兴特勒后来记述这一天时说:"在我和贝多芬的全部交谊中,没有一天可和这11月里致命的一天相比。他心坎里受了伤,至死不曾忘记这可怕一幕的印象!"

不幸的命运给贝多芬以巨大的痛苦,但这痛苦也未尝不可以看作是一笔财富。它使贝多芬的人格在苦难中磨炼得更加伟大,灵魂得到进一步升华,这不正是一个伟大音乐家应有的超越吗?正因如此,有位深知贝多芬伟大精神的音乐家是这样看待贝多芬所受苦难的:"贝多芬之完全失聪,这命运的确是很残酷很悲惨的。不过,从另一个角度看,无疑这又是神的恩赐。因为当世俗的杂音侵扰人的双耳时,那个人就无法听到内心里神的呼唤。"

的确,贝多芬听到了他心中神的呼唤。但这个神不是上帝,而是贝多芬自己,是他与命运抗争中所形成的巨人品格。"星辰灿烂的天空在我们头上,道德的法则在我们心里。"这是伟大思想家康德的格言,也是伟大音乐家贝多芬的信条。正是恪守着这样的信条,贝多芬把自己的灵魂维系在广袤的宇宙和永恒的道德之上,从而战胜了世俗,战胜了自我,也战胜了厄运。

在如此悲苦的深渊里,贝多芬更加执着于讴歌生命。1805至1808年间,贝多芬创作了《命运交响曲》。他在1808年11月写给朋友的信中写道:"我要扼住命运的咽喉,它决不能使我完全屈服……噢,能把人生活上千百次,真是多美!""我窥见我不能加以肯

化解苦难

定的目标,我每天都更迫近它一些。唯有在这种思想里,你的贝多芬方能存活。"

"我要扼住命运的喉咙!"成为贝多芬一生与命运抗争的经典诠释,由此也成为一句激励人类与厄运做顽强搏斗的千古名言!

参考材料:《逆境英雄贝多芬——与命运抗争的伟大音乐家》,陈鹰翔主编,贵州教育出版社,2011。

2. 钢铁意志筑就文学高峰

关于苦难,法国文豪巴尔扎克有一句名言:苦难对于天才是一块垫脚石,对于能干的人是一笔财富,对弱者是一个万丈深渊。这句名言不是他枯坐书房灵感一现偶得的妙语,而是源于自己苦难人生的悟道之言。巴尔扎克的一生就是与苦难搏斗的一生,在苦难中,他以钢铁般的意志筑就了一座世界文学史上巍峨的高峰。

1799年5月20日,巴尔扎克出生于法国一个中产阶级家庭,父亲原是农民。巴尔扎克有两个妹妹一个弟弟,作为长子,巴尔扎克几乎没有享受过家庭的温暖。出生几个月后即被送到离家很远的奶娘家喂养,8岁时被送到更远的教会学校寄读。在这里他度过了6年监狱般的痛苦生活,6年中母亲只来看望过他两次。因此,巴尔扎克很早就被迫培养起独立生活的能力,并且锤炼出坚强的性格和强悍的意志。有迹象表明,巴尔扎克中学时写过一篇《意志论》,强调"意志先于思想"。从此,崇尚坚强意志伴随他一生,成为他创造伟大业绩的重要心理因素。

1814年巴尔扎克全家迁居巴黎。他被送进中学读书。在学校,他立下了终生为之奋斗的目标。在生物学家乔治·居维叶的课堂上,他的思想在神游,他默默地想:"当今的世界上,将会有四个伟人:第一个是拿破仑,第二个是居维叶,第三个是奥康瑙尔,第四个是我。拿破仑与长枪大炮为伍,居维叶娶下了整个地球,奥康瑙尔(英国宪章运动领袖)与他的人民融为一体,而我,要把整个社会装进我的脑袋"

读者注意,一个中学生,竟然把自己列为当今世界最伟大人物之一,不用说会被人嘲笑为不知天高地厚、野心膨胀。但是,这正是巴尔扎克为自己确立的伟大目标,用美国心理学马斯洛的话说即抱负水平。正是这一伟大目标激发出他钢铁般的意志,正是钢铁般的意志成就了他的伟大目标。这里面的因果关系值得人们深思。

1819年巴尔扎克进入大学攻读法律,同时在律师和公证人事务所里当见习生,从而学到很多法律知识,了解到各色各样的案子,初次看到了千奇百怪的巴黎社会,这对他后来的创作有重要意义。

正当父母以为他走上正道时,巴尔扎克突然宣布自己要当作家。父母坚决反对,但他毫不动摇,父母妥协给他两年时间学习写作,到期如果没有取得令人信服的成绩,就必须抛开这一"邪念",再回事务所去。

1819年夏天巴尔扎克开始他的"作家生涯"。他住在贫民区一个小房间里,他称它是"贮藏伟大人物的阔口瓶"。夏天热气蒸腾,冬天冷风嗖嗖,为了保暖,晚上不得不把椅子压在身上。父母只给他极其有限的生活费用,他尽量节省开支还是常常挨饿。他在给妹妹的信中诙谐地说:"你那注定应享有伟大荣誉的哥哥,饮食起居着实像一位伟人,这就是说,他都快要饿死了!"

在极端困苦的生活中,他开始写诗体悲剧《克伦威尔》。没有白天,没有黑夜,没有休息,没有娱乐,巴尔扎克坐在破桌前不停地写写写,为了御寒干脆坐在被窝里写。经过半年多苦行僧式的生活,他终于写完了。父母请亲朋好友和某作家一起评判,结果被"枪毙"了。那位作家给巴尔扎克父亲说:"令郎可以尝试各种职业,就是不要搞文学。"父母高兴了,要求他回去当律师,但巴尔扎克坚决不从。为了独立,他毅然离开家,再次钻进小阁楼里过起了卖文为生的日子。

为了生存,巴尔扎克在近十年里用假名写过杂七杂八后来被他称为"不折不扣的文学垃圾"的作品,还曾经与出版商合作出版《拉封丹全集》等作品,还经营过印刷厂和铅字铸造厂,结果赔得血本无归。债台高筑之下巴尔扎克不得不又回到写字台前开始创作。他决心以严肃认真的态度从事文学事业,一年后完成《舒昂党人》,满意地署上自己的真名实姓,从此,一个真正的作家开始诞生了。

从《舒昂党人》开始,他以疯狂的热情、惊人的毅力从事创作,取得了骄人的成绩。仅1830至1833年间,他就发表了《欧也妮·葛朗台》等十多部艺术珍品。也就在这个时期,巴尔扎克决定把自己从《舒昂党人》以后写成的全部作品合成一个总集。他计划要写一百四五十部小说,分为三个部分:《风俗研究》、《哲学研究》、《分析研究》。《风俗研究》在整个作品中占据重要地位,因此又将这部分分为六个场景,即:私人生活、外省生活、巴黎生活、政治生活、军事生活、乡村生活。仅仅从这些布局就不难体会作家的博大旨趣,也可以初步领略作品反映时代生活的广度和深度。在这一计划指导下,巴尔扎克夜以继日地工作,一大批重要作品相继出现。

1841年,巴尔扎克正式把自己所有作品定名为《人间喜剧》。1842年以后,巴尔扎克由于过度疲劳而精力日衰。他没有过去那么多产了,但作品的思想却更加深刻,艺术更加娴熟。如《幻灭》《贝姨》《邦斯舅舅》《交际花盛衰记》《农民》等。至此,《人间喜剧》中的九十多部小说自成一体,又彼此相连。单是精心安排、巧于构思就要耗费作者多少心血!那"构成一个时代的两三千个出类拔萃的人物",更需要怎样的匠心和付出何等巨大的劳动!

巴尔扎克付出怎样的劳动,著名奥地利作家茨威格有比较详细的统计:"巴尔扎克在1830年和1831年这两年内的产品,在文学史上几乎是无与伦比的。他写了大量的短篇小说、长篇小说、报

三 意志能创造奇迹般的奇迹

章文字、评论、小品和政治纪事。假如把1830年付印的,确实出自巴尔扎克手笔的70种作品(那些用别名出版的作品姑且不算),加上1831年印行的75种作品统计在一起,那么,他每天必须写出16页的书,修改与校对的工夫尚不计在内。"这是何等惊人的速度!

还有一个佐证:消耗的文具——巴尔扎克三天用掉一瓶墨水,更换十个笔尖! 请看巴尔扎克的书信摘录:

"我每天工作十八个小时。"(1833年1月给韩斯卡夫人的信)

"我六点起床,修改《舒昂党人》。然后,从八点到早上四点,用八个小时来写《战火纷飞》。白天我就修改晚上写下的东西。这就是我的生活。"(1832年7月9日给母亲的信)

"从半夜到中午我工作,就是说要在椅子里坐上十二个小时,全力以赴地书写、创作。然后从中午到四点修改校样;五点半我才上床,半夜又起来工作。"(1833年11月13日给韩斯卡夫人的信)

巴尔扎克短促紧张的一生中睡眠占了极少的比例。他所有的时间,除了写作、修改、校对,就是用在观察生活上。他曾说过:"本人笔下的全部事实,可以说,其中随便哪一件,就连那些最浪漫、最离奇故事,全都取自生活。"为了写作《妓女的荣辱》,他走访监狱了解妓女的情况;为了找到一个贴切的人名,他读遍了拉雪兹神甫公墓的墓碑;为了从地上到地下认识巴黎,他深更半夜钻进下水道去"寻幽访胜"……

如果说天才就是勤奋,巴尔扎克一生的工作和成果就是最好的明证。自从他的处女作被否定后,朋友和敌人当中不断有人断言他缺乏文学才能。但可贵的是,他有钢铁般的意志,永远有一股

化解苦难

一往无前的冲劲。他说:"我必须脚踏实地、锱铢必较地去使人们相信我的才能,假如当真有才能这种东西的话"。事实证明,巴尔扎克不但有才能,而且有钢铁意志。他在短暂的一生中,依靠牛一样顽强的劳作,创造了无与伦比的文学精品,构筑了一座规模宏大的文学殿堂,赢得了世人的尊重。

由于贫穷和劳累,巴尔扎克于50岁盛年时逝世,安葬在他所熟悉的拉雪兹神甫公墓。成千上万的巴黎市民赶来向他们热爱的作家致哀。简朴的安葬仪式上,雨果发表了动人肺腑的悼词:"巴尔扎克先生属于拿破仑后十九世纪强大的作家一代,他是最伟大、最优秀的人物中的一个","他走入坟墓的同时,也就步入了永恒的光荣。从今以后,他将与我们祖国的明星一道,闪烁于万里九霄!"

3. "顽强是个妙不可言的东西"

美国作家杰克·伦敦于1876年1月12日出生于加利福尼亚。此时的美国,正经历严重的经济危机,金融倒闭,企业破产,失业、罢工遍布整个社会。

杰克英俊可爱、机灵聪颖,但童年却充满了苦难。他的生父是个星象学家,他从未见过。母亲读书很多,精通英文,做过音乐教师,但因患病,性格有些神经质。杰克8个月时母亲与其养父约翰·伦敦结婚。养父为了养家,曾做过多种职业,迁居过很多地方,但生活一直处于极度贫困之中。

1881年5岁的杰克入小学读书,但学校极不正规。8岁时全家又迁居奥克兰郊区经营农场。杰克一边读书,一边劳动。这时,他的兴趣转向一些售价低廉的小说,尤其对其中的冒险故事极感兴趣。不久,经营的农场破产,全家又搬回奥克兰。10岁的杰克发现图书馆有很多书可以免费借阅,他迷上了冒险、旅行、航海、探险一类的书。他在床上读,饭桌上读,上学或者放学的路上读,别的学生做游戏时他还在读,读得如醉如痴。不久,养父又一次失业,年仅10岁的杰克只好一边卖报,一边读书。每天早晨三点钟起床分报,上学之前送完报纸,放学以后又去送晚报。周末要去水车上做工。13岁时小学毕业,全班推选他在毕业典礼上讲演,因没有体面的衣服穿,他连文凭都未上台去领。

迫于贫穷,杰克不得不中止学习,开始日夜上街卖报,偶尔做临时工。为了挣钱养家,杰克曾和别人一起在海上冒险,即使在这样的生活中,他仍然是那样热爱读书。每当船停留在港口时,他便去奥克兰图书馆挑选一批书,锁起舱门,一本接一本地读。他逐渐意识到冒险生活并非长久之计,1893年他受雇当了上等水手。在海上,白天听老水手讲海上故事,夜间点起油灯继续读书。七个月的海上生活结束回到奥克兰进一家黄麻厂做工,每天劳动达10小时。每天的繁重劳动结束之后,他开始练习写作。

不久,杰克离开黄麻厂到奥克兰电车公司发电厂做铲煤工。杰克进厂后老板解雇了原来的两个人,他一人干两个人的活,吃饭时间也不能停工。一天工作13小时,一个月才能休息一日。一天,同伴告诉他一个工人由于他的工作被杰克顶替,无法养活自己的妻儿而自杀了,杰克听了以后悲愤填膺,丢下铲子离开了发电厂。

1893年美国又一次发生19世纪以来最深刻、最严重的一次经济危机,整个工业生产陷于瘫痪。于是爆发了一次全国性的"饥饿进军",失业者自发组织起来开赴华盛顿向政府请愿,杰克加入了这支队伍。"饥饿进军"遭到政府镇压,杰克开始了流浪生活。这次流浪,他的足迹遍布全国。这一段生活用他的话说,他沉到了"贫穷的底层",目睹了人民的苦难与不幸,他的思想发生了很大变化。

1895年,19岁的杰克进入奥克兰中学学习,他觉得自己已失去了6年的学习时间,现在决定用两年的时间补上。他定出严格的学习计划,每天学习19个小时。他日以继夜,废寝忘食。邻居经常看到他房间里的灯通夜不熄。青年时代的杰克生活充满了苦难与艰辛,但他始终表现出刚毅、坚强的斗志,在很多地方,年轻的杰克与年轻时的高尔基很相似。他求知欲极强,往往是一边工作,一边学习,表现出不同寻常的毅力和坚韧不拔的意志。在该校学生杂志《保卫》上一年之内共发表十篇小说和论文,使先前瞧不起他的同学大为吃惊。学校的课程不能使他满足,他感到课程进度太慢,一年后便离开中学进阿拉美达补习学校。在这所学校他的进步快得惊人,以致五个星期后校长找他谈话,把他的学费全部退还给他,请他离开补习学校。杰克只好回家自学。三个月后,他于1896年9月考入加利福尼亚大学。从1895年进入奥克兰中学算起,杰克仅用16个月的时间,便补习完了中学的全部课程。

他怀着对知识的强烈渴求进入大学。他选修了英文的所有课程,还有历史、哲学和自然科学的许多课程。在大学不到一年,由于养父年老,经常失业,家境极度贫穷,需要他挣钱维持家庭生活,他不得不再次中断学业。

他一心希望能当作家以写作为生。他懂得仅有生活经验是不够的,还要有广博的知识,于是他走向书籍。他读了包括马克思恩格斯著作在内的所有政治、经济、哲学、社会学著作,同时,为了提高自己的文学修养,他阅读了当时所能找到的所有世界名著。他潜心研究莎士比亚、歌德和巴尔扎克,他称这三大作家为世界文学的三大天才。他懂得文学就是语言的艺术,要创作生动感人的作品,首先要有生动丰富的语言。他努力扩大自己的词汇量,经常随身带一部沉甸甸的字典反复阅读。他把字写在一片片纸上,插在梳妆台的镜缝里,以便在刮脸和穿衣时记诵;用扣针扣在晒衣绳上,以便走过房间时可以随时学习。他的衣袋中还装有很多字条,每当去图书馆或朋友家的路上便拿出来默记。就是吃饭睡觉时,嘴里还常常咕噜着生字。

时间对于他是非常宝贵的,他总是一边工作,一边挤出时间来学习。白天的时间不够用,就严格限定自己每夜只睡五个钟头。他深有感触地说:"时间!当你讲到缺少时间,那就意味着你没有经济地利用时间。"

离开大学不久,加拿大西北部和阿拉斯加一带发现了金矿,加利福尼亚掀起了一股淘金热。1897年3月,杰克跟大批淘金者一道来到阿拉斯加。在那里他被北方冬天壮丽的景色所陶醉,他了解了印第安人的生活并对他们深表同情。同时,跟各地的淘金者热烈讨论政治社会问题,记下了大量笔记。后因缺乏食物而患病,只好于次年回到奥克兰。其时继父已逝世,家庭的责任完全靠他一人承担。他不得不去洗衣店打工,挨家挨户贩卖缝纫机。同时还报考邮政人员。其间,他开始向杂志社投稿,但都一一被退了回来。他房间的退稿足足有五英尺高。他反思自己的作品后,毫不气馁,继续写,他常常说:"顽强是个妙不可言的东西,它可以把山移动,使你不敢相信和想象。"

1899年1月,他的第一篇阿拉斯加小说《给猎人》发表,他喜不自禁,站在报摊前目不转睛地看着载有自己小说的杂志,他很想买一本,但身上一分钱也没有,只好叹息着走开了。此后他又连续发表了两篇小说,5月这一个月内,他的作品同时出现在四个期刊上,对于在极为艰难中成长的杰克来说,是一个很大的成功。

在艰苦的环境中杰克一连几个月埋头写作,他广泛阅读各方面材料,他每天读书写作的时间不少于16小时,有时甚至19个小时,星期天也不例外。短短两三年内,他出版了一系列"东方故事"的短篇小说集《他的祖先们的上帝》《狼之子》等,又发表了《热爱生命》这个"北方故事"中的杰作。

杰克在写作的同时又积极参加社会党的活动。1901年25岁的杰克被提名为社会党的奥克兰市市长候选人。他到加利福尼亚大学演讲,很受师生们的欢迎。

对社会生活的认识不断加深,从而促使他在创作上获得了更大的丰收,1906—1910年是杰克·伦敦创作的高峰期,这期间,他不仅发表了许多社会论文,同时还创作了许多优秀短篇小说和长篇小说。

杰克·伦敦从1899年发表第一篇作品至1916年逝世,17年间共创作19部长篇小说,150多篇短篇小说和三个剧本,此外还有相当数量的报告文学和论文。他继承了马克·吐温的批判现实主义传统,把美国现实主义文学推进到一个新的阶段,在美国文学史上占有重要地位。他的一些优秀作品已成为世界文学宝库中的珍品。尽管只有短短40年人生历程,但确实是不平凡的40年,是充满艰辛和痛苦的40年,更是波澜壮阔、灿烂辉煌的40年。他充满传奇色彩的奋斗历程恰如历史夜空中一颗璀璨夺目的流星,光华四射、绚丽无比。他在极为艰难条件下顽强奋斗的人生经历,永远给挣扎在困境中人以无穷的力量和勇气。

4. 继承丈夫遗志,登上科学讲坛

这里讲的是著名科学家居里夫人的故事。

玛丽·居里(1867—1934年)世称"居里夫人",法国著名波兰裔科学家、物理学家、化学家。由于她对科学的巨大贡献,一生曾两次获得诺贝尔物理学奖,成为历史上第一个两获诺贝尔奖的人。由于长期接触放射性物质,居里夫人于1934年7月3日因恶性白血病逝世。

居里夫人一生中最大的幸运是与著名科学家比埃尔·居里的完美结合,同时,最大的不幸是比埃尔·居里于1906年意外去世。当时比埃尔·居里夫妇的事业正如日中天,他们已经和另外一个人同获1903年诺贝尔物理学奖,正完美合作着更多的工作,两个女儿还很小,突然天降的灾难把居里夫人抛入了人生的谷底。怎样面对如此巨大的苦难,对居里夫人是个痛苦的考验。最终,她以坚强的意志挺过来了,在接下来的人生历程中创造了更大更多的

三 意志能创造奇迹般的奇迹

辉煌,成为令全世界尊敬的科学巨人。居里夫人的小女儿艾芙·居里长大后为母亲写了流行全世界的著名传记——《居里夫人传》,其中记载了居里夫人化解苦难的艰难历程。本书节选,从比埃尔出事的噩耗传到家里起,直到居里夫人继承丈夫遗志登上科学讲坛。

笔者存书版本中"彼埃尔·居礼",今按通译,改为"比埃尔"、"居里",其余文字不变。

祸患突然降临居里的家门……到了六点钟,锁孔里有钥匙转动的声音,玛丽出现在客厅门口,愉快而且活泼。她从朋友们过于尊敬的态度中,她渺茫地看出来有表示哀悼的可怕迹象。保罗·阿佩尔重述经过情形,玛丽完全不动,完全僵直,这种神气使人们相信她一点没有听懂。她并没有倒入他们亲切地伸出来扶她的手臂中,她不呻吟,不哭泣;人们说她像木头人一样地毫无生气,毫无感觉。过了很长而且可怕的寂静,她的嘴唇终于动了,她低声问着,渴望听到什么否认的话:"比埃尔死了?死了?真的死了?"

一件突如其来的灾祸,可以使一个人完全改变,永远不再恢复原状;这是很普通的事,并不新鲜。虽说如此,那几分钟时光,对于玛丽的性格,对于她和她的女儿们的命运,确有决定性的影响,这是不容忽略的。玛丽·居里并没有由一个快乐的年轻妻子变成无法安慰的孀妇。她的改变不很简单,比较严重。使玛丽心碎的内心纷扰,她的错乱思想中的无名恐怖,过于强烈,不能借诉苦或谈心表示出来。"比埃尔死了",这几个字一传到她的意识中,立刻就有一种孤寂和难言之隐笼罩她的心头,永远摆脱不掉。居里夫人在四月的那一天,不只成了孀妇,同时还成了一个无法救治的孤独可怜的妇人。

目睹这个悲剧的人感觉到在她与他们之间的那层看不见的墙壁。他们表示哀痛和安慰的话语都只在玛丽耳边掠过,她的眼睛是干的,脸色苍白得发灰,似乎听不见他们说什么,很费力才能回答一些最迫切的问题。她用几句简洁的话拒绝剖验——法律调查的最后一道手续,并且要求把比埃尔的尸体移回克勒曼大道。她请求她的朋友佩韩夫人,留绮瑞娜(居里夫妇大女儿)住几天;她发了一个电报到华沙:"比埃尔猝遇变故去世。"然后她到那潮湿的花园去坐下来,两肘支在膝上,两手扶着头,目无所见,耳无所闻,毫无生气,不发一言,等着她的伴侣。

有人先给她送来了在比埃尔衣袋里找着的几件可怜的遗物:一枝自来水笔,几把钥匙,一个皮夹,一只表;表的机器还在走,表蒙子也没有碎。末了,在晚上八点钟,一辆救护车停在这所房子前面。玛丽爬上车去,在半明半暗中看见那个平静和蔼的脸。

担架很费事地慢慢抬进窄门。安德烈·德比尔纳曾到警察分局去运回他那谊兼师友的遗体,此刻又是他抬着这副悲哀的重担。他们把死者停在楼下一间屋子里,玛丽就在那里独自对着她的丈夫。

她吻他的脸,吻他那差不多还有热气的柔软身体,吻他那不可以屈伸的手。人们把她强拉到隔壁房间里去,不叫看死者入殓。她像是毫无知觉地服从了,后来忽然想起她不能让这几分钟这样过去,想起不应该让任何别的人照料那个血污的遗体,她又回来了,抱住尸体不放。

第二天雅克·居里(比埃尔的哥哥)到了,玛丽的收紧的喉咙才松驰,眼泪的闸门才打开;她独自对着这一存一殁的两兄弟,终于哭出来了。后来她又坚定起来在房子里徘徊,问人是否已经照常给艾芙(居里夫妇小女儿)梳洗。她到花园去叫绮瑞娜,隔着栅栏和孩子说话。她告诉孩子"爸"的头上受了重伤,需要安静。这个无忧无虑的小孩就又去玩耍了。

过了几个星期,玛丽因为在人前说不出她的悲苦,就完全陷于沉默孤寂之中,这种孤寂有时候使她惊惧地叫喊起来。她打开一本灰色的笔记本,颤抖着写出那些使她窒息的思想。在这几页到处涂改、渍满泪痕、而且只能发表几段的文字中,她对比埃尔说话,呼唤他,并且问他问题。她试着把拆散他们的悲剧的每一个细节记述下来,使这种记忆从此永远折磨自己。这个短短的私人日记——玛丽的第一个日记,也是她唯一的一个日记——反映出这个妇人一生中最悲苦的时期。(日记内容略)

玛丽失去了伴侣,世界失去了一个伟大的人物。……这个从此成为"著名孀妇"的女子,这一次仍和往常一样,要避开光荣的进攻。玛丽把葬仪提前,在4月21日星期六举行,以便避开官方仪式。她不肯要送葬队伍、代表、演说,并且请求用最简单的仪式把比埃尔葬在梭镇他的母亲的墓地里。可是当时的教育部长亚里斯第德·白里安不顾她的推辞,慨然随着居里的家属和密友,安静地伴送比埃尔的遗体到很远的城外小墓地去。

玛丽成了一架机器,甚至她的孩子的目光都不能唤醒她的感情。她行动呆滞,精神恍惚,似乎已经离开了活着的人们。

比埃尔·居里之死,引起了一些重大问题:比埃尔遗下的研究工作怎样进行?他在索尔本的教职怎么办?玛丽的前途如何?葬仪举行后的第二天,政府提议给比埃尔·居里的遗孀和遗孤一笔国家抚恤金。雅克征求玛丽的意见,她完全拒绝,她说:"我不要抚恤金。我还年轻,能挣钱维持我和我的女儿们的生活。"

在这突然加强的说话声中,第一次响起了她惯有的勇气的微弱回音。

当局和居里一家交换意见,颇费踌躇。大学有意留玛丽在学校里工作,可是给她什么头衔?叫她在哪个实验室里工作?能叫这个有天才的妇人听一个主任的指挥么?到哪里去找一个能够领导比埃尔·居里实验室的教授职位?有人问起居里夫人自己的意见时,她茫然地回答说,她还不能考虑,她不知道……

雅克、布罗妮雅、比埃尔最好的朋友乔治·古依,觉得必须替玛丽决定,替她建议。雅克·居里和乔治·古依把他们深信正确的方法通知了理学院长:玛丽是唯一能够继续比埃尔和她已经承担的工作的法国物理学家,玛丽是唯一够得上作比埃尔的继任者的教师,玛丽是唯一能代替他指挥他的实验室的人。必须打破传统办法和习惯,任居里夫人为索尔本教授。

1906年5月13日,理学院会议一致通过保留为比埃尔·居里创设的讲座,并且把这个位置用"代课"的名义给予玛丽。这是法国的最高教职第一次给了一个妇人。玛丽心不在焉地听着她公公对她叙述她应该接受的重大任务的一些细节,只用几个字回答:"我试一试罢。"

从前比埃尔说过的几句话、几句道德遗训、一个命令,在她的记忆中涌现出来,并且正式指出她的途径:"无论发生什么事,即使一个人成了没有灵魂的身体,他还应该照常工作。"

玛丽的日记:

"我的比埃尔,他们叫我作你的继任者,继续讲授你的课程,并且指导你的实验室。我已经答应了。我不知道这是好是坏。你常对我说你愿意我到索尔本去讲课,而我至少愿意努力继续你的工作。有时候我似乎觉得这样我比较容易活下去,而有时候我似乎觉得我承担这个工作简直是发疯。"

"我整天在实验室工作,我只得如此;因为在那里比在其他任何地方我都觉得好一点。我想不出还有什么事情能使我高兴,或许科学工作可以——不,还是不能,因为假如我在这上面成了功,而想到你不能知道,我还是受不了。"

她作了决定:那一夏天她要留在巴黎,在实验室里工作,并且预备将在十一月开始的功课。她在索尔本讲课,必须够得上比埃尔·居里的水平。玛丽聚拢他的笔记本和书籍,彻底看过那个去世的学者遗下的笔记。她又潜心于研究之中了。

在那个忧郁的假期内,她的女儿们正在乡下玩。到了秋天,玛丽不忍再在克勒曼大道住下去,开始找房子。她愿意住在梭镇,那

三 意志能创造奇迹般的奇迹

是比埃尔遇见她的时候住的地方,也是他现在长眠的地方。

提议移居的时候,玛丽让公公自己决定和谁在一起,但她希望公公能够和自己一起住。公公欣然同意,表示"我愿意永远留在你这里"。就这样,一个孀妇,一个七十九岁的老人,一个小女孩儿,一个婴儿——这就是现在的居里一家了。

"居里夫人,最近不幸去世的著名学者的遗孀,已经受命继任她的丈夫在索尔本的讲座,将于1906年11月5日星期一下午一时半,作第一次讲演",报纸上登了玛丽即将演讲的消息。

索尔本第一次将有一个妇人讲演,这个妇人是天才,同时也是一个绝望的妻子。这就足够引动喜欢看"初演"的观众,足够引动喜欢赶重大节日的聚会的观众……正午,玛丽正站在梭镇墓地的坟前,低声对她今天要继任的那个人说话;这时候人群已经挤满那个座位一层比一层高的小教室,塞满理学院走廊,甚至因为挤不进而站在索尔本的广场上。在教室里,无知识的人与有伟大心思的人混在一起,玛丽的密友与不相干的人混在一起。最难过的是那些真正的学生,他们是来听课并且写笔记的,不得不抓住他们的椅子,以免被别人挤下去。

一点三十分,后面的门开了,居里夫人在一片鼓掌声中走到座前,她只点了一下头,这个冷淡的动作算是行礼;然后站在那里,两手用力撑着那张放满了仪器的桌子,等着掌声停止。掌声突然停止了,在这个竭力想要把脸色镇定一下的苍白妇人面前,某种情绪使那伙来看热闹的人静默了。

玛丽一直向前看着,并且说:"在默察近十年来物理学上的进步的时候,人们对于我们在电气和物质方面的思想进展表示惊异。"

居里夫人正由比埃尔·居里最后说的那一句话讲起。

那句冷冰冰的话:"在默察近十年来物理学上的进步的时候"里面有什么深沉的哀痛?许多人的眼睛里都充满了泪,流到脸上来。

那个女学者以同样坚定而且差不多单调的语音,把那一天的功课讲完。她讲到关于电气结构、原子裂变、放射物质的新学说。她毫不畏缩地作完这种枯燥的说明,由那个小门出去,像进来的时候一样地快。

参考资料:艾芙·居里著,左明彻译:《居里夫人传》第228—240页,商务印书馆,1981。

5. 高位瘫痪女博士,摇着轮椅上哈佛

郭晖,高位瘫痪,却躺在床上自学了英、法、日、拉丁和希腊5门外语,翻译了3部书稿,总字数达30多万字。2008年,她取得了北京大学外语学院英语系博士学位,成为该校百年历史上第一位残疾女博士;2012年8月,国家公派她赴美国哈佛大学留学。

郭晖以顽强的意志战胜不幸命运的事迹,给残疾人,同时也给身体健全的人树立了励志的榜样。

1970年郭晖出生于邯郸市。小学5年级时,郭晖练习跳远不慎碰伤左腿膝盖,之后出现红肿,医生论断为滑膜炎,多方治疗没有效果。之后又多次转院治疗,病情愈加严重,滑膜结核已扩散至腰等部位,胸部以下瘫痪。

郭晖痛苦万分地大叫:"我成了废人?我不想活了!"说着就用头撞墙,母亲拼命才将她拉住。1983年1月父母带着她到湖南省人民医院作了开胸手术,效果仍不理想,无奈只能回家调养。面对病痛的折磨,郭晖已从最初的难以接受到开始慢慢适应。她的表现让父母颇感欣慰,父亲叹口气说:"孩子,你虽然不能走路了,但智力却是异常出众的,如果刻苦读书,也许能改变你的命运。"郭晖目光坚定地点了点头。

父亲找出两年前的5年级课本让她自学。由于郭晖躺在床上,后背垫得高一点才能看书,时间稍长就感觉很累,她便休息一

会儿继续看。一个星期下来胳膊肘磨破了皮,母亲心疼地直掉眼泪。就这样,郭晖在床上用 4 年的时间学完了初中、高中总共 6 年的课本!

为了参加高考,她开始抽出时间锻炼身体。可是,练了一段时间后发现自己根本不能和正常人相比。因为,她那时坐都坐不稳,时间久了,腿还会抽筋,后背也痛得受不了。连考场上的椅子都坐不稳,怎么考试?后来,一位大学老师建议她参加自考,因为自考可以一科一科地考,一科一科地结业。这位老师还建议她学英语专业,因为毕业后可以在家搞翻译,郭晖听了很高兴。

1991 年 4 月,郭晖第一次参加自考,报考的三门课都考了全市最高分。凭着出色的专业能力,这年 6 月 21 岁的郭晖终于找到了自己的第一份工作:到邯郸市八一自控厂做翻译,工资每月 60 元。第一次领工资,郭晖开心地流下了眼泪:她终于可以挣钱养活自己了。

为了挑战自己,1993 年 10 月,郭晖来到河北一所学院应聘教师职位。校方婉拒了她,理由除身体外,还因为学历低。学校需要本科和硕士学历的人,而她只有专科学历,这让郭晖认识到了自己的不足。

郭晖是个不服输的人。她很快就开始攻读本科学位。经过一番苦读,1997 年 6 月郭晖拿到了自考本科学士学位,与此同时她还顺利地通过了日语的全国统一考试。1997 年 7 月河北工程学院办了英语硕士进修班,进入该班学习 3 年后可申请硕士研究生学位。这无疑是个好机会,郭晖在英语本科即将毕业时报名参加研究生班,与此同时她还选择自修法语。如此高负荷的学习对于正常人来说都不是一件易事,对于高位瘫痪的郭晖来说难度之大可想而知。

2002 年 12 月郭晖参加研究生论文答辩,获得答辩委员的一致赞赏。老教授激动地告诉郭晖的父亲:"你女儿是个人才,答辩干净利落，十分精彩，日后必成大器。"

郭晖有了本科和硕士进修班的学历，2002年7月她满怀信心地来到上次求职的那所学院，自以为能够谋得一个心仪的职位。可是，院方却冷淡地说："你没受过正规的教育，根据规定，不能录用。"这个冷酷无情的答复并没有浇灭郭晖那颗渴望进取的心，反而再一次激发了她的斗志——她要圆自己一个校园梦，她为自己定下了目标：到北大读书去！

可是，北京大学会向一个严重残疾、自学成才的女青年敞开大门吗？2002年12月，郭晖怀着忐忑不安的心情给北京大学英语系沈弘教授写了一封信："我是一个高位瘫痪的女青年，是坐在轮椅上读完研究生的。我想考您的博士生，不知是不是可行。"10天后，郭晖收到了沈弘教授的回信。信里的话让她既惊喜又温暖："欢迎你报考我的博士生。北大重视的是学生的学识，我们会根据成绩择优录取，请你不要有顾虑。"

2003年3月19日，在父母的陪同下，郭晖来到北京参加博士生考试。当郭晖出现在考场时，很多参加考试的学生都感到很意外，一些热心的学生立即过来帮忙抬轮椅。郭晖很是感激，她感受到了阳光般的温暖。北大，以它的包容精神给了郭晖非常美好的印象。5门考试结束，7月3日郭晖收到了北京大学英语语言文学专业博士研究生的录取通知书！自己渴望已久的校园梦终于梦想成真，郭晖忍不住洒下激动的泪水。目睹女儿一路走来的艰辛，郭晖的父母更是喜不自禁，一家人相拥而泣。

可是，像郭晖这样高位瘫痪患者，生活都无法自理，到北大读书，无疑是极大的挑战。为此，郭晖父母商议决定放弃工作，母亲到学校照料女儿的日常生活，父亲则在北京打工挣钱养家。父母为自己做出的巨大牺牲，让郭晖感动不已。

2003年9月7日，郭晖和母亲一起住进北大宿舍楼内。北大为郭晖母女提供了一间单独的宿舍。第一次上课，母亲推着轮椅把女儿送到楼前。楼有台阶,须要把轮椅抬上去才行。母亲一个人推不上去,同学们纷纷上前帮忙。渐渐地,坐着轮椅上课的郭晖成了北大校园里一道独特的风景。她好学奋进、自强不息的精神感染了身边的每一个人。

郭晖虽然在这之前没有接受过正规的校园教育,她的底子却很扎实。因此,她读博之后并没有出现人们担心的跟不上学习进度的问题。相反,由于刻苦钻研,她的学习成绩很好,系里的奖学金每次都有她的份。

郭晖读的是英语语言文学专业,在旁人看来,文学嘛,学起来一定很轻松,对此,她笑着说:"读文学作品是一种消遣,但是做研究则必须下苦功才行。"她的博士论文题目是关于英国17世纪的一位叫琼生的诗人,这位诗人博学多才,要研究他的作品,首先得看懂有关他的书籍资料。所以,郭晖在学会英、日、法和拉丁语之后,又选修了古希腊语。她的语言天赋和刻苦精神再次得到证明,一年后她就可以用古希腊语来阅读有关资料了。

在未名湖畔,坐在轮椅上的郭晖成为一道独特的风景,不时地会有师生向她投以赞许的目光。经过一番寒窗苦读,2008年8月,郭晖获得北京大学文学博士学位,成为该校百年历史上第一位残疾女博士!

她扛住了命运的打击,一步一步坚强地走向未来,这一路攀登中,郭晖一直有当一名老师的梦想。有志者事竟成,2008年11月,郭晖再次美梦成真。河北工程大学文学院向她发出邀请,她从此成为一名大学英语教师。而为了实现这一梦想,郭晖拼搏了整整27年!

2012年3月,郭晖获悉河北省教育厅全额资助优秀高校教师赴海外留学的消息后提出申请,希望能争取到这一机会出国留学。她是河北开展国家公派留学项目以来,第一位提出申请的残疾人。同年8月11日,郭晖的申请获得了国家公派留学评审委员会专家全票通过!

2013年1月10日,郭晖从北京飞赴美国哈佛大学,开始了为期一年的海外留学生活。出国前,郭晖表示学成回国,她会继续留在河北工程大学,继续在三尺讲台上奉献自己的青春年华!

资料来源:《恋爱婚姻家庭》,2013年第4期,作者:范学芝。

6. 意志是重要的,但又不是万能的

这里要讲的,是一个被苦难压垮的悲惨故事。

2013年5月3日,22岁的安徽打工女孩袁丽亚,被发现从位于北京某服装商场坠楼身亡。这是她最熟悉的工作场所,2012年以来,她在这里一家服装店做导购。5月9日,依据现场侦查和法医报告,北京警方官方微博公布鉴定死因,"排除中毒、性侵害及他杀可能,系自主高坠死亡。警方已将核查详细情况及相关证据通报家属,家属无异议"。

这是袁丽亚在北京务工的第7年。袁丽亚的同事和朋友们都说,"她总是笑盈盈的","她是我认识的人中最坚强的女孩儿","她从没抱怨过生活"。不过,没有人知道她真实的内心世界。"无法言传的心累……"这是袁丽亚2012年年底的一条微博,这样的述说充斥了她的网络空间。2013年春节返京后,她的微博没有再更新,两个多月后,她离开了这个世界。

袁丽亚家位于安徽省庐江县同大镇姚湾村。村里大多住的都是二层小楼,贴着瓷砖,袁家只是破旧的平房,红砖裸露,室内只有两间房,一间是袁父母卧室,另一间是客厅兼厨房,家里的家具破旧得看不出原色,衣服从没有玻璃的大衣柜门上拱出来,卧室里唯一的电器是一台20多英寸的长虹彩电,天线绑在一根两米多长的竹竿上,所有窗子上都没有玻璃,用几块塑料布代替。客厅里有一张餐桌,一个橱柜,一张用两条长板凳架起的木床。袁丽亚不在家时,这是弟弟的卧室,袁丽亚回家时,这张距灶台不到两米的床就

三　意志能创造奇迹般的奇迹

归她,14岁的弟弟则与父母挤在一起睡。客厅的墙面还保持着竣工时的状态,砖缝尚未勾填。

1989年,袁强与王红结婚,东拼西借了五千块钱,盖起这幢两室的房子。一年后,女儿袁丽亚降生。女儿眉清目秀,聪明伶俐,4岁时就能出门帮父亲买香烟,6岁会做饭,9岁那年,就可以帮着母亲照顾刚出生的弟弟。

袁丽亚上学后学习成绩一直不错,家里贴满了她的奖状,考入初中后,虽然学习成绩不再拔尖,但她每天放学第一件事就是干活:收棉花时,她背着麻袋去地里捡剩下的棉花;晚上跟父亲去打鱼,鱼篓都是她背,鞋小把脚磨破了,她也不吭声。村里人都知道袁家的姑娘能干。

2006年,袁丽亚中考落榜。父亲想供她继续读书,但她坚持要出门打工。跟着当服装导购的老乡,袁丽亚来到了北京。第一份工作,是在一个同乡经营的店铺里做导购,包吃包住,年底结薪。她觉得自己很幸运,找到一个不错的老板,父母问她工作情况,她从来没叫过苦。条件有限,袁丽亚只能与老板的女儿同睡一张床。这个可怜的姑娘有些精神失常,发病时还动手打袁丽亚,袁丽亚默默忍受下来,不过年底结账时,老板却因为生意不景气,没有给袁丽亚发工资。过年春节回家,袁丽亚跟一位朋友哭诉,但哭过之后,她又豁达地对朋友说,"不过他们家的确很困难"。

第二年,在雅宝路做生意的大姑叫她去帮忙。在那里,袁丽亚第一次接触到外贸生意,开始在业余时间学习商务英语和俄语。半年后她已可以与外国客户流利地交流,虽然掌握的词汇多限于服装销售领域,但足以让一位在大红门早市卖服装的老板娘感到惊讶:"真是不简单,也有会说的,但一听就能听出来,她说得比别人好。"除了勤奋,袁丽亚也很节俭,整个冬天只有一双鞋,晚餐也只是在路边吃些麻辣烫。母亲王红则说,每年春节,袁丽亚都会带回一万多元,今年春节,她留给了家里三万六千块钱。

化解苦难

2009年2月,袁强的一场大病彻底改变了家庭的命运。这年春节后,袁丽亚跟随一位同乡去了上海,她还想继续在外贸服装领域积累经验,对方许诺一年工资两万元。可一个月后,她就接到了要她回家的电话。父亲半夜突然全身抽搐,昏了过去,医院最终诊断为胰腺内分泌肿瘤并已转移至肝脏。医生得知其家境后,善意地劝告。"寿命只有三到五个月,回家吧。"袁丽亚坐在病床边哭着对父亲说,"我死都可以,但你不能死。"

她带父亲到省里的医院住院化疗,一个月花掉两万多元,但病情没有好转。"别浪费钱了,回家等死算吧。"袁强叨念着出院回了家。在家里,袁强每天至少昏倒一次,最多时一晚上昏厥4次。妻子王红每次用奶瓶给他灌葡萄糖水,也只是暂时缓解。这一年,袁强本打算拿出积蓄盖座两层小楼,突如其来的疾病不只让愿望化为泡影,也使袁家失去了唯一的壮劳力。

2010年,袁强只是在家里做些简单的家务,随时"准备昏死过去";而袁丽亚的主要工作是带父亲看病,合肥、北京,只要有希望,她会拉上父亲就走。为了维持生活,在家时,袁丽亚就在家门口的小超市打零工。直到2011年,通过网上咨询,袁丽亚得知北京协和医院可以治疗这种罕见的癌症。她回到北京,每天去协和医院排队挂号,终于排到了一个专家号。2011年七八月间,袁强终于住进了北京协和医院内分泌科,住院50天,花费两万八千元后,病情有所好转。在好大夫网的感谢留言中,袁丽亚写道,"全家商量很久才决定来北京就医,但高额的治疗费用撞上了农村低收入的家庭,我妈四处借钱也远没凑够,仅剩的一丝希望,听说内分泌科的顾锋教授曾经帮助过类似的患者申请过救助,好心的主治医生就推荐我们找她"。

顾锋是北京协和医院内分泌科教授、全国知名神经内分泌肿瘤专家,她说该病与已故苹果公司创始人乔布斯的病类似,发病率只有百万分之一,在已有全身多处转移的情况下,即使切除原发灶也很难根治,保守治疗是每月注射一支价值一万四千元的针剂。了解到袁家的难处,顾锋通过自己主持的救助基金和微博募捐为袁家募集了三万多元,购买了两支针剂,其他人捐赠了 4 支药品,这样,可以维持袁强半年的生命。

袁丽亚也因此回到北京重操旧业。为了给父亲治病,她打两份工,每天凌晨 4 点,到大红门服装批发市场做早市导购,接待的都是批发商家,要喊破嗓子拉客,使出全身力气搬货、打包;上午 10 点半下班后,再去服装店当导购;有时,袁丽亚还和几个朋友一起去夜市摆地摊。

2012 年上半年,因肿瘤转移,袁强再次到协和住院。协和医院减免了 800 元的专家会诊费用,会诊意见却不乐观:尽管药物治疗使原发灶有所缩小,转移灶瘤体也没有进一步发展,但所需切除的肿瘤较大,风险很高。家人不敢冒险,决定还是延续药物保守治疗。父亲住院前,袁丽亚辞去了工作,在父亲病床旁摆了三把椅子,一睡就是 39 天。

袁强记不清治病花了多少钱,像中国大部分农民家庭一样,本就不宽裕的袁家因病返贫,全家所有收入几乎全用在他一个人的身上。20 岁的袁丽亚成为家庭支柱。她在 QQ 空间里不止一次感叹自己压力大,需要拼命挣钱,但这个女孩又会很快振作起来,鼓励自己:"什么都不要在(再)想了!接下来就是努力上班挣钱让爸妈过上好日子!袁丽亚,加油!相信你行的……"

村里,与袁丽亚同龄的女孩多已结婚生子。曾有人要给她介绍县城里一个有房有车的男朋友,她拒绝了,她要找一个近一点的婆家,方便回家照顾爸爸。经人介绍,去年下半年,她认识了现在的男友,也在北京打工,两家相距仅两三里路。今年春节过后,袁丽亚和朋友一起合租在一个二层小楼上。住户大多来自安徽,几乎都从事与服装相关的职业,看似亲密,互相之间却鲜有关注。一位曾经熟识的朋友说,大家都很忙,许久都见不到面,根本不了解她有什么不开心的事，问及袁丽亚的业余爱好，他回答，"她太忙了，没有时间去有爱好"。

在袁丽亚的89条微博里，出现最多的词语是"梦""伤害""幸福"或"爱"。她一边感叹幸福离自己太遥远，不知道爱是什么，转而又鼓励自己："我还有一大家需要我照顾！我应该试着对自己残忍点……"熟悉她的朋友们说，袁丽亚有乐观开朗的一面，也有多愁善感的一面，她听歌会黯然神伤，听到雨声，就会跑出去淋雨，看电视剧，有时会流泪。

2012年11月，她将QQ签名改成："感觉累就对了，因为舒服是留给死人的。"朋友们说，去年年底时袁丽亚曾与男友闹过别扭，但春节就和好了。今年正月，两家吃了订婚饭，盘算着来年就结婚。2013年5月2日下午4时许，袁丽亚给男友发了最后几条微信："这么多天你受苦了，对不起，老婆永远爱你"；"如果有一天我不在了，你要好好的"。

5月2日下午4点48分，袁丽亚给父亲打电话问："爸爸在干什么？"袁强正在葡萄架下帮妻子剪枝，发现女儿的声音不像平时清脆，还带着哭腔，问："你怎么了？"袁丽亚回答："我没事，你别累着就行。"晚上7点多，袁强想到女儿一天要做两份工，怕打扰她休息，便让儿子发短信劝她不要上两个班了，有事儿和家里多联系。袁丽亚没有回复。没想到，第二天早上八点多，村支书通知他们赶快到北京去一趟，有急事。王红当晚就和几个亲戚上了火车。5月4日凌晨，刚下火车，几位在北京打工的亲友赶来哭着说：丽亚跳楼了。王红晕了过去。

5月4日上午，王红到京温大厦，工作人员冷冷地告诉她："跳楼与我们无关。"王红无法接受，只能不断去女儿坠楼处痛哭。两天后，袁强也赶到了北京，他看到了法医尸检报告，结论是自杀，他不明白女儿为什么会自杀。不管原因是什么，女儿终究是离去了。5月10日，袁丽亚的遗体在北京火化，当晚，袁强抱着女儿的骨灰登上了返乡的列车。

（应受访者要求，文中袁强、王红为化名）

资料来源：《中国新闻周刊网》，2013年05月17日，作者：刘子倩、杨迪。

前面所选都是化解、战胜了苦难的例子，这里忍不住选了一个被苦难压垮的例子，因为生活中这样的人也不少。

最坚强的女孩儿终于被沉重的生活压垮了，这里我们能说什么呢?！也许我们该劝她再坚持一下，事情总会有办法的。但想一想这种劝说又是苍白无力的。站在袁丽亚立场考虑，有什么办法呢？怎样转机呢？她个人不知道，终于撑不住，放弃了。我们不忍心批评她，毕竟，她年龄太小了，这样沉重的负担搁谁身上都够呛。人，都有软弱的时候。

袁丽亚的死告诉我们，苦难的超越，除了坚强的意志、顽强的毅力，还需要社会的救助，需要政府出面负起责任，建立必要的各类社会救助制度，不让贫穷家庭一人得病毁了一家。应对苦难，精神因素是绝对重要的，但又绝对不是万能的。所以本书在肯定和赞颂精神因素的同时，呼吁尽早尽快建立健全各种社会救助制度，政府应尽早尽快承担起应该承担的民生责任。千万不要再发生这类让人心痛的事——天大苦难让一个小姑娘去扛。

但愿袁丽亚的悲剧不再发生！

化解苦难

四　希望是不幸者的第二灵魂

1.《命若琴弦》的启示

史铁生的著名短篇小说《命若琴弦》讲了一个具有寓言性质的故事：一辈子以说书为生的老瞎子，带领徒弟长年累月地行走在穷乡僻壤间，生活十分艰难。但老瞎子心里却很兴奋、很激动、很愉快，因为，五十年前师父临死的时候给他留下一张能治好眼睛的"药方"。但吃这个药的前提是，必须虔诚地弹断一千根弦。为了让希望变成现实，老瞎子紧紧张张地奋斗了大半生。终于弹断一千根到城里去抓这服药时，发现所谓"药方"原来是一张白纸，老瞎子的精神一下子崩溃了。他不吃不喝光想去死。再一想，自己死了问题不大，可还有一个年轻的徒弟在山村里呢！他要回去对徒弟有个交代。在回去的路上，他想，五十年来我的琴槽里封的不都是白纸吗？为什么过去有劲现在没了呢？原因是过去不知道是白纸，因此心里就有着一个目标，一个希望，现在希望没了，所以就活不下去了。

由此，老瞎子忽然悟出一个道理："命若琴弦"——人的命就像手中的琴弦，必须用一个东西把心弦拉紧，才能弹奏出动听的人生乐章。老瞎子这才真正明白了老师父的用意。于是他回到山村，面对苍天和大地，隆重地举行了一场人生交接仪式——老瞎子把

四　希望是不幸者的第二灵魂

"药方"又庄严地封在了小瞎子的琴槽里。小瞎子因失恋正想死去,接下"药方"后心中点燃了希望。作品结尾,作家写道:

> 莽莽苍苍的群山之中走着两个瞎子,一老一少,一前一后,两顶发了黑的草帽起伏颠动,匆匆忙忙,像是随着一条不安静的河水漂流。无所谓从哪儿来、到哪儿去,也无所谓谁是谁……

这是一篇讨论人生哲理的小说,其中渗透着作者对人生意义的理解;从本书的主旨看,对人生意义的理解中包含着化解人生苦难的智慧。即,命运如此不幸,面对苦难,为什么还要活?或者说,生活那么难,活着的意义是什么?

透过小说的故事层面,我们大体上可以感悟到以下几层意蕴。

第一,苦难中人,乃至于所有人,活着必须树立一个目标,或者说必须心怀一个理想、梦想、希望、愿望……这样,人活着才有内在的精神动力,才能生机勃勃,永远充满欢乐。这正是小说标题("命若琴弦")所宣示的意义:一头是生命,一头是目标,两点之间扯起一根弦,人的生命就像这根弦,拉紧了才能弹奏出动听的人生乐章。否则,没有目标,心无所系,人就丧失了活着的内在动力,生活就没有了任何意义,人活着就等于一个动物性生存。作品中的老瞎子已丧失了所有人世间的幸福,但因为心中怀有一个美好的希望,所以他一辈子照样活得幸福、愉快,充满激情与活力。

第二,作品更为深刻的一层意思是说,即使这个目标是虚设的,最后终于没有实现,但你只要为此而奋斗了,拼搏了,你的人生也仍然是有价值、有意义的。人生的意义并不在于目标的实现当中,而在于为实现目标追求奋斗的过程之中。作品中老瞎子的师父悟到了这一点,临终时深情地告诫徒弟:"记住,人的命就像这根弦,拉紧了才能弹好,弹好就够了。"老瞎子知道药方原是白纸后回

化解苦难

顾平生经历,也深刻领悟了师父的深意,明白人活着的意义就在于追求奋斗的过程,即"永远扯紧欢跳的琴弦,不必去看那张无字的白纸……"

第三,命若琴弦,人生的意义不在于目的而在于过程,这是一个相当深刻的命题。这一命题在史铁生以后的作品中有着更详尽透彻的分析和阐释。想要明白这一命题的涵义,请读者进一步阅读史铁生作品,这里就不再介绍了。

想提醒读者注意的是《命若琴弦》在结构方面非常明显的特点是,开头和结尾两段文字几乎完全相同,展现的是同一幅"画面"。这样的结构,这样的意象,给人的直接启发就是:人生就是一个圆圈,既不知从哪儿来也不知往哪儿去,只是一代代周而复始不停地走——走——走,走在希望牵引的生命旅途上。

这两段空灵的诗化叙述有着奇妙的艺术魅力,吸引你兴奋莫名地反复读,读的结果,眼前意象进一步虚化升华:我们看到正在匆匆忙忙走着的已不是一老一少两个苦难中的瞎子,而是望不见尽头的人群,是整个人类;而且,他们也不是走在莽莽苍苍的群山之中,而是走在苍茫的天地之间;或者也不是"走",而是"漂",漂流于无边无涯的宇宙长河中!

苦难中的史铁生,从自己切身体验出发,悟到了"希望"之于苦难中人的价值和意义。史铁生的认识,其实也是人类历史上所有智者的共识。如予不信,你花几分钟工夫上网查一下关于"希望"的名人名言就知道了。智者的名言都很精彩。如,古希腊喜剧作家欧里庇德斯说:智者因希望而忍受人生的痛苦;莎士比亚说:希望是为痛苦而吹奏的音乐,希望是苦难的唯一药方;歌德说:希望是不幸者的第二灵魂;狄更生说:希望是栖息于灵魂中的一种会飞翔的东西;梁启超说:希望是人类的第二个生命……

2. 像坚持初恋一样坚持理想

这里讲的是马云最初投入互联网事业的故事。

将互联网作为自己的事业目标,源于马云的一次美国之行。1995年初,杭州市政府因为一个招商引资项目需要和美国一家投资公司沟通,马云随团做翻译和协调。然而令他想不到的是,正是这次美国之行,让他意外地认识了当时在美国也算是新生事物的互联网。马云凭着职业敏感立马意识到这是一个前景无限的事物,值得为之一搏,于是当即决定将互联网带入中国成为他下一个事业。

回国当晚,马云就找来24个朋友聊这事儿,结果只有一人说可以试一试。冷静了一夜之后,马云还是决定把互联网作为自己的一个梦想去实现。目标确立后,他不顾其他人的看法与意见,认认真真开展起了互联网的运营。他说:"刚开始做互联网,能不能成功我也没信心。只是我觉得做一件事,无论失败与成功,总要试一试,闯一闯,不行你还可以转头;但是你如果不做,总走老路子,就永远不可能有新的发展。"马云当时做的那个网站,就是后来的中国黄页(Chinapages)。

在理想面前,马云抱着无畏的精神,创办了中国黄页。虽然当时无人支持,但他还是四处借债,加上压箱底的积蓄,用2万多块钱,创办起了这个网站。

网站创办以后,马云就开始每天出门推销他的网站,说服那些企业心甘情愿付钱把资料放到他的网站上去。可大部分人根本不知道马云所讲的互联网是什么东西,所以,马云张嘴推销自己的网站时,人们都用异样的目光看着他,他的一言一行就像天方夜谭,大家觉得这个小个子太不靠谱了,简直是满嘴跑火车。

忆起当年的岁月,马云不无感慨地说道:"那时候真可以说是惨不忍睹啊,就跟骗子似的。我们当时跟所有人都说,有这么一个东西，然后如何做。"

马云先从朋友开始劝说起，因为多年的信任基础，一些朋友也就真的将自己的企业资料放在了马云的黄页上。当然，这其中历经的艰辛是不言而喻的，但是不管怎么样，马云一步步将业务做起来了。而且，一些与黄页有合作的企业，也真的通过黄页收到了切实的利益，这就进一步为马云增添了信誉。打下了良好的基础后，马云的腰杆开始挺起来了，他的黄页越做越大，越做越好了。1995年8月，中国电信开始在上海做了，马云也紧随其后，开始跟着做，在全国一个城市一个城市地拓展业务。

马云顶着"骗子"的称号四处奔波，到处跟人聊网络，谈客户。他那时候认为："互联网是影响人类未来生活30年的3000米长跑，你必须跑得像兔子一样快，又要像乌龟一样耐跑。"终于，在成功发布了北京国安足球俱乐部等中国第一批互联网主页后，中国黄页开始被越来越多的人知晓和关注，到了1997年年底的时候，中国黄页的营业额做到了700万元。马云的互联网之旅已经越走越畅通了。

但是好景不长，随着大环境的不断变化，人们对互联网越来越了解，开始出现了很多和马云抢生意的人。从美国麻省理工学院博士毕业的张朝阳回国后，在导师的资助下创办了一家"爱特信"公司。随后，有"中国互联网先驱"之称的瀛海威出场了，紧接着中国万网也开通了。

面对竞争越来越激烈的市场，马云开始考虑北上去寻找更大的发展机遇。马云放出豪言："我们打不死他们，不过他们也打不死我们。"

在一次演讲中，马云慷慨激昂地说道："有了一个理想之后，我觉得，最重要的是给自己一个承诺，承诺自己要把这件事情做出来。很多创业者呢，都想这个条件不够，那个条件没有，这个条件也不具备。该怎么办？我觉得创业者最重要的是创造条件，如果机会都成熟的话,一定轮不到我们。所以呢,一般大家都觉得这是个好机会,一般大家都觉得机会成熟的时候,我认为往往不是你的机会。你坚信事情能够做起来的时候,给自己一个承诺,说你准备干5年,你准备干10年、20年,把它干出来,我相信你就会走得很久。"

"你可以失败,但是你不能失去做人的执着。"这是马云坚持的一条人生信念。不管你确立的目标是什么,不管要去实现这个目标有多么艰难,一旦踏上追寻理想之路,就要有强烈的意愿坚持下去。就好像坚持一份美好的初恋一样,抱着百分之百的热爱去面对挑战,克服难题。

马云在外界压力与日俱增的情况下,坚持做中国黄页,投入百分之百的精力在黄页的发展上。这是给自己的态度,也是对理想所负的责任。在阿里巴巴做大做强之后,马云回忆创业时的艰难,说道:"因为七八年前阿里巴巴罕有名气,我们没有品牌,没有现金,人们也不一定相信电子商务。那个时候非常难招聘员工。我们开玩笑说,街上只要会走路的人,只要不是残疾得太重,我们都招来了。但是经过了五六年,我们这些人居然都很有钱,大家都有成就感了。为什么?我觉得就是因为相信我们是平凡的人,相信我们在一起能做成功一些事情。所以我觉得,创业者给自己一个梦想,给自己一个承诺,给自己一分坚持是极其关键的。"

"人永远不要忘记自己第一天的理想,你的梦想是世界上最伟大的事情。"马云这样告诉自己,也将这股正能量传递给旁人。

资料来源:张燕编著《我的人生哲学——马云献给年轻人的12堂人生智慧课》,北京联合出版公司,2013。

3. "圆梦大师"的圆梦人生

有人在评论新东方教育集团创始人兼董事长俞敏洪的时候,称他为"一个善于在演讲中激励学生的'圆梦大师'"。这一评价名符其实，因为他不仅善于在演讲中，而且更善于通过他所创办的学校帮无数学子圆梦。不过，了解俞敏洪的人更知道，他本人的人生其实也是从梦想起步，也是由梦想一路鼓舞走过来的，他的人生历程某种意义上说其实也就是圆梦的历程。

1962年俞敏洪出生在江苏省江阴市的一个小村庄，父亲是一个木匠。高中时候的俞敏洪学习成绩并不好。1978年，他参加了人生的第一次高考却失败而归，英语才得了33分。第二年又考了一次，英语得了55分，依然是名落孙山。高考失利的俞敏洪无奈回到农村喂猪种地。农村平静的生活像一潭死水，没过多久他就受不了了。当时，离开农村到城市生活就是他的梦想，而参加高考在当时是离开农村的唯一出路。这一梦想是他艰难人生中的精神支撑，是他积极进取的强大动力，所以尽管生活艰苦，他仍在昏暗的煤油灯下坚持学习。

1979年，县里办了一个外语补习班，俞敏洪挤了进去，这是他第一次系统地学习外语。住在30人一间的大房子里，俞敏洪的感觉好似进了天堂。到了第二年春节，俞敏洪在班里的成绩已经进入前几名。功夫不负有心人，1980年俞敏洪参加了第三次高考，一举考进了国家重点学府北京大学西语系。

在北大，俞敏洪是全班唯一的农村生。因为当时家里很穷，俞敏洪穿的衣服几乎都打着大补丁。因为来自农村，俞敏洪的普通话也不好，蹩脚的发音经常遭到同学们的嘲笑。他之前学的典型的"哑巴英语"让他从A班调到较差的C班。

这一系列的不适应没有把俞敏洪吓倒。他慢慢调整好自己的心态。"我们那时候攀比的是谁读的书多，谁在同学面前发表的观点受重视。"俞敏洪回忆道。普通话不好，他就跟着收音机里的播音员学说话；英语不好，他就天天坐在未名湖畔背单词。渐渐地，他的英文水平大幅度提高了。

然而，好景不长。大三时，俞敏洪患上了肺结核，无奈之下，他只好休学一年。当他再次返回学校时,人也变得更加消瘦,对未来一片迷茫。幸好,凭借着扎实的外语功底,毕业后,俞敏洪留在了北大,成为一名英语教师。

教师的生活很平淡,眼看着昔日的同窗们都纷纷出国深造,俞敏洪也萌生了出国的想法。他刻苦准备,然而命运却跟他开起了玩笑。1988年,俞敏洪托福考了高分,但就在他全力以赴为出国而奋斗时,美国对中国紧缩留学政策。

这次的政策调整使得随后两年中国赴美留学人数大减,赴美留学的梦想在努力了三年半后付诸东流,一起逝去的还有他所有的积蓄。

除此之外,更大的打击还在等待着他。此前,为了凑出国留学的学费,俞敏洪以北大西语系教师的身份去校外兼职教书,还约了几个同学一块儿出去办托福补习班。当留学的梦想破灭后,为了谋生,他只能继续这样的生活。1990年秋天,俞敏洪办补习班的事情被学校发现了,北京大学在校园广播、有线电视和著名的三角地橱窗里高调宣布了对俞敏洪打着学校招牌私自办学的处分决定。对此,俞敏洪没有任何思想准备。

1991年,俞敏洪被迫辞去了北京大学英语教师一职,生活愈加艰难,前途似乎到了暗无天日的地步。但正是这些经历使他找到了新的机会。尽管留学失败,俞敏洪却对出国的考试和流程了如指掌,还对培训行业十分熟悉,他决定彻底加入培训行业。为了给妻儿一个殷实的家庭,被北大"踢"出来的俞敏洪必须面对生活的困窘,必须逼迫自己去闯。

在创业之初,生源很少,他常常一个人满大街贴招生广告。数九寒天,俞敏洪手中的糨糊经常结成冰。有时他实在冷得受不了了,就掏出揣在怀里的二锅头抿上一口,然后继续把广告贴下去。

不贴广告的时候,他就待在"教室"里。那是位于北京中关村二小的一个10平方米、漏风漏雨的违章建筑,除了一张桌子、一把椅子以及冬天还未刷完小广告就结冰的胶水桶,什么也没有。当时,俞敏洪是每天早上刷广告,下午,他和妻子就在办公室虔诚守候,盼望着来报名的学生。俞敏洪在办公室守了一个多星期,人来了不少,但都是看看四周,看看报名册,然后又走了。任凭俞敏洪好说歹说,只有三个学生报了名。

到了第二年,俞敏洪招的学员慢慢变多了。俞敏洪望着越来越多的学生非常高兴。1993年,他把培训学校的名字改成了"新东方",这三个字里包含着俞敏洪对未来的希望。

经过多年在困难中的摸爬滚打,俞敏洪从一介书生成长为能打理方方面面事务的合格"校长"。现如今,"新东方"分布在全国34个大中型城市。2006年俞敏洪带领新东方在美国纽约证交所上市,2009年获得CCTV年度经济人物,2012年获得中国最具影响力的50位商界领袖,2014年11月26日,携手华泰联合证券前董事长盛希泰共同创立洪泰基金。如今,出身农村的俞敏洪十分关注农村的教育发展,连续多年俞敏洪都将目光聚焦于此。正如他曾说自己这辈子离不开教育事业一样,肩负着政协委员职责的俞敏洪时刻与教育"寸步不离"。

资料来源:《青春励志故事》,时代出版传媒股份公司、黄山书社,2014。

4. "我的生活是从没有希望中走出希望的"

这句话是"感动中国"人物洪战辉超越苦难,鼓舞自己生活的励志名言。

洪战辉1982年出生于河南省周口市西华县东夏镇洪庄村。12岁之前,洪战辉和众多农村孩子一样,有着一个天真烂漫的童年。父母亲、弟弟、妹妹和他共同组成的家庭,尽管很艰苦,但也很幸福。1994年8月底的一天中午,洪家发生了一件震惊全村的事儿——洪战辉的父亲洪心清突然发疯,不但把家里的东西都砸坏

四 希望是不幸者的第二灵魂

了,还粗暴凶狠地殴打自己的妻子。洪战辉的妈妈看到这种情况,赶紧叫人帮忙把丈夫送到医院。但是慌忙之中,却把只有1岁的小女儿留在了屋内。等大家赶到时,1岁的妹妹已经被爸爸摔在了地上,送到医院时已经没气了。

妹妹死了,父亲疯了……洪战辉的天空轰然倒塌。他趴在已经骨折的母亲身上号啕大哭。弟弟懵了,甚至忘记了哭。周围的亲友来了,他们帮忙把战辉的父亲和母亲都送到了医院。照顾住院的父亲、母亲、照顾年幼的弟弟,12岁的洪战辉开始肩负了家庭主人的责任。3个月的时间,洪战辉医院、学校、家里三点一线,不分白天黑夜,风雨无阻。三个月的艰辛,让洪战辉长大了,艰辛的付出终会有回报:母亲出了院,父亲间歇性精神病的病情也得到了控制,可家里也负债累累,但毕竟生活又重新回到了平静。

这年腊月二十三,疯疯癫癫的洪心清临近中午还没回家吃饭,洪战辉就和妈妈一起去找,在离村5里地的一棵大树下,父亲不知从哪儿捡回一个被遗弃的女婴,眼光里透出一种父爱。无奈之下,天快黑的时候,一家人把孩子抱回了家。洪战辉一抱小女孩,小女孩就直往他怀里钻,他想起了死去的妹妹。母亲让把女孩送人或放回原处,但善良的洪战辉于心不忍,发誓自己照顾她。家里给女婴起名叫洪趁趁,他叫她为"小不点"。

1995年8月的一天,母亲蒸完足以让一家人吃一周的馒头后离家出走了。她不堪家庭重担和疯丈夫的毒打,选择了逃离。弟兄俩在哭声中四处寻找,夜已经深了,娘那天没有回家,从此失踪了。

似乎一夜之间,13岁的洪战辉便突然长大了。他稚嫩的肩膀开始接过全家生活的重担:抚养幼小的洪趁趁,伺候病情不稳定的父亲,照顾年幼的弟弟,寻找出走的母亲。此时,洪战辉已到西华县东夏镇中学读初中,学校离家有两三公里。读初中的3年,无论早上、中午还是下午、晚上,他都要步行在学校和家之间,及时照顾

化解苦难

全家人吃饭。每天上学的时候,怕患病的父亲伤害小妹妹,他就把小妹妹交给自己的大娘照看。最难办的是小不点的吃饭问题,每天一早,小不点"哇哇"不停的哭声总会让洪战辉手足无措,只好抱着孩子去求附近的产妇们。天天讨吃也不是办法,洪战辉后来千方百计筹钱买了一些奶粉。在有经验的人的指导下,他学会了给小不点冲奶粉。吃饱了的小不点还听话,洪战辉只要上学前和中午及时回来喂奶两次,她就不哭闹。难熬的是晚上,也许是因受了惊吓,每到夜深,"小不点"就要哭闹一场。这时,洪战辉毫无办法,他不知道怎样哄她,只是抱起她来,拍打着她,在屋里来回走动……夏天还算好过,冬天的时候,小不点的棉裤尿湿了,又没有多余棉衣可供替换,每天的晚上,洪战辉都是把湿透了的棉裤放在自己的被窝里面暖干,天明的时候,再给小不点换上。

1997年7月,洪战辉初中毕业,成为东夏镇中学考上河南省重点高中西华一中的3个学生之一。可是家里没钱供他读书,当时清醒的父亲用一袋小麦换了50元钱,颤抖着递给洪战辉说:"娃儿呀!爸对不起你!考上了学却没钱上……"15岁的洪战辉怀揣50元钱,只身一人冒着炎炎烈日跑到周口、漯河等地寻找打工的机会。因为又瘦又小,3天3夜连刷盘子洗碗的活也找不到,只得返回西华县城。此时,洪战辉已身无分文。洪战辉的执着精神引起了一个中年人的同情,在软磨硬泡了两三天后,那位中年人终于给了洪战辉一份传递钉枪的工作。洪战辉拼命地干,一个暑假他挣了700多元。9月1日他按时到西华一中报到,而且当上了班长。

学习生活安定下来后,洪战辉不放心妹妹,就在学校附近租了一间房子,把她接到了身边。他又开始像初中时一样,每天奔波在学校与住处之间。一早,他要让小妹妹吃早点,再叮嘱她不要外出,然后上学。中午和晚上,他从学校打了饭,带回住处和小趁趁一起吃。来到县城读书后,一切开支都大了起来,而且高中的学习压力也是初中所无法比的。但是洪战辉知道,如果失去了经济来源,父亲的病情好转、弟弟和妹妹的生活以及自己美好的理想都是空谈,打工挣钱成了洪战辉繁重学业之外最大的任务。"没办法,我要读书,我要养家,就必须想办法挣钱!"从此,洪战辉在校园里,利用课余时间卖起了圆珠笔芯、书籍资料、英语磁带等,鞋垫、袜子,只要能挣钱的都卖,用微薄的收入维持着全家的生活。

高中生像小商贩一样搞校园推销是被人瞧不起的事,甚至引起了一些师生的反感。一次在某班推销的过程中,该班班主任老师毫不留情地将他赶出教室,他没有辩解,强忍住泪水收拾了东西就走。洪战辉说,只要学校张贴停电通知,他就赶紧跑出去批发蜡烛,然后一个班一个班去零售;他卖的圆珠笔芯油多笔头小,价格又便宜,自己用着感觉不好时还主动包退包换。"其实,做再小的事,挣再少的钱,只要是努力得来的,一分一毫都值得自豪!"洪战辉说。

洪战辉边学习边挣钱和照顾小趁趁,还得定时给父亲送药。这种日子持续了一年多,在洪战辉上高二的时候,父亲的精神病突然又犯了。父亲住院需要照顾、花钱。为了借钱,洪战辉跑了周围的几个村子,求了几乎所有的亲朋好友,跑了两天才借来40多元钱。后来,他的房东邓阿姨知情后,向他伸出了援助之手,把看病所需的2000元钱送到了洪战辉家中,暂时解了燃眉之急。

生活的压力、家庭的现状逼迫洪战辉不得不辍学。高二时,洪战辉挥泪告别了难舍的校园。回到农村老家后,他收拾农田,照顾父亲,闲暇时候教妹妹识字,农闲的时候做点小生意,挣钱补贴家用,一年挣了六七千元。

洪战辉在西华一中的老师李永贵和秦鸿礼调到了西华二中。两位老师一直关心着洪战辉,他们让人给洪战辉捎信:希望洪战辉能重回高中学习。这时候小妹妹6岁了,父亲病情也控制下来了,于是渴望读书的洪战辉再次回到了校园。由于二中的高中部是新

化解苦难

建的,洪战辉成了西华二中的一名高一新生。洪战辉又把妹妹带在身边,她也到了上学年龄了,老师帮助在附近找了所小学,小趁趁也开始上学了。

新的高中生活又开始了。他还是边挣钱边学习边照顾小妹妹,同时还要辅导她学习。读高二时,他在学校附近一家包子店干活,每月30元工钱,早上可以免费吃包子,他就多吃,午饭和晚饭就可以省下了。

生活在平淡中继续。2002年10月,父亲的精神病第三次犯了。他把父亲送到了一家精神病医院,可是交不起住院费。而且不久,正上初一且成绩全班第一的弟弟洪锦辉不辞而别,外出打工了。10月底的一天,扶沟县一家乡镇精神病院被洪战辉的孝心所感动,答应免去住院费只收治疗费。洪战辉赶紧回家取住院用的东西,到家后又连夜骑上自行车赶往医院。家到医院有近50公里路,夜已经很深了,连续奔波3天的洪战辉极度疲惫,骑着骑着,眼睛就睁不开了,结果连人带车栽倒在路旁的沟里……等他醒来时,自行车压在身上,开水瓶的碎片散落一地。洪战辉咬牙坚持:"我不能倒下,我倒下了,父亲的病就没人管了,妹妹就没人管了……我一定要考上大学,改变自己的命运!"他终于顽强地站了起来。

在学校,他看到学生对复习资料的需求量很大,就利用星期天的时间,坐车到郑州批发图书回学校来卖。为了节省成本,从郑州汽车南站到西郊的郑州图书城,他有时步行几个小时,脚都磨出了血。西华、太康、扶沟三县2002年前后的高中生,对洪战辉都有很深的印象,他常到学校的班级内推销书籍、笔芯等。由于洪战辉的情况同学们都了解,再加上他诚信经营,生意很红火,甚至外校的学生也来他这里购买图书。高中阶段洪战辉读了5年,5年中停学挣钱一年,5年中因劳累晕倒过多次,但每一次他顽强地都站了起来。5年中他从没接受过一次捐款。

2003年6月,断断续续读了5年高中的洪战辉,终于迈进了

四　希望是不幸者的第二灵魂

高考考场。成绩公布后，洪战辉以490分的成绩被湖南怀化学院录取。可5200元的学费和要照顾妹妹让他很是为难！利用暑假，他打工挣了2000元，决定先到湖南看看，把妹妹托付给了大娘。大学新生报到当天，他交了1500元学费后，就干起了老本行做了"小商贩"。当他看到许多报到的新生纷纷向家里打电话时，就四处打听，寻找电话卡的销售渠道。他找到一位电话卡销售商，把身上仅有的500元全部购买了电话卡，当天晚上就卖了100多张，两三天就赚了六七百元。为了挣钱，洪战辉可谓想方设法，后来他还逐渐代理了步步高复读机、电子词典和丁家宜化妆品在湖南怀化学院的总经销，他还垄断过学校19栋学生宿舍楼的纯净水供应、电话机的安装等。

2004年春节，洪战辉回到河南老家，看到失学在家的小妹，非常愧疚。"无论如何不能再让妹妹辍学，我要带着妹妹上大学！"洪战辉暗下决心。回到怀化后，洪战辉开始为小趁趁联系学校，鹤城区石门小学校长同意接收。2004年6月底，洪战辉的高中同学帮忙把妹妹带到怀化。他要利用暑假挣钱。暑假过后，"小不点"又重新回到了学校。一早，她背着书包去上学。中午，在校吃中餐。回到学院寝室后，洪战辉还给她补习功课，教她普通话。穷人的孩子早当家，"小不点"学会了做饭，如果哥哥出去推销东西回不来，她就一个人做饭等哥哥回来吃。路上看到空瓶子，她会捡回来。遇到哥哥从市里进了学生用品回来，她也会帮着搬运。妹妹的懂事让洪战辉很是欣慰。

洪战辉携妹求学的故事，经全国多家媒体的报道后，成为社会关注的焦点，不断有人表示愿意捐款，以帮助他抚养妹妹。令人意想不到的是，洪战辉在某媒体上发表公开信，在向关心他与妹妹的人表示感谢的同时，明确提出他可以养活自己和妹妹，不需要任何社会捐款。洪战辉说："不接受捐款，是因为我觉得一个人自立、自强才是最重要的。我现在已经具备生存和发展的能力，这个社会上还有很多处于艰难中而又无力挣扎出来的人们,他们才是我们现在需要帮助的。"怀化学院了解到洪战辉的情况后,破例单独给他安排了一间寝室,方便他照顾妹妹。学校的老师也被洪战辉的事迹所感动,一些老师纷纷捐款。有一次老师们捐了 3190 元,当老师把这些钱交给洪战辉时,他不接,他说:"比我困难的同学有的是,更重要的是我现在已经知道了怎么去养活自己了。"洪战辉态度很坚决,无奈之下,学校只好冲抵了洪战辉的部分费用。大概一年后,系里师生又为洪战辉捐了一部分款,但这次他坚决拒绝了。学生处专门给他每月拨的 200 元补贴,反复催促他也不去领。洪战辉对金钱有着自己的原则,他认为,不是用自己双手挣来的钱,决不能花费到自己身上。

在大学期间,他曾屡次拒绝别人的捐款和资助。虽然他的生活非常拮据,但从来没有申请过特困补助。洪战辉的同班同学评价他说:"别人给他捐助他拒绝,但是他还喜欢帮助别人。"洪战辉说:"我会牢牢记住每一个帮助过我的人,我要成立一个基金来帮助更多的人。"他说这个基金是责任基金,而不是一般的爱心基金。我想用这种方式帮助那些人,等到那些人成功以后,他们也把自己的一份力量重新注入这个基金。"我想告诉那些处于贫困中、挣扎中的人们,要保持一种平和的心态,不要怨天尤人,最主要的是你怎么去改变你自己,用什么样的方式去改变你自己。"

洪战辉高兴地说,考入大学后,每年春节回家,都能欣慰地看到久病的父亲病情大有好转;2004 年年底,母亲也感到了愧疚,回到了久别的家中;在外漂流了多年的弟弟现在也有了消息。

洪战辉小小年纪扛着家庭重担顽强求学的事迹感动了同学,感动了社会,被评为 2005 年"感动中国"十大人物之一。教育部下发通知号召大学生向洪战辉学习:学习他自强自立、勇于进取的坚忍品格;学习他克服困难的坚强意志和战胜困难的顽强毅力;学习他面对困难不低头、面对挫折不放弃的奋斗精神;学习他刻苦学习、严于律己、诚实质朴的高尚品德;学习他乐观向上、积极进取的人生态度和高尚的思想品德。

洪战辉以实际行为超越苦难,来自他成熟健康的人生观和价值观,这体现为他让人感动的励志名言:

我会坚持,我觉得每个人都有责任,不但对自己、对家庭,还有对社会。只是默默地走,不愿放弃。

我的生活是从没有希望中走出希望的。

普通人就应该做普通的事,尽自己应该尽的责任,这有什么奇怪的。要奇怪的应该是现在一些普通人不去做或者不愿去做或是不敢去做普通的事情,要么是不去尽、不愿尽、不敢去尽作为一个人应该尽的一点责任和义务。

我认为苦难不是好事儿,别人真正欣赏的不是你的苦难,而是你的奋斗。

如果说感受的话,我认为一个人心中要有爱,要对自己和他人负责。12年来,我没有放弃妹妹,就是源自一颗爱心和一种责任。我觉得自己最有价值的不是经历,而是精神和思想——精神可以帮你面对一切,思想可以帮你创造一切。

苦难的经历不是我们博得同情的资本。奋斗才是最重要的!贫穷也不是什么大不了的事,通过奋斗改变贫穷的劣势才是最重要的!

如果大家把我当作偶像,那说明大家都没有做到,那就是我们的悲哀。

我认为我只是一个普通人,做的是一个普通人应该做的事情,没有什么轰轰烈烈,只是默默地走,不愿放弃。

做人应该有责任心,能担多大的责任,方能成就多大的事业,我认为就是这个道理。

不接受捐款,是因为我觉得一个人自立自强才是最重要的!苦难和痛苦的经历并不是我接受一切捐助的资本!

资料来源:根据洪战辉著《当苦难成为人生的必修课》(北京出版社,2006)编写。

5. 在任何恶劣乃至绝望的环境里都不要放弃对未来的渴望

著名美籍德裔心理学家维克多·埃米尔·弗兰克尔(1905—1997),医学博士,维也纳医科大学神经与精神病学教授,担任维也纳神经综合医学院的首席专家长达25年。他创立了"意义治疗法"及"存在主义分析",被称之为继弗洛伊德的心理分析、阿德勒的个体心理学之后的维也纳第三心理治疗学派。

弗兰克尔的人生被称为是20世纪的一个奇迹。二战时期,作为犹太人,他的全家都被关进了奥斯威辛集中营,他的父母、妻子、哥哥,全都死于毒气室中,只有他和妹妹幸存。二战结束后,九死一生的弗兰克尔,回顾当时在集中营所经受的种种非人折磨,结合自己的观察和思考,写了一本后来风行全世界的书——《活出生命的意义》。这本书的前半部分写他在集中营的经历;后半部分是他反思自己和他人面对苦难时的心理反应,总结出了独特的学术思想,即他所谓的"意义疗法"。这意味着弗兰克尔不但超越了炼狱般的痛苦,更将自己的经验与学术结合开创了学术新天地,替人们找到绝处再生的意义。

全面复述弗兰克尔在集中营中所遭受的苦难和他的学术观点是不可能的,这里向读者推荐哈罗德·库希纳为《活出生命的意义》写的"前言"。笔者认为"前言"比较全面概括了弗兰克尔超越苦难的基本经验,同时也是弗氏"意义疗法"的基本思想。

亲爱的读者,如果在您一生的阅读体验中,能够拥有这样一本书,它其中的某个篇章或者包含的某种思想不仅能触动您的灵魂并且能引领它与之共舞,甚至改变您的日常生活与

四　希望是不幸者的第二灵魂

命运,那这样的书您一定要常常翻阅,并像对待珍宝一样小心呵护。而维克多·弗兰克尔的《活出生命的意义》作为当代最伟大的著作之一,正是这样的一部作品。

这是一本讲述生存问题的书。和20世纪30年代德国与东欧的许多犹太人一样,二战之初,弗兰克尔也自认为可以逃过一劫,但他还是没能躲过席卷整个欧洲的纳粹种族灭绝运动。不幸的是,他最终被关押到曾被称作"死亡工厂"的奥斯维辛集中营,但幸运的是,他奇迹般地活了下来,成为《圣经》里那个"幸免于难的人"。在此书中,他很少谈及自己在集中营里忍受的常人无法想象的艰辛、苦难与摧残,而是更多地谈论那些让人坚强地活下去的勇气。"知道为什么而活的人,便能生存。"——他很欣赏尼采的这句话,并在书中多次引用。他对那些因放弃对未来的渴望而放弃生命的狱友嗤之以鼻,因为这些人死亡的原因不是因为食物或药品的匮乏,而是因为缺失对未来的渴望和不知道自己为什么而活。弗兰克尔则不同,他心中无时无刻不牵挂着自己的妻子,内心充满了思念,因而怀着强烈的求生欲望期盼有朝一日能够活着与爱妻重逢。他还不断梦想战后能够到各地举办心理方面的专题讲座,其内容正与他在奥斯维辛集中营的种种经历相关。可能会令人们产生疑惑的是:在集中营里显然并不是拥有强烈求生欲望的人就一定能够活下来,有人由于身染恶疾,有人由于焚烧炉的吞噬,最终都难逃死亡厄运。但弗兰克尔关注的并非多数人丧生的原因,而是为什么有些人能够幸免于难。

奥斯维辛的经历不啻于一场噩梦,但这段不堪回首的往事反而强化了弗兰克尔的核心理念:生活并非弗洛伊德所宣扬的那样,只是简单地祈求快乐,也并非阿德勒所教导的那样,只是为了争权夺利。人们活着是为了寻找生命的意义,这也是人们一生中被赋予的最艰巨的使命。弗兰克尔发现可能

化解苦难

找寻到生命意义的三个途径：工作（做有意义的事）、爱（关爱他人）以及拥有克服困难的勇气。苦难本身毫无意义，但我们可以通过自身对苦难的反应赋予其意义。弗兰克尔指出，"在苦难中，一个人可能仍然保持勇敢、自尊、无私，也可能为了自我保护在激烈的斗争中丧失了人的尊严而无异于低等动物"。他承认在纳粹集中营里，只有少数人可以像前者那样活，"而且，仅仅这样一个事例就足以证明——人的内在力量是可以改变其外在命运的"。

最后，弗兰克尔最具持久力的观点，正是我在生活以及无数的咨询中一直呼吁的：一些不可控的力量可能会拿走你很多东西，但它唯一无法剥夺的是你自主选择如何应对不同处境的自由。你无法控制生命中会发生什么，但你可以控制面对这些事情时自己的情绪与行动。

在亚瑟·米勒的剧本——《维希事件》中有一幕，讲的是某位中产阶级上层的绅士向占领他所在城市的纳粹军官出示自己的各种荣誉证书，包括大学毕业证、杰出市民推荐信等等。纳粹军官问道："这就是你所有的东西吗？"绅士点点头。纳粹军官立即将这些东西揉成一团，扔进了废纸篓，告诉他："很好，现在你什么都没了。"于是，绅士彻底崩溃了，因为于他而言，做人的尊严依存于别人对自己的尊重，没有尊严，精神也随之崩溃。对此，弗兰克尔会争辩说："只要我们拥有自主选择如何应对处境的自由，我们就不会一无所有。"

我在公理教会的经验也充分证明了弗兰克尔所洞察到的这个真理。我认识的一些成功人士一退休就失去了生活的热情。工作使他们的生活有意义，甚至还成为唯一赋予他们生活意义的事，一旦没了工作，他们便日复一日地呆坐家中，因"无所事事"而愁眉苦脸。与此相反，我还认识一些人，他们因为相信总会有出头之日而勇于挑战持久的苦难和困境。好比有些罹患重病者,无论是为了延长有生之日好分享整个家庭的大事件,还是期待医生通过研究他们的病症找到治疗之策,任何一个活下去的理由都使得他们能够忍受病痛的煎熬。总之,拥有一个活下去的"理由"让这些身患重病者能够承受这样活着的"方式"。

我的亲身经历也在另一方面回应了弗兰克尔提出的理念。我在《当好人遭难时》一书中讲述了自己如何在艰难的思想斗争中逐渐接纳了儿子的疾病与死亡,因而使该书具有了广泛的影响力和可信度。而弗兰克尔的存在(主义)分析治疗的理念是他通过积极抵抗奥斯维辛集中营里的极度痛苦并存活下来的事实使其理念获得可信度。如果没有第一部分的经历,本书的后半部分将无法给人留下深刻印象。(参见维克多·弗兰克尔:《活出生命的意义》前言第1—6页,华夏出版社,2010)

哈罗德·库希纳为《活出生命的意义》写的"前言"指出,作为心理学家的弗兰克尔化解苦难的基本方法是,在任何恶劣乃至绝望的环境里,人都不要放弃对未来的渴望,不要放弃对生命意义的追求("知道为什么而活的人,便能生存"),不要放弃对家人及他人的爱。弗兰克尔把生命的意义看得至高无上,把它当作生命的支撑,把寻求生命的意义当作人生最艰巨的使命。人生意义将赋予人巨大的内在力量,弗兰克尔坚信——"人的内在力量是可以改变其外在命运的"。正是基于这种理念,弗氏创立了意义疗法——意义疗法的基本理念就是,通过引导灵魂找到生活的意义而治愈心灵创伤。

苦难中"内在力量"如此重要,但这种力量不是人生来就有的,而是靠自己主动选择的。这里体现出了存在主义的基本思想——苦难的降临是不可控制的,但可以控制的是对于苦难的态度;人生有没有苦难是个人无法选择的，但人可以选择的是应对处境的自由。用弗兰克尔的话说——"人所拥有的任何东西，都可以被剥夺，惟独人性最后的自由——也就是在任何境遇中选择一己态度和生活方式的自由——不能被剥夺"。"只要我们拥有自主选择如何应对处境的自由，我们就不会一无所有"。

这是一种积极健康的人生观，一种积极健康的应对苦难的态度，这种态度感动和影响了无数人。《活出生命的意义》被美国国会图书馆评选为最具影响力的十本著作之一，销售已达1200万册，被翻译成24种语言。

6. 信念不死，希望永存

模特儿出身的安娜·奎罗特，在古巴是家喻户晓的田径女明星。在1989年赛季中，她保持了在800米决赛中39次连胜的罕见记录，并被国际田联评为当年的世界最佳女选手。1991年夏天，奎罗特在哈瓦那举行的泛美运动会上，一举打破了400米和800米的大会纪录，她的胜利使古巴第一次在大型运动会的金牌榜上超过了死对头美国。这对于古巴人来说，绝不仅仅只是体育上的胜利。

然而，噩运却降临到奎罗特的头上。在1993年初的一次意外中，她被烈火灼烧，面容被毁，全身三度烧伤。深褐色的伤疤像火山喷射后的地面，纵横扭曲，在奎罗特昔日美丽的面颊、脖颈、肩头和手臂上刻下丑陋的伤痕，一个妙龄少女一夜之间变成了丑八怪。祸不单行的是，奎罗特被烧伤10天后，怀孕6个月的女婴又引产夭折了，同时孩子的父亲也狠心地离开了她。

这种打击对于一个女人来说无疑是晴天霹雳。

奎罗特虽然奇迹般地活了过来，但心情却十分绝望。她的手指无法弯曲，胳膊无法抬起来梳头，烧伤的左脸经过植皮后像戴着假面具般平滑，脖子不能自由转动。看到镜中丑陋的自己，她几次都想到了自杀。然而,顽强的意志一直支持着她。在赛场上锻炼出来的忍耐力也发挥了极大的作用,她的心境渐渐地平静下来。

只要信念不死,希望就永存。奎罗特又振奋起来。她的教练希威尔来医院看望她,隔着病房的玻璃向她招手。奎罗特冲他轻轻地拍着大腿,表示她的双腿依然安好无损。她要向厄运挑战。

植皮手术后两个月,她便开始做操、骑马,在医院的楼梯上跑上跑下。再过一个月,她居然出院了。看守她的一个护士说:"我真不敢相信她会重新跑步。但在她开始训练时,我意识到她一定会成功,因为她有着超人的意志。她的病情恢复得惊人得快。"

5月13日,也就是烧伤不到4个月的一天清晨,奎罗特解开脖子上的托架,拆掉手臂上的绷带,在朝霞中重返跑道。她绕着体育场跑5圈。下来后,她新长的皮肤瘙痒无比,烧伤的手臂也非常疼痛。但她无比兴奋地说:"我又能跑了!"

11月份,奎罗特参加了伤后的第一场比赛。在波多黎各举行的中美及加勒比海区运动会的800米比赛中,脖子和手臂上还有焦疤的奎罗特以2分5秒22的成绩赢得了银牌。回国后,古巴总统卡斯特罗为运动员庆功时赞扬奎罗特说:"这是我们有生以来见到的最令人难以忘怀的事情。奎罗特虽然只赢了银牌,但她以勇敢的精神赢得比金牌还宝贵的东西。"这位大胡子总统眼含热泪地拥抱了奎罗特。

奎罗特也认为这是一次永难忘怀的比赛。她说:"我只能直着脖子跑,既不能左右转,也不能向上动,我觉得自己像个笨拙的机器人。许多人以为我不能再比赛,更不用说是拿到奖牌。我就是要用行动来向世界证明——残疾人也能创造奇迹。"

然而,真正的奇迹诞生在哥德堡的世界田径锦标赛上。1995年8月13日,从烈火中跑出来的奎罗特站在世界强手如林的800米赛场上,她的脸上、手臂上依然是伤疤累累。这样一个残疾人能参加世界大赛已经是个奇迹,许多人都不忍细看这个受难者。发

化解苦难

令枪响后,奎罗特在别人后面不动声色地跟着。受过伤的脸上没有汗水,一半暗红、一半鲜亮。但是,她那双眼睛射着逼人的光芒。在跑到离终点100米的直道上时,奎罗特富有弹性的步伐突然加快,谁都没有料到这位古巴人会冲上来,而且具备如此强劲的冲击力。在一片惊呼声中,奎罗特首先撞线。

"1分56秒11",她跑出了1995年世界最好成绩!

她的努力并没有停止,在1996年的亚特兰大奥运会上她又夺得了800米的银牌。人们为她喝彩,古巴人也以她为荣。她坚定的信念使她在面临巨大的不幸后重新燃起了生的希望,她不仅仅是古巴人心中的女英雄,她还应该是全人类的骄傲。

资料来源:王磊:《直面人生的苦难》第53—56页,吉林人民出版社,2011。

五　看破人生而后爱它谓之乐观

1. 乐观的内涵

面对苦难需要保持乐观主义精神和态度,这似乎是谁都认可的。但是,什么是乐观,怎样才算乐观,却有不同理解。

有人对苦难、困境采取视而不见的态度,即"未见这种困境,无视这种困境,不敢面对这种困境",简单说即对苦难采取"鸵鸟主义",以此来维系乐观,史铁生称这种乐观为"傻瓜乐观主义"。信奉这种乐观主义的人,终有一天会发现上当受骗,再难傻笑,变成绝望,苦不堪言。(《史铁生作品集》第二卷,第447—448页,中国社会科学出版社,1995)

傻瓜乐观主义的实质,其实是胆小,怯懦,非理性,孩子气。真正成熟理性的乐观主义当然不是这样的,它至少包含以下几层内涵:

一,面对苦难,首先是坦然承认,正面迎接。苦难已经来了,这就不是承认不承认的问题了,而已经是既成事实了,你承认,它存在;你不承认,它照样存在,正所谓"不以人的意志为转移"。既然已然这样,坦然接受才是明智。关于这一点,本书第一节讲史铁生的人生智慧的时候已经说过了,兹不赘言。

二,想通它,化解它。即,从终极角度看,人生就是由幸运和苦

化解苦难

难、欢乐和痛苦、坦途与困境……等阴阳两面构成,你——无论谁都无法把其中的阴面删除而单取阳面。换句话说,苦难、不幸本来就是"人间戏剧"的组成部分,是人生题中应有之义。既然如此,你生命中遇到了苦难和不幸,从宇宙构成角度看,非常正常。因为,你本身就是宇宙构成的一分子,上帝没授予你苦难、不幸的豁免权,因此你不能一厢情愿地仅仅索取幸运而汰除苦难。从这样高的角度把问题想通了,你还悲观、还伤心么?!你站在上帝角度,你成了你自己的观察对象,意味着你其实已经超脱了,走出自我了,客观了,冷静了,这就是智慧。

三,天下事,有一利必有一弊。"福兮祸所伏,祸兮福所倚";"塞翁失马,焉知非福";"失之东隅,收之桑榆"。辩证法让你心平气和地看到事物的阴中之阳,看到不幸中的幸运。让你不知不觉超越了自身的苦难,而站到了智慧老人的位置上。

四,天下事,没有永恒不变的。物极必反,否极泰来。你已经跌到了人生的低谷,接下来就该触底反弹了。你不能眼光仅看脚下四指远,你要看到道路虽然是曲折的,但前途却是光明的。这样看事物、看自己,你就没有理由悲观了。

五,苦难、困境,当然让人不好受,但是,聪明人也可以把它变为获取欢乐的机会。"当人把一切坦途和困境、乐观和悲观,变作艺术,来观照、来感受、来沉思,人便在审美中获得了精神的超越","当你不仅能够享受快慰也能够享受哀伤,你就看见了美"(史铁生)。

把与人生苦难相周旋当作审美活动,从中有了审美体验了,这还不是乐观主义?!还有比这更配称为乐观主义的么?!

上述几点,请问,哪一点无视了、躲避了苦难?哪一点不是理性?还是史铁生说得好,"看破了人生而后爱它,这才是明智之举"。这是什么?这就是智慧,这才是真正的乐观主义。

2. "早晚都会过去"

"早晚都会过去"是邓小平的口头语,这句话体现了他面临困境时"向前看"的乐观主义精神。

邓小平说过,乐观是他的法宝,天天发愁日子怎么过啊?!在孩子们小时候,相互之间有时闹点小别扭,邓小平只说一句话:"要吵,你们出去吵!"妻子问他怎么不管一管,他说,管什么?早晚都会过去!"早晚都会过去",对待孩子们闹别扭的事他这样看,对于自己政治生活中遭遇的打击和迫害,他也这样看。邓小平乐观地相信未来,因为他相信生活和历史的辩证法,他认为任何事物和环境都是在不断变化的,绝不会一成不变。黑暗总会过去,光明总会到来。道路虽然是曲折的,但前途一定是光明的。

1984年3月25日,日本首相中曾根康弘在会见邓小平时问:"在你个人的经历中,你觉得最高兴的是什么,最痛苦的是什么?"邓小平说:"我一生最痛苦的当然是'文化大革命'的时候。其实即使在那个处境,也总相信问题是能够解决的。前几年外国朋友问我为什么能度过那个时期,我说没有别的,就是乐观主义。所以,我现在身体还可以。如果天天发愁,日子怎么过?"

1969年邓小平下放到江西后成为一名普通钳工。极大的反差,并没有使他消极悲观。应当承认,多数受迫害者往往不能忍受其辱,但是邓小平却能含笑应对。新建拖拉机修配厂修理车间的主任陶端缙曾说:当时邓小平到我这个车间以后,我想劳动不要让他累着了,这好办,是我能够做到的,可我最担心的是如果老人家心情郁闷想不开,出点事那就不好说了。可是情况出乎我的预料。邓小平并不悲观,更没有丝毫垂头丧气的样子。他每天上班都笑着与大家打招呼。平时言语不多,但与工人相处得很融洽。尤其是时间长了,还常和大家摆摆"龙门阵"。

管理秘书黄文华有一天问他:"老邓,你来劳动三四个月了,身

化解苦难

体坚持得了吗?"邓小平回答说:"先做第一个五年计划,不行再加五年。估计我这个身体坚持十年还是可以的,绝不是下乡镀金论。"说完大笑。他之所以能笑对逆境,是因为他心中对未来有一个不变的憧憬:我还会出来工作的。我还可以工作10年。

曾任中共中央纪律检查委员会委员的刘英,就对邓榕说起过邓小平在30年代经历政治生涯中的第一次沉没时那乐观的情景:"1933年我从莫斯科学习回来,在中央苏区看到你的爸爸,那时候他犯了错误,被撤了职,在总政治部编《红星报》。我被分配在少共青年团中央当宣传部长。我们少共离总政治部非常近……我们那时候是一帮子年轻人,在乡下也没有什么文化生活,吃完饭就串门子。我们很喜欢和你爸爸天南地北地吹牛,因为他知识多。他是很乐观的……"1934年4月至6月,刘英被调任于都县扩红突击队长。仅一个半月,她就完成了扩红任务。刘英曾撰文回忆:"6月下旬,我带着完成任务的喜悦,从于都回到瑞金,路上遇到邓小平同志。他见到我,就伸大拇指对我说:'不鸣则已,一鸣惊人'……看他那模样,一点儿事都没有。我从心里佩服他。"

"含笑应对",是一种为真理为理想所支撑的精神状态,是出自一种相信问题总会解决的自信。他认为自己在精神上无比地优越于那迫害乃至企图毁灭他的邪恶势力。他坚信,奸臣当道,必被诛之。他坚信,错误的思想和做法总是站不住脚的。因此,他把今日的"劳改"看作明日的"养精蓄锐"。结果,1973年复出的邓小平胖了,结实了,更加精力充沛了。

笑对苦难的邓小平,总是尽量"朝前看",在阴霾密布的时候,把眼光投向"雨过天晴"。1965年,当吴晗遭遇批判时,邓小平就曾对他说,我今年61岁了,从我参加革命到现在,经历了那么多的风浪都熬过来了。我的经验无非是两条,第一不怕,第二乐观。1976年,第三次被"打倒"前,他面对"四人帮"威胁,报以淡然一笑,我是聋子不怕响雷打,死猪不怕滚水烫。在十一届三中全会后,我们国家的发展走上了健康的轨道,邓小平性格中幽默的一面就愈来愈强烈地流露出来。1979年访美时,邓小平在卡特总统设的国宴上谈笑风生。当雪莉·麦克莱恩对他个人的经历表示兴趣时,邓小平幽默地说:"如果对政治上东山再起的人设置奥林匹克奖的话,我很有资格获得该奖的金牌。"1985年7月,一位外宾向81岁的邓小平请教长寿秘诀。邓小平的回答是四个字"乐观主义","天塌下来不要紧,有高个子顶着"。

邓小平的乐观主义精神,还表现在他面临困境时的忍耐与等待上。

加拿大总理特鲁多曾经问邓小平三落三起、终能重返政坛的秘诀是什么？他的回答是两个字:忍耐。1973年2月,邓小平从江西下放地回北京,毛泽东第一次召见他,开口就问:"你在江西这么多年做什么？"邓小平也是用两个字回答:等待。

忍耐和等待是一种理性的态度,态度背后是他的自信,是他的乐观主义精神。"文化大革命"中凡是被批判被打倒的人,都会被强制参加惩罚性劳动改造,邓小平也不例外。邓小平夫妇被关在自己家的院子里,没有什么可干的活。"造反派"开始让他们自己做饭,后来又改为勒令扫院子。从1967年秋天到1969年秋天的这两年中,无论刮风下雨、天寒地冻,邓小平和夫人卓琳每天都认真地把院子打扫得干干净净。在这单调孤寂的软禁中,邓小平把扫院子当作每天生活的一项重要内容。除此以外,就坐在屋子里看书、看报、听广播或者静坐沉默。1969年秋天到1972年春天,邓小平夫妇被疏散到南昌一家拖拉机修配厂参加劳动,他坚持每天早上六点半起床,七点三十五分从家里动身,走二十多分钟到工厂,在厂里劳动三个半小时,中午回去吃饭,下午在家看书、看报、散步,还要帮助因他而致残的大儿子洗澡。日复一日,年复一年。邓小平在给汪东兴的信中说"我们过得非常愉快"。人们应该想到的,此时的邓小平已经是65岁的老人了,国事(文化大革命)、家事

化解苦难

（大儿子因他致残），心里的压力是多大，但邓小平乐观地忍耐下来了，他在忍耐中等待光明的未来。

3."病魔摧残了我的肉体，但没有泯灭我乐观顽强的意志"

上面这句话是河南大学宋应离教授化解苦难的经验。宋教授1934年生，1959年于河南大学中文系毕业后留校任教，曾任河南大学学报编辑部主任、河南大学出版社社长，现为河南大学新闻与传播学院兼职研究员、黄河科技学院兼职教授、编辑学研究生导师、国家重点课题《中国出版通史》编委，主要著作有《中国大学学报研究》、《中国大学学报简史》、《名刊　名编　名人》、《中国当代出版史料》（主编，国家"八五"社科基金规划项目）、《中国期刊发展史》（主编）、《20世纪中国著名编辑出版家研究资料汇辑》（主编）、《亲历新中国出版60年》（主编）等。

宋应离是我国当代编辑出版学界著名学者，最早倡导并从事编辑学理论及实践应用研究，成果累累。然而谁能想到，这些成就都是在他遭受两次致命灾难之后取得的。他是怎样化解苦难艰难前行的呢？下面从宋教授自己文章中摘录相关内容，从中可以看出他超越苦难的心路历程。

> 自1959年大学毕业在教师工作岗位上已50多年，其中20多年是从事编辑出版专业教学和编辑出版工作。回忆这大半生对自己职业的选择内心是无悔的。
>
> 由于众所周知的历史原因，我们这一代人在前进的道路上是不平坦的。由于青少年时代是在战乱环境下过来的，没有打好以后承担学习和研究的扎实基础，加之上大学之后，又没有一个安静的学习环境，就必然给自己一生的教学和学术研究带来天生的局限，这是无法救的。

五　看破人生而后爱它谓之乐观

改革开放之后,迎来了知识分子的春天,对知识分子来说,有了一个比较宽松、安于学习、从事教学和学术研究的大好时机了。作为我个人来说正值中年,处于工作最佳时期,但生活上出现了转折,意外的不幸降临了。

天有不测风云、人有旦夕祸福。1979年我刚到学报编辑部不久,当年6月去新乡市出差,下榻的招待所四层楼上正在施工。一天上午外出路过门口,恰好被从楼上掉下一块砖头击中头部,顿时血流一片,一下子昏过去了,右半身瘫痪,当即送进新乡地区人民医院抢救,立即作了脑外伤手术。面对突然的打击,头部疼痛难忍,五天五夜没有入睡,在医院住一星期稍稳定之后,为了早日痊愈,就去北京友谊医院进一步治疗。当我进医院之后,我就先问医生:我是做编辑工作的,我的右手不知道还能不能恢复写字。医生用一个小铁锤敲打了我的右手后说:"行,有弹性,还能恢复。"听医生这样讲之后,虽然肉体上痛苦,但听到手指以后还能写字得到安慰。

一波未平,一波又起,灾难接踵而至。经过这次劫难,重返工作岗位之后,心想可该好好努力把工作搞好,坐下来认真读点书,做好编辑和教学工作。谁知刚隔4年,1983年春又患了直肠癌,又作了一次大手术。手术后,常规的生活机能被无情地改变了,给生活添了诸多不便和痛苦。手术多年后,病灶部位灼热坠痛,心情焦躁,终日坐卧不宁。两次大手术对我是毁灭性的打击,但我从生命的死亡线上算是挣扎过来了。

病魔的屡屡打击,摧残了我的肉体,但没有泯灭我乐观顽强的意志。两次大手术之后,我考虑如何安排自己后半生的生活和工作。过去有人提出一个口号:生命不息,战斗不止。作为一种精神来说可嘉,但对我来说,只能是从身体条件的实际出发,在确保健康的条件下,量力而行。人生在世,总要做一点对人民有益的事。为了做好工作,一方面对生活保持乐观情绪,另一方面加强身体锻炼,做到每天早晚各坚持一个小时的体育锻炼,几十年如一日,雷打不动。随着年龄的增长,这几年也增加了一些常见的老年病,高血压、白内障、腰椎病等,也常给自己带来痛苦。但由于坚持锻炼,保持乐观情绪,还可以做些力所能及的教学工作和研究工作。

我生活单调,平生别无喜好。唯有好读点书,翻阅报刊,留心学界信息。我没有什么奢望,只想平实地做点事情。人到退休,不喜休闲。1997年我退休之后,不再做编辑出版工作,有更多的时间集中教学和从事出版理论研究。在身体条件较好之时,深感退休不减劲,岁增不觉老。自1986年开始,我就担任编辑出版专业硕士研究生的导师。在二十多年漫长的教学过程中,我尽力充实自我,工作无一日懈怠,学习无一日放松,视教学与研究为快事。在教学中,坚持教研合一,同步推进。学生常常提出这样那样的问题,我清醒地认识到,这是学生向自己挑战。我一方面加强和学生的沟通、交流,重视调查研究,一方面提高自身水平。长期的学习实践,使我体会到学术研究是一项寂寞而艰苦的工作,只有全身心投入,才能有所收获。在这个过程中,资料是开展学术研究的基础,也是决定研究成果的前提。在此后很长一段时间里,我就以充满活力的干劲、甘于寂寞的韧劲、敢于创新的闯劲,投入教学和学术研究之中。多少年来我和图书馆结下了不解之缘。多少时光和岁月迷恋在图书馆期刊堆里,不计寒暑,翻阅资料,白天查阅,晚上梳理思考。查到有用的资料时,如痴如醉,忘乎一切,其乐无穷。把查资料吸收的有用的东西随时用在教学中,另外也为研究一些课题打下基础。为此,常常是腿不停地走(去图书馆),眼不停地看,脑不停地想,手不停地写。只有大量资料久蓄胸中,才能萌生创意,写作起来才能得心应手,一气呵成。我撰写出版的《中国大学学报简史》《中国期刊发展史》《名刊名编名人》和其他几部史料的图书,就是靠着这股笨劲"抠"出来的。

资料来源:《宋应离出版文丛》,河南大学出版社,2013。

4. 快乐和勇气是抗击病魔的最佳武器

李蕾曾是一个充满阳光的花季女孩,7年前却被医生宣判了"死刑"——鼻咽癌晚期。她和癌魔进行了一场殊死搏斗,奇迹终于出现了——癌细胞没了。7年来,这个身患绝症的女孩到底经历了什么?她又是如何彻底康复的呢?

李蕾是首都经贸大学98级的学生,她是那一届的文科状元,大学一年级她被选为班里的宣传委员,同年在学校的个人风采展示中获得第一名。李蕾那时的志愿是毕业后出国留学和报考注册会计师。

然而,天有不测风云。1999年6月,读大学二年级的李蕾突然感到头疼,这对从小几乎就没得过病、小学连续6年短跑第一、初中担任体育委员的她来说,从没和什么大病扯上过边儿。医生也因此大意了,他们想到了"颈椎病"、想到了"智齿横生"……充满活力和才情的生命让所有人忽略了癌症的可能。为能正常听课,李蕾从校医务室拿点止痛片扛着。半年后,已从每天1片增加到了8片,但仍控制不住,连张嘴都越发困难,最后甚至都快张不开了。

2000年4月,李蕾去北京一家大型专科医院检查时,嘴里连一个小勺也塞不进去了。医生边检查边埋怨,怎么现在才来?!检查结果出来后,医生告诉李蕾父母:"这孩子是鼻咽癌中期偏晚,癌细胞对颅底已有侵入,随时可能有生命危险!"夫妻俩先是待在那里,随后又哭作一团。怎能不哭?要知道,蕾蕾是家中唯一的孩子啊。李蕾说:"医生把我和爸爸妈妈分别叫进两个房间讲述病情,我和他们相互躲着对方痛哭一场。从医院出来,我就冷静了,我不断对自己说,我要活,让癌症去死。"李蕾在拿到诊断书的那一刻,她心里原来所有的梦想都被"活下去"这个简单的要求替代了。这是个简单而又奢侈的要求,李蕾的鼻咽癌属于"鳞癌低分化",通俗的意思就是恶性程度偏高。医生说,放疗后若不发烧不感冒还有救,若有并发症就只能活半年。

五彩斑斓的大学生活被迫中止了。2000年4月27日,李蕾住进医院,开始了人生中那段灰色的日子。因为白细胞才2000(正常人是4000到10000),大夫为李蕾选择了放疗。头发被剪短后她坐到诊断室,大夫要用笔先画出记号。紫红色的笔尖抵到了脸上,李蕾小声说,"阿姨,给我画得好看点,好吗?""成,一定!"大夫善意地笑了笑。

第一次放疗过后,李蕾赶紧找来镜子,但她看到的自己像一只大花猫。此后三个月里,她再没照过一次镜子。每天,李蕾都要坐在放射机前,忍受着恶心、呕吐、牙齿松动、舌头溃疡、脸部肿大变形的痛苦。最难的是进食,放疗使味觉中只剩下苦、涩、腥、咸。嗓子烂了,吃不了饭,菜汤都咽不进去。但不吃饭嗓子溃疡会更厉害,必须吃。吃,吃一口,伸一下脖子,背过身去擦一下眼泪。同室的病友问,你不疼吗?她回答说,你想它不疼它就不疼;病友被感动了,也和她一起掉着眼泪吃饭。

放疗的干渴让李蕾想吃西瓜,但她很快叫住了要去买西瓜的妈妈:"大冬天的,一个西瓜二三十元,太贵了,我还是夏天再吃吧。妈,您记着啊!夏天我要每天吃一个大西瓜,补上。"说完,她笑了,拿起了她喜爱的卡通杯子便一杯接一杯猛喝开水。谁也不是天生的勇士,年纪轻轻的李蕾果真内心从不恐惧?

"当我孤零零地躺在放疗室里,四周是煞白的墙壁,我不知自己是在天国还是在人间,那种恐惧和惶惑无人能替。"她润了润嗓子,接着说,"但是,我还要当主持人,还要考托福,还要写自己的书,还要去帮助更多的人,还有那么多梦想没有实现,我必须强迫自己快乐,坚持就是胜利。"

五　看破人生而后爱它谓之乐观

读陆幼青的《死亡日记》，男子汉的真实故事令李蕾只读了一半便不敢再读下去。但是，她记住了书中的一段话：如果你去医院，看到一个病人他不穿病号服，每天起床都梳梳头发，洗洗脸，衣服平整干净，你要相信有一天，他一定会出院，一定会好起来。住院时的李蕾也是那样，从来不穿病号服，从来都把被铰得七长八短的头发梳得非常顺溜。

生性活泼好动的李蕾病情刚稳定，竟偷偷求妈妈要去游泳。母亲望着女儿那企求的目光，她不想给孩子留下什么遗憾，就依她吧。但游泳池的管理人员却把她们拦住了，他看着李蕾后背放疗的两块巴掌大的紫红色印迹说，有皮肤病的人禁止入内。李蕾调皮地说，您还不知道吧？这是今年最流行的文身！正在那人发怔时，她借机跑进去了。

肿瘤医院的院子里有个荷花塘，每天治疗结束，李蕾就去那里看风景。一天，她发现水里有好多小鱼游来游去，赶忙找来缝衣针做成鱼钩钓鱼，她要把鱼养到病房的水盆里，看着小生命的存在，她觉得很开心。第二天，医生来查病房，李蕾神气地向大夫们炫耀自己的"战果"，没想到大夫一笑，"那是我们刚放的鱼苗，是想养大了让病人们看的。"李蕾一听端起盆子赶紧去"放生"。

半年的期限到了，让李蕾庆幸的是，她的努力没有白费，令人恐惧的并发症迟迟没有出现。这意味着在第一次与癌魔抗争中，她胜利了。出院的那天，呼吸着病房外的新鲜空气，李蕾感到重生的快乐。李蕾又回到那个简陋而温馨的家。母女俩称这个时期是抗战时期，"八字方针"是：携手并肩，共同对敌——拉钩盖章！（即两人小指拉钩两拇指相对）。母亲看着既不能多说话又不能出门的女儿，抱回一只小猫，希望给女儿带来快乐。

尽管全家精心守护这个"重点保护对象"，但出院一年后，李蕾的病灶还是转移到胸6椎和左7肋骨，白血球1000，她不得不再次住院放疗。李蕾第一次住的6个病友，大部分都已经病逝了。

化解苦难

医生们也都为李蕾捏把汗。李蕾对自己的病情也十分清楚,但心里只有一个信念:坚持住,活下去!果然,病魔在这个乐观坚强的女孩面前又却步了。第二次出院的李蕾在休学两年后又重返校园,即将毕业的同窗好友抱着她鼓励说:蕾蕾,坚持!两年后我们一定来参加你的毕业典礼!

李蕾不知从哪听说癌细胞在43℃时可以被烧死,于是她便企盼着自己快点发烧。那次李蕾因感冒高烧41℃多。她是个能站不坐、能坐不躺的人,可这次却实在挺不住了,甚至连抬眼皮的力气也没了,完全成了一摊泥,但她坚持要挺到43℃!父母哭求着说,我的傻闺女哟,人哪有烧到43℃的?别挺了,快去医院吧!后来她在昏迷中,被家人背下了楼。接急诊的医生后怕地说,若再晚来一会儿,癌细胞和人就一块儿烧死了。幸运的李蕾,再次与死神擦肩而过。

劫后余生,李蕾更渴望爱情。一年以后的2003年春天,爱情果然从天而降,李蕾慎之又慎,毅然地接受了爱的召唤。但好景不长,甜蜜的爱情果然没有经受住世俗的考验,男友最终不辞而别。那时候李蕾原本已恢复得不错的身体,因经历了这次感情的挫伤,"差点丢了半条命"。李蕾再一次住院进行抢救,一个月以后,顽强的李蕾第三次出院。

李蕾在大家的关爱下,不负众望,2004年夏天毕业考试,一次通过10门,还入了党。她常说,"其实我更多的泪是为关心我的人流的,许多人对我来说,就是我活着的希望,你知道吗?我的病让父母一夜白头,真不想再让他们经历白发人送黑发人的折磨。"

挫折不能选择,但可以选择面对挫折的态度。毕业后李蕾为自己谋到了一份职业:推销保险。她带着病体前前后后跑了半年,签了6份单子,拿到1000元工资。"我能站着,绝对不坐着;我能坐着,绝对不躺着;我能躺着,绝对不趴着!"这就是李蕾。

从得了癌症开始,乐观、快乐是李蕾咬牙坚持的生命关键词,就是凭借这个,李蕾依旧美丽地活到了今天。生病以来,李蕾住过三次医院,两次放疗,经历一次骨转移,一次颅底伽马刀手术,一次急诊抢救,屡历生命悬崖边缘,但她一次次生还。这几年做过的 CT 和核磁片超过 3.5 公斤重。就在前不久,李蕾再次复查,最后的结论给李蕾和所有爱她的亲朋好友一个天大的惊喜——癌细胞没了!看着不敢相信事实的李蕾,给她下诊断结论的肿瘤医院的王大夫很郑重地宣布,"我可以高兴地告诉你,我可以负责任地说,蕾蕾,你真的彻底康复了!"

王大夫告诉记者:"这是千万分之一的生命奇迹,与李蕾刚强乐观的性格有着至关重要的关系,治疗期间,她不仅给整个病区带来笑声,自己的治疗也顺利完成。"

李蕾的事迹经媒体披露后,不少地方请她去做报告,大家想知道是什么力量支持她活出了奇迹?李蕾笑着告诉大家:步骤——战略上藐视敌人,战术上重视敌人;主题思想——快乐和勇气是最佳武器。

眼下,李蕾选择了一份离不开抗癌宣传的特别职业,她还在她的办公室里摆上五颜六色的糖果,她说:"糖是甜的,我要让更多的癌症患者从我这里得到活下去的勇气,这比什么工作都有意义。"

资料来源:《燕赵都市报》2007－04－02 作者:李敬东。

5."告别之前:我生命中最美好的一年"

如果知道生命只剩下几年,你会怎么做?美国资深记者苏珊·史宾赛温德,得知患了渐冻人症后,不怨天尤人,也未自暴自弃。她更珍惜仅存时光,和自己生命中最重要的七个人,一起完成七次旅行。她甚至带着正值青春期的女儿试穿婚纱,一圆看着女儿披嫁衣的梦想。

旅行结束,苏珊用全身唯一能动的右手拇指,用 iphone 一字字敲下对生命的热情,完成《告别之前:我生命中最美好的一年》一

化解苦难

书。该书卖出20国版权,即将拍成电影。本文节录部分内容,以飨读者。

坐在轮椅上的我,使尽气力,低头亲吻丈夫约翰。如今思及我过去马不停蹄的人生,真有恍如隔世之感。

我热爱工作,每周工作40个小时,为《棕榈滩邮报》跑犯罪新闻。另外40个小时一样忙得团团转,做家事,在我那几个孩子吵架时当仲裁,还有跑诊所——带小孩看小儿科,送他们去牙医那里矫正牙齿,我自己去看心理医生,孩子学乐器,我还得开车接送。就像每一个人,我以为幸福快乐能一直延续——看着孩子一天天长大,参加高中舞会、大学毕业典礼,看他们结婚生子,接下来自己退休——就这样慢慢地过完几十年的人生。

但在2009年夏天的一个晚上,我正换睡衣准备上床时,不禁盯着自己的左手。"噢,天啊!"我叫道。我举起左手,看起来苍白干瘪。"你该去看医生。"约翰说。然而,我担心的却不是我的手,而是想着:我怎么挤得出时间看医生?

我去神经科那里初诊回来,约翰查了资料,提到一个病名:肌萎缩性脊髓侧索硬化症(俗称"渐冻人症")。为了证明我不是得了这种病,我开始长达一年的医院之旅。

足有一年以上,我相信我一定能克服难关,就算我的身体日益虚弱,我还是打起精神做一个好妈妈、好妻子,努力工作,与亲爱的朋友来往,因此还抵挡得住恐惧。但那年春天,我还是弃守了。

我想象自己很快就无法走路,也不能进食。我不能拥抱我的孩子,甚至无法开口告诉他们,我爱他们。我将陷入瘫痪,变成残废,但我的心智能力却毫无减损。我看不到孩子长大,就要离开人世。我不管做什么,都一直想着可怕的未来。

五　看破人生而后爱它谓之乐观

其实,我最害怕的倒不是死亡,而是得完全依赖别人才能活下去。自杀的想法像蝴蝶,一度在我的心底翩然来去。我在网络书店看到几十本有关自杀的书,我订了两本。我也发现在瑞士有一家"尊严诊所"可协助得了绝症的病人安乐死,过程迅速、祥和、合法。但我读到诊所的规定:"请求本诊所协助自杀服务者,至少要有一点行动能力,如自行服药。"我连拿杯子都有困难,也吞不下他们为我调制的药物。毕竟,食道也是肌肉,有一天将难逃完全僵化的命运。

有一天,约翰在我书桌抽屉发现我买的自杀书籍。我老实告诉他:"我只是随便翻翻。我曾有这样的念头,但我不知道要怎么做。""拜托,苏珊……""放心,我不会做这种事的,我不会让你承担这种痛苦"我停了一下,又说,"我也舍不得让孩子痛苦。"

我以无比清醒的眼光回顾自己的人生。打从出生至今,总计44个年头,我都是健康的典范生,连伤风感冒、蛀牙都很少。我怀孕过3次,孕期无特别不适;3次都是剖腹产,因此一点都不痛;3个宝宝都很红润、健壮,而我自己隔天就能下床走路。我拥有恒久的爱,到世界各地旅游,嫁了个好老公,还有一份乐在其中的工作。

我做了个决定,一定要好好利用剩下不多的时间,去我一直想去的地方,体验我渴望的每一种快乐。

从今天起,我要为我的家人盖一座回忆花园,将来他们在这里优游时,可以回想快乐的往昔。

资料来源:选自《报刊文摘》2013－08－02。

6. "你是我见到的英国最阳光的女人之一"

标题这句话是英国女王当面赞扬艾尔森·拉普的话,女王伊丽莎白二世还称她为"复活的维纳斯"。那么,艾尔森·拉普何许

化解苦难

人也?

1965年7月,艾尔森·拉普在英国约克市诞生的时候,所有人都被她的样子惊呆了:没有双臂,腿部吊晃着两根"豆芽一样的小尾巴",看上去这个小身体的四肢几乎完全没有,整个身体,就像中国古代被酷刑砍去四肢的"人彘"。

父亲铁青着脸,拂袖而去。这个万分特殊的小生命,他似乎都不敢再看第二眼。而母亲则哭得晕倒在床上,醒来后仍然抱着她无助地哭泣。

尚在襁褓中的拉普虚弱不堪,天天发高烧,从出生的第一天起就一直躺在医院的病床上。很快,拉普被诊断患有"先天性短肢畸形症",这是一种罕见的因染色体异常而引发的疾病,根本无药可治。住院两周后,拉普的母亲也从医院里彻底消失。医院只好把这个被亲生父母遗弃的可怜女婴送进孤儿院。

最终,小拉普以不可思议的顽强在孤儿院活了下来。但童年的记忆中每天都是地狱。她没有双臂,两条"腿"永远只有三十公分左右长,走动必须依靠假肢,像条蠕动在地上的虫子,同伴们嘲笑她是"木桩",没人和她玩,陪伴她的只有被冷落和嫌弃的眼泪。多少次,她拼命用牙去咬自己肩膀,直到血肉模糊,这也是她唯一能控制的身体部位,她恨透了这丑陋的躯干。艾尔森·拉普,她永远都是孤儿院内最沉默孤僻的女孩。

6岁那年,院长办公室内,不知是谁摆上了一尊爱神维纳斯的雕像。小拉普看到"她"的一瞬,就像被电击一样呆在那里。——那是多么美丽、自信而从容的断臂女神啊,小拉普几乎尖叫起来:"她和我一样没有双臂!可是她看上去充满了生命的尊严和力量!"

对拉普来说,这是一个不眠之夜。因为第二天,人们就惊讶地发现,拉普丢弃了所有的假肢,开始练习用那双不像腿的腿走路。独立行走是怎样的一种折磨啊,每一步,都是刚站起就跌倒,每一

五 看破人生而后爱它谓之乐观

次重新爬起来,都需要鼓起极大的勇气。但她整天整夜地练习着,咬着嘴唇,她把困难的步子一点一点向前推进。短短一个月后,她就能奇迹般的依靠双腿缓缓移动了,由于有长长的上衣遮掩,人们看不到她那双短得不能再短的腿。也是从那天起,拉普拒绝再借助任何形式的假肢。到入学年龄时,她靠一双无力的脚拿起了笔,坐进课堂里。1995年,拉普顺利地以一级荣誉学位从英国布莱顿大学美术系毕业。在学校的日子里,她如愿以偿,学会了用嘴和脚来创作美术作品,并且拉普也形成了自己的作品风格,那就是描述残疾人的形体之美。

在结束了几年游学生活之后,拉普带着一支画笔定居在新肖勒姆海滨度假胜地。她在这里主要为联合国慈善组织创作美术日历和贺卡,用她的作品为全球所有需要的人们带去爱和温暖。

谁也想不到,海滩的生活会给拉普带来意想不到的爱情。2004年夏的一个黄昏,拉普正像往常一样坐在画板前欣赏落日,一个金色短发、有着大眼睛的小伙子在她身边感叹道:"在壮观的自然面前,人类显得多么微小!"拉普吃惊地回过头去,小伙子礼貌地咧开嘴一笑,伸出手自我介绍:"叫我罗杰吧,荷兰人。""对不起,您看到了,我无法和您握手。"罗杰冲她调皮地眨眨眼睛:"你的问候就是最好的握手!"

来自荷兰的流浪艺术家罗杰,从此像和煦的春风吹进了拉普的生活。罗杰是个直爽的小伙子,从看到拉普的第一眼起,他就毫不掩饰对她的敬慕,而对于拉普,终于有一个温暖的港湾等着她,她为什么不把疲惫的生命之舟泊进去呢?两人很快坠入情网,对邻居的闲言闲语,拉普一概嗤之以鼻,她始终坚信:只要自己乐意就能有幸福的人生。只是想不到,在青春将逝时,竟然幸运地得到了爱情。

同居后的日子是拉普一生中最幸福的时光。每天罗杰都会像照顾孩子一样为她洗浴、穿衣,甚至亲昵地把她抱在怀里出门。她

化解苦难

喜欢他把她当孩子一样宠爱，他则敬慕她高超的艺术造诣和源源不竭的生命活力。别样的默契，让爱火熊熊燃烧，拉普的心湖被不断加温直至沸腾，2004年底，两人终于结婚了。

蜜月中，一个愿望在拉普心中破茧而出：她要为罗杰做一个完整的女人！罗杰也很赞同这个想法，然而当他们迫不及待来到医院时，医生吃惊地睁大了眼睛："你的身体不适合怀孕，再说，你都40岁了！坦白地说，怀孕对你而言将有致命的危险。"一听医生这样说，罗杰打了退堂鼓，但拉普却还是暗自打定了要孩子的主意。

然而，上帝对拉普似乎从来都是吝啬的。2005年1月的一个傍晚，罗杰在一次去乡间写生的路上，突然被一辆疾驰而过的卡车迎头撞上，整个人就像一捆稻草一样沉重地弹落在了近10米外的地面上。当拉普含泪赶到急救室时，罗杰已经气若游丝，拉普哭号着一下倒在床前，拼命呼喊罗杰。然而，罗杰深情凝望着她，喉咙一阵"咕噜"后，就彻底合上了眼睛……

送走罗杰后，拉普度过了人生中最灰暗的一段日子。她整天浑身无力，一生的眼泪在这段日子里似乎全流干了，脑袋就像要爆裂似的难受。无数个日子，她眼前不断飘过罗杰的影子，而睁开双眼，空荡荡的房子里却只有自己。随着罗杰的离开，这个世界，变得越来越黑，越来越暗……正当她沉浸在无边的痛苦中时，更大的问题接踵而来：罗杰走后第三个月，她出现了恶心、呕吐等症状。医生为她做了全面的检查后给予了肯定的答复：拉普怀孕了！

拉普简直不敢相信自己的耳朵。天啊，一个爱的生命正在自己体内孕育！而且是罗杰留给她的！然而，医生却严肃地说："由于您的身体情况，血压先天不稳和子宫壁过于坚韧，加之您无法很好地站立，甚至无法在意外情况出现时保护胎儿，所以非常不适合怀孕。而且在怀孕中，您一旦出现意外都将可能致命。"拉普却坚决摇了摇头，毋庸置疑地说："谢谢您的提醒，我知道这样做是在玩命，但原谅我，我也是一个女人，不能错过我生命中唯一的一个孩子！"

五 看破人生而后爱它谓之乐观

　　在随后的日子里，拉普开始走出丧夫阴影，安心等待胎儿长大。随着肚子里的孩子一天天的长大，拉普几乎已经无法下床了。更糟糕的是，拉普发现自己已经无法掌握身体平衡。没有手、没有腿，也没有丈夫和亲人的孕妇，每天仅仅处理起床、穿衣到吃饭的小事，她都仿佛在跨越一座大山。

　　一天早晨醒来，拉普僵直的腰板和高高隆起的肚子，使她就像海滩上被翻了壳的海龟一样，无论如何努力，怎么都无法让自己坐起来。拉普艰难地努力了半天却没有任何成效，臃肿沉重的身体在床上像个陀螺一样只打转，豆大的汗珠一串串淌落了下来，更糟糕的是，此刻肚子开始隐隐作痛……在完全没有希望后，拉普终于绝望地大叫起来："救命，谁能帮帮我！"两个小时后，好心的邻居终于听见了她的求救声，把她从难以坐起的尴尬境地中拯救出来。从此，她不得不请了个私人看护照顾饮食起居。

　　怀孕到第六个月时，拉普的腹部已经高高地隆起，身材矮小的她，看上去完全像个充了气的气球，移动起来非常艰难。有一次拉普的私人看护请假回家时，拉普硬着头皮自己到便利店买便当，然而下台阶时，由于过度虚弱，她双腿一软，当即一个趔趄滚下台阶。千钧一发时，为了保护腹中的胎儿，没有手支撑的她，竟然选择了以头栽地的摔倒方式来阻止继续翻滚，结果摔得头破血流，当场晕倒过去。急救人员赶来将她送往医院，结果她的头部被摔成了轻微脑震荡，额头摔出了一道长长的伤口，被缝了七针。

　　这一次摔跤事件，引起了英国媒体的广泛关注。对这位坚强而传奇的单身母亲，人们纷纷啧啧称奇。

　　2005年8月，一个光头的中年男子出现在她面前，他对拉普说："我要为你建一座雕像，它要向全世界展示，充满生命力量的人体多么美，充满信念的人生多么美！"这个中年男子，正是世界闻名的英国王牌雕塑艺术大师奎安。他在拉普求学时期就已经是她艺术上的挚友，一直都在默默关注这位坚强的同仁。这一次，从媒体

化解苦难

得知拉普孤身一人打算生子,就带着画笔赶来。在创作中,奎安感慨地说:"她看似单薄的生命,竟然每时每刻都迸发出如此神奇的活力,我每挥一下雕刀,都带着景仰与崇敬。"至于未来雕塑的置放地点,奎安选择了伦敦中心的特纳法尔加广场。因为那里是英国艺术品的胜地,广场不远处就是国家艺术馆,那里陈列着数不清的人类艺术瑰宝。

把拉普的雕像安放在特纳法尔加广场,必须由几十名专家组成的评审团一致通过,还需在议会提名投票才能决定。而这里雕像的原型不是王公贵族,就是科学巨匠艺术大师,普通人的雕像想要在这里矗立,简直难如登天。为了取得评审团的同意,2005年9月,奎安带着拉普来到伦敦参加竞选。这时的拉普早已无法自由挪动身体,必须要依靠轮椅才能外出。这一天,英国社会各界的精英齐集在评审大厅内,几十道审视的目光齐刷刷聚焦在拉普的身上,想看看到底这个普通女子凭什么敢如此异想天开。奎安推着轮椅,将拉普送到主席台上。刚经历了一次呕吐,拉普面色惨白,她定了定神,开始淡然地讲述自己的故事:"我生下来就没有过四肢,但我却从没停止过追逐幸福的脚步。我只想用实际行动告诉上帝一件事情:无论我何时离开人间,我都有资格自豪地告诉他——瞧啊,这就是拉普女士的一生!是的,不管我们是怎样的人,都必须学会正确面对人生……"发言一结束,台下立即爆发出雷鸣般的掌声,人们纷纷起立为这个了不起的女人喝彩。十几分钟后,评审团主席激动地走过来,弯腰对拉普说:"恭喜您女士,我们一致认为,您可以让自己的雕像矗立在这个国家的心脏,让每一个路过的绅士脱下他的帽子向您致意。"这一刻,拉普早已热泪涌流。

2005年11月的一个傍晚,拉普在伦敦圣玛丽医院分娩,顺利产下了一个健康男婴!消息传出,早已自发守候在医院门口的人群忍不住齐声欢呼,大家点燃了无数的蜡烛,向拉普传达祝福。产

五　看破人生而后爱它谓之乐观

房内,拉普凝视着她的孩子,金色头发,深邃的眼睛,简直和罗杰一模一样,她再也难以控制自己激动的情绪,泪水倾泻而出:"天啊,他真是个天使!该死……我都没办法抱一下他。"

拉普给儿子取名帕瑞斯。成为母亲之后的拉普同时也是困难的,她不能怀抱儿子,也不能搀扶儿子,不能手把手教他走路,必须用嘴叼着奶瓶才能喂孩子,就连换尿布也不得不用嘴巴帮忙。为了应对突发状况,拉普在家里安装了和妇产医院直通的呼叫机。在拉普细心的照料下,帕瑞斯健康成长。

2006年3月,奎安在特纳法尔加广场完成了他有生以来最让人动容的作品:平民女子拉普的雕像。这尊雕像重达13吨,高4.7米,雕像没有衣服,洁白大理石的胴体,印证着优雅、温柔和坚强的母爱精神。

拉普的故事,早已引起了英国女王的关注。2007年9月,英国女王亲自在白金汉宫召见了拉普。接受女王接见的那一天,孤儿院长大的女孩拉普,一身白衣,神情庄严地行走在白金汉宫的红色地毯上。和往常一样,拉普拒绝了旁人的搀扶,她要靠自己"走"到女王面前,矮小的个子,朴素的着装,在那么多雍容华贵的贵族中,拉普显得如此扎眼又如此从容。在拉普的周围,一群身高几乎是她一倍的警卫都向她敬佩地行起了注目礼。

女王见拉普这样从容地"走进"自己书房,刹那间愣住了,她一改平时的自若,情不自禁站起来,脱口而出:"拉普女士,您真是我们大英国民了不起的榜样!"女王亲自为她颁发了帝国勋章,表彰她多年来为英国社会所做的一切。告别时,女王破例将拉普送出门外:"拉普,谁也不会相信,你曾经吃过那么多苦头,但如今你战胜了它们,你是我见到的英国最阳光的女人之一,你让我觉得:维纳斯在伦敦复活了!"

资料来源:2008年知音下半月第2期。

化解苦难

六　爱心使苦难变得温暖

1. 爱是最好的医药

关于爱和苦难的关系,爱之于苦难中人的意义,还用说明和讨论吗？算了！众所周知的道理,就不必再饶舌了吧！还是举出一些实例让我们看一看爱之于苦难中人的意义即作用吧！

本书第一章叙述了作家史铁生对超越苦难的理论思考,他以自发哲学家的深度从诸多方面想通了关于苦难的深邃道理,他用哲学的智慧从思想上、精神上化解了,从而也就超越了苦难。除此之外,还有其他具体的、现实的原因帮助他化解了苦难,例如爱——四面八方的爱心帮助甚至是拯救了他。

这种思想,史铁生在多篇作品中都有叙述,比较集中地体现在《我二十一岁那年》和《在北京友谊医院"友谊之友"座谈会上的发言》中。

在两篇文章中,史铁生说,在双腿瘫痪,知道自己此生再也无法站起来的时候,唯一的愿望就是强烈地想死——每天夜里醒来都想,就这么死了多好！每天早晨醒来都很沮丧:我怎么又活过来了？但是,史铁生终于没有去死,而是顽强地活过来了。他说,我为什么迟迟没有去死呢？原因"是亲情和友情,是爱"。

史铁生回忆道,那时候我的亲人,同学,各路朋友,几乎每天都来看我;不是探视的日子他们也能进来,友谊医院的条条暗道他们都了如指掌。还在陕北插队的同学经常给我写信来,软硬兼施,劝骂并举,想尽办法让我先活下去再说。他们的计谋其实都被我看穿,但即使你看穿,这份情谊还是起作用。我觉得不能让他们太失望,不能让他们有一天来了却听说这小子已经自杀了,这好像太不够意思。那时候我也还是不大想活,希望有一个自然的死亡。但是死亡一经耽搁,你不免就进入了另一些事情,另一种情绪,就像小河里的水慢慢丰盈了,你难免就顺水漂流,漂进大河里去了,四周的风景豁然开朗,心情不由得也就变了。终于有一天你又想到了死,心说算了吧,再试试,何苦前功尽弃呢?凭什么我非得输给你不可呢?这时候,你已经开始对残废有一种幽默的态度了。

除了同学们的友情之外,还有医院里医生对他的爱。史铁生说:"神经内科的所有大夫、护士也都像亲人一样地关心我,鼓励我多看书,鼓励我走出坏心情;医院里的医生们没有治好我的腿,但她们真正是好大夫,好大夫也有治不了的病,但好大夫更懂得爱是最好的医药。"(《我与地坛》第391页,人民文学出版社,2011)

史铁生特别珍重人间真爱,多次说自己之所以没死"全靠着友谊"。但也因此有人说他是活在世外桃源,语气中不免流露了一点儿讥讽,仿佛这全是出于他的自娱甚至自欺。史铁生对此表示非常的"不以为然"。他说:"我既非活在世外桃源,也从不相信有什么世外桃源。但我相信世间桃源,世间确有此源,如果没有恐怕谁也就不想再活"。史铁生还说,人间之爱,"千万年来它作为现实,更作为信念,这才不断。它源于心中再流入心中,它施于心又由于心,这才不断。欲其强大,舍心之虔诚又向何求呢?"(《我与地坛》第180页,人民文学出版社,2011)

爱是最好的医药,爱是世间桃源,倘若无爱,谁也就不想再活。这就是史铁生根据自己亲身体验对爱与苦难关系、爱之于苦难的意义的回答。

化解苦难

2."想不到人间还有你这样人如其名的女性"

流沙河的人生是不幸的,而不幸中的万幸是,患难中的他拥有可歌可泣的爱情。

流沙河戴上"大右派"帽子时25岁。有一次他在西安"避风",恰好成都市川剧团一群女演员在骊山游览,忽然有人惊叫:"看!那个勾着脑壳散步的就是流沙河!"一双双目光投向他,其中一双久久不能收回:想不到,"猖狂向党进攻"的流沙河,竟是位形容可怜的青年!她对他产生了同情。后来,又从一位老作家口里了解到流沙河的为人,更为他感到冤屈,她设法接近他,给他一些安慰。这位女演员,就是后来做了他妻子的何洁。

"文革"将要开始,报纸上已在点名批判"三家村"的时候,流沙河被押送回老家金堂县城厢镇。唯一为他送行的人就是何洁。她同情他。她更爱他——爱他的气质,爱他的人格,爱到了如痴如狂的地步。

回到老家劳动改造,流沙河当了一名锯木匠。三个月后在乡镇拉大锯的他正赤身洗脚、汗如雨下,令他想不到的是,何洁不顾家人的反对,带着他写的情诗突然出现在面前。在当时,能够和"右派"离婚可算是"幸运"的了,她却毅然决然抛弃了工作,并且把户口从成都迁到了县城。没有经历过那个年代的人不知道城市户口和农村户口的巨大差异。那时多少人为把自己的农村户口变为城市户口而做着艰苦卓绝的努力,而她却义无反顾做了相反的事。就此一点,就可以说是"惊天动地"之举,没有超强的爱情力量是决然做不到的。她并非没有想到当这种人妻子的艰辛,特别像流沙河这样说来很可怕的人物,但决心永远和他在一起。流沙河在致何洁的信中谈到过他的心情:

这些年的坎坷途程,使我对人间最美好的感情产生怀疑。

在生活里，我只看见变相的买卖和生理的需要，很少看见过纯洁的爱情。我只看见"夫妻本是同林鸟，大难到来各自飞"，很少看见过共患难同甘苦的夫妻。我仔细地观察过，思考过，判断过，得出了一个可惊可怪的结论：这些年来，虽然天天都在喊"革命化"，但在实际生活中，唯利是图的可鄙的功利主义却大走其红运，支配人与人的相互关系，特别是两性关系。自私，冷酷，背叛，攀高，被视为美德。合乎人性的东西却遭到无端的攻击和侮辱，被认为是资产阶级的，加以铲除！我本来深信我上述的看法，但是那天你来看我以后，我也不得不承认自己失之偏激，把生活看得太暗淡了。我想不到你会来看我，想不到人间还有你这样人如其名的女性。有了存在的价值，我从今后要快活地生存下去，为了我们！

1966年农历七月初七，是他俩新婚的日子；门外是背着刺刀枪的武装民兵，屋里没有一个客人；流沙河的老母做了一小碗红烧肉，一家三人围着小桌庆贺喜事。何洁的到来给患难中的流沙河精神上带来巨大的慰藉。

何洁从此后以当缝纫工、当保姆挣些微薄的生活费尽力帮助丈夫，共同撑持这个艰难的家。孩子快出生了，何洁挺着大肚子，与丈夫并排站在一起接受"造反派"批斗；孩子生下后，她背在背上去挨斗。流沙河挨斗时，她在家里等他，不等回来不睡觉；流沙河被关时，她一天三顿去送饭。无论生活多么艰难，她都无怨无悔，始终不渝地和丈夫一起共度艰危人生。

3. 暴走减肥，割肝救子

2009年末，55岁的陈玉蓉暴走减肥、割肝救子的事迹旋风一样迅速传遍祖国大江南北。这是一个什么样的故事呢？

陈玉蓉和丈夫叶国祥家住武汉市江岸区谌家矶先锋村，儿子

化解苦难

叶海斌聪明懂事,一家三口非常幸福。可就在海斌13岁那年,被查出患有一种先天性肝功能不全症,病变的肝脏无法排泄体内产生的铜,致使铜长期淤积,进而影响中枢神经、体内脏器,最终会导致死亡。

2005年8月5日深夜,已经睡着了的陈玉蓉迷迷糊糊听到儿子的呕吐声,当她打开灯,发现客厅里一大摊的血。后来医生告诉她,叶海斌的肝已经严重硬化,需要做移植手术,否则很难说还能活多久。但30多万元的异体移植费用,对这家人来说,是个无法承受的天文数字。她选择了让儿子接受护肝保守治疗。

在陈玉蓉的精心照料下,儿子的病情得到很大改善。此后3年间,叶海斌结婚、生子,还找了份临时工,但病情的再次发作打破了这一家的宁静。

2008年12月14日夜里,在外出差的叶海斌再次吐血,被送到宜昌一家医院抢救。次日清晨,陈玉蓉坐早班车赶往宜昌,由于大雾高速公路被封,儿子生死未卜,母亲心急如焚。陈玉蓉默默祈祷上天保住他的孩子,她愿意用自己的肝换取儿子的性命。

叶海斌抢救成功了,几天后被转到武汉同济医院消化内科治疗,病情趋于稳定。陈玉蓉也决定履行对上天的承诺,把肝捐出一部分给儿子。2008年12月31日,陈玉蓉的肝穿结果显示:重度脂肪肝,脂肪变肝细胞占50%—60%,这种情况不适宜做肝捐赠。

考虑到叶海斌病情危急、陈玉蓉救子心切,武汉同济医院为其进行了一次大会诊,最终设计了一种"折中"的手术方案。移植手术中,叶海斌保留部分肝脏,陈玉蓉捐1/3的肝脏给儿子。这样,陈玉蓉的肝脏能够为儿子代谢掉体内的铜,同时,陈玉蓉体内的肝脏也基本能维持自身的需要。手术原定于2009年2月19日进行。

就在手术前一天,陈玉蓉被主刀医生陈知水教授叫到办公室。陈教授告诉她,手术前常规检查中,叶海斌被查出丙肝。如果按照

六 爱心使苦难变得温暖

既定的方案进行,叶海斌留在体内部分肝脏,会把丙肝病毒传染到即将移植过来的母亲的肝脏,再次导致肝硬化,最终浪费母亲的肝脏。基于这个原因,叶海斌的肝脏必须全部切除,母亲就需要切1/2甚至更多的肝脏给儿子。可是,母亲患有重度脂肪肝,1/2的肝脏不足以支撑其自身的代谢。无奈,捐肝救子的手术被取消。

陈玉蓉的丈夫叶国祥和儿媳也想给儿子捐肝,但陈玉蓉断然反对。叶国祥是中国石化湖北石油公司的内退职工,2003年起就在油船上做杂工,每月将近3000元的收入是家里的主要经济来源。陈玉蓉说,儿子出院后要吃药,小孙女要养育,丈夫的身体要垮了,这个家还怎么撑下去?媳妇也不能捐,她还年轻,未来的路还很长。医生了解情况后,也建议叶国祥放弃,况且叶海斌的病情趋于稳定,还可以再等一段时间。如果陈玉蓉减肥,倒是可以在一定程度上消除脂肪肝。

2月18日陈玉蓉从医院出院后,当天晚上就开始了自己的减肥计划。由于医生叮嘱不能乱吃药,运动也不能太过剧烈,她选择了走路。

从陈玉蓉家旁的巷子里走上堤坝,左边不远处,就是标着"2"的一个石磴,这也是谌家矶东坝的起点。陈玉蓉就从这里开始,走到堤坝的终点——一个标志着"4.5"的石磴,走一个来回,正好5公里。陈玉蓉早上走一次,晚上走一次,一天就是10公里。每天早上,陈玉蓉5点不到就从家里出发。晚上,陈玉蓉一吃完晚饭就要出门,因为堤坝上没有夜灯,她不能回来得太晚。

7月的一天夜里,坝上出了车祸:经常散步的一位中年妇女被摩托车撞死了。此后好长一段时间,晚上再无人到坝上走路。唯独陈玉蓉还在坝上走,"什么鬼我都不怕,对于一个女人,还有什么比失去孩子更可怕!"

叶国祥夜夜在船上为妻子担惊受怕。他说,有天妻子给自己打电话,说"走不回去了",眼前一抹黑什么也看不见了,后来在坝

化解苦难

上坐了很久,才摸着黑勉强回到家。他常年出船在外,妻子从来报喜不报忧。"那天的情形肯定很严重,要不然她不会说。后来她又一直嘱咐我不能告诉儿子。"

即使不知道这件事,儿子对妈妈还是充满了愧疚。叶海斌说,妈妈每餐只吃半个拳头大的饭团,有时夹块肉送到嘴边,又塞回碗里去。陈玉蓉的大妹妹陈荣华说,姐姐只吃青菜,水煮的,没有油,根本难以下咽。对自己的节食,陈玉蓉并不满意。她说自己有时太饿了,控制不住吃两块饼干,吃完了就会很自责。

每天10公里路,每餐半个拳头大的米饭团,常人难以想象需要怎样的毅力才能坚持。陈玉蓉说:"有时我也感觉看不到尽头,想放弃。但我坚信:只要我多走一步路、少吃一口饭,离救儿子的那天就会近一点。"

9月21日,微明晨曦中,陈玉蓉看到了一面迎风招展的五星红旗,这让她感到一阵莫名的高兴。7个多月来,她的鞋子走破了四双,脚上的老茧长了就刮,刮了又长,而几条裤子的腰围紧了又紧,她觉得自己身体状态明显好多了,该是去医院检验一下自己成果的时候了。

检查结果显示:她的体重已从68公斤减至60公斤;肝穿显示,脂肪变肝细胞所占比例小于1‰。脂肪肝没有了! 这个结果让医生大为震惊,当时为了安抚她,说只要努力,半年也许可以消除脂肪肝,没想到她真的做到了。医生们齐声赞叹,说这简直是个奇迹! 消化内科主任田德安也连声感叹:从医几十年,还没有见过一个病人能在短短7个月内消除脂肪肝,更何况还是重度。"没有坚定的信念和非凡的毅力,肯定做不到!"

11月2日,武汉同济医院器官移植科联合相关科室进行大会诊,一致通过陈玉蓉的捐肝申请。11月3日,陈玉蓉终于如愿以偿地被推进了手术室,进行长达三个小时的肝脏切割手术。上午十一点,陈玉蓉儿子在人们的加油声中也被推进了手术室,并于下午十四点顺利完成肝脏移植手术。走出手术室的陈玉蓉表示,要坚决通过自己的肝脏移植手术挽救儿子的生命,不达目的的话她还将继续坚持"暴走"下去。

手术后母子很快恢复了健康。陈玉蓉暴走减肥割肝救子的事迹感动了国人,入选2009年度"感动中国十大人物"。推选委员在颁奖词中说:"这是一场命运的马拉松,她忍着饥饿和疲倦,不敢停住脚步。上苍用疾病考验人类的亲情,她舍出血肉,付出艰辛,守住信心。她是母亲,她一定要赢,她的脚步为人们丈量出一份伟大的亲情。"

陈玉蓉的亲情不仅温暖了她的儿子,也温暖了感情日渐冷漠的整个社会。有网友在网上赞美她:陈玉蓉妈妈,你没有显赫的身份,你没有惊天的业绩,你是平凡的,你是卑微的。你用七个月,二百多天的光阴,进行了一场母爱的马拉松,每一步都是那么艰难,每一步又是那样心甘情愿,你用最深沉的爱,获得这场旷世马拉松大赛的冠军。你从此变得极不平凡,极其伟大。因为,你有一个最温暖的名字——母亲。

资料来源:根据新闻媒体相关资料整理而成。

4. 唯有爱与坚持才能创造人生奇迹

在《妈妈咪呀》节目中,绚烂的灯光把整个舞台照得靓丽多彩,黄瀚戴着紫色鸭舌帽和黑色口罩,脚穿特制的舞鞋,随着音乐的节拍,跳了一段动感的机器人舞。他时而抖动双肩,时而迈起太空步,动作灵活连贯,好似一个真正的机器人。但谁又能想到,这个灵动的生命曾在一出生时就被判了死刑——"泡泡龙小孩"。全世界70亿人,只有10万人患有此病,且成活率极低。这18年来,是母亲黄月如像保护艺术品一样细心照料着他,才创造了一个又一个奇迹。

黄月如今年49岁,台湾人。1989年5月,黄月如来上海旅

化解苦难

游,与上海人黄建相识相恋。那时 21 岁的黄建在美国进修,两人就一起去了美国,两年后在美国结婚。

1995 年 2 月儿子黄瀚出生了。医生在他的鼻翼发现了小水疱,捅破后将里面的脓水拿去化验,而化验结果并无异常,也没感染症状。夫妻两人松了一口气。出院一周后,瀚瀚的大脚趾起了一个豌豆大的水疱。为了不让他"受伤",黄月如拿来一个枕头夹在儿子两脚之间,可水疱并没消掉,反而越来越大,把整个脚背都盖满了。

这可慌了初为人母的黄月如,夫妻两人赶快抱起儿子去了医院,找到专属的儿科医生。医生并没见过这种症状,又把宝宝转到皮肤科,仍旧没有人可以解释起疱的原因。几经辗转,他们来到休斯敦一家专门研究罕见病的医院。医生告诉黄月如儿子是一个"泡泡龙小孩",这世界上 70 亿人,只有 10 万人患有这种病,他们的皮肤稍微摩擦就破皮形成水疱或血疱,不及时处理皮肤就会溃烂感染,甚至危及生命,但治愈泡泡龙的难题至今都未被医学专家攻克。

医生和家人都劝黄月如放弃,但儿子是她十月怀胎掉下来的血肉,她怎么能够置他于不顾,这时黄月如只涌出一个念头:把儿子抚养长大!为了专心照顾儿子,黄月如特意去医院学习剪疱和处理伤口,像泡泡龙游戏里小恐龙要消灭每一个泡泡一样,开始了为儿子"消疱"的人生。

一出生瀚瀚的病就非常严重,他小小的身体上每天都要起三四十个疱。有一次,黄月如的父亲从台湾来美国看孩子,见到外孙便伸手去抱,谁知外公粗糙的双手刚接触到孩子,瀚瀚腰上的皮就掉下来了,顿时"哇哇"大哭。儿子在学爬和走路时,每次跌倒整个手心的皮就会翻起来。黄建在背后看着偷偷抹眼泪。黄月如告诉丈夫:"没有跌倒就不会成长,我们要狠下心来让他长大。"

医生告诉她,弹钢琴会让泡泡龙小孩的手指不会因为破皮而长到一起。瀚瀚5岁时黄月如请来了钢琴老师。儿子弹钢琴很有天赋,可练久了指尖也会因与琴键摩擦而起疱。每次她都忍着泪水,小心翼翼地戳破水疱给伤口消好毒,涂上药膏再包上纱布。纱布每缠一圈,黄月如就呢喃一句:"瀚瀚,不疼。"听着儿子撕心裂肺的哭声,她真希望他的每一个疱都在自己身上,如果可以,她愿意承受他所有的痛苦。

在跌跌撞撞,磕磕碰碰中,黄月如把儿子保护得很好,瀚瀚已经懂得为妈妈擦眼泪,而黄月如却决定不再哭,她要做儿子的榜样,只有她坚强,儿子才会坚强。随着瀚瀚长大,给他带来痛苦的已经不仅仅来自身体,最可怕的是周边人异样的眼光。有一天,瀚瀚去幼儿园看到小朋友都在摆积木,他开心地伸手去拿,露出手臂上大大小小的黑色疤痕和因起疱拔掉指甲的红手指。突然一个小朋友夺过他手里的积木,吐着口水朝他嚷道:"你的手好恶心!"其他小朋友听了,也都避开他,没有人愿意和他一起玩。

回到家,瀚瀚哭着跟妈妈讲了这事。黄月如听到心仿佛被击碎了一般,自己最担心的事情还是来了,她故作镇静地笑着说:"瀚瀚,没事,谁都会生病,不要管别人怎么看,即使这样你也是妈妈最好的儿子。"

以后,每次瀚瀚去上学黄月如都会忧心忡忡,生怕儿子再受到小朋友的歧视和孤立。她在门口等着儿子放学回来,细心地听他讲学校里的故事,鼓励他主动去和小朋友做朋友。有空时她也会带瀚瀚去参加亲子活动,让他大胆地在陌生人前演讲,与他人交流。她手牵手把瀚瀚带到台上,自豪地向人们介绍她的儿子,儿子演讲时也总会微笑着给他鼓掌加油。受妈妈影响,瀚瀚渐渐开朗起来,不再自卑。

由于泡泡龙疾病的特殊性。瀚瀚的童年失去了很多乐趣。虽然不能打棒球、跑步,只能以游泳作为唯一的锻炼方式,但他渴望能和正常孩子一样玩耍。三年前的一天深夜,黄月如突然听到一阵"乓乓"乱响,她轻轻走到楼下,看到儿子在跳舞。他脸上挂着幸福和满足的笑容,跟随音乐耸肩、抬手、踢脚,那一招一式还有模有样。瀚瀚根本没有发现,门外的妈妈因自己做到了泡泡龙小孩想都不敢想的事情,已经感动得泣不成声了。

儿子喜欢跳舞,却不能穿普通舞鞋,黄月如就去台湾买了几十双特制的鞋子,每一双都精心地垫上软软的鞋垫,放到儿子床头。即使每次含泪给他剪疱,她仍然支持他追求喜欢的事情。

在黄月如18年的细心照料下,儿子起疱的数量慢慢减少,健康状况也逐渐好转,他不仅能够和常人一样生活、学习,还学会了自己处理伤口。

三年前,因为黄建的工作原因,全家从美国回到上海。闲暇时,黄月如会带上孩子去做义工,在美国长大的瀚瀚则成了那些在外国家庭里打工的叔叔阿姨们的英文老师。面对这些基础薄弱的"学生",他每一个单词发音都会耐心教授,所有人也都喜欢这个儒雅的大男孩儿为他们讲课。

虽然在生活中,黄瀚不缺少玩伴,但他也期盼所有的泡泡龙小孩都能够走出自己的小世界,不再自卑和孤单。2013年1月22日,黄月如带着一家五口,来到《妈妈咪呀》,讲述了自己的故事。她说,很多人对泡泡龙的了解都少之又少,即使在上海,都只有好医院的皮肤科主任才认得这种病,所以她希望能够通过节目让大家认识泡泡龙,更期待能建立一个泡泡龙基金来给泡泡龙小孩更多的帮助。

黄月如身上散发着一股强烈的正能量,感染着现场的每一个人,网友更给她贴上"最伟大妈妈"的标签,她却说儿子才是他最大的骄傲,因为别人付出再多,也无法替他承受病痛。

节目播出后,一些泡泡龙家庭和黄月如取得了联系,妈妈们组成了爱心妈妈团队,在网上相互交流抚养泡泡龙小孩的经验。对于未来,黄月如半开玩笑地说,希望儿子能找到女朋友,像她一样来照顾他。但无论怎样,照顾儿子这 18 年,就如黄月如所言:唯有爱与坚持才能创造人生奇迹。

材料来源:《意林》2013 年第 9 期,作者:王洋。

5. 风雨无阻陪读失聪儿子十六年

2015 年 2 月 27 日,在中央电视台举行的"感动中国 2014 年度人物"颁奖晚会上,河北工业大学机械工程学院测量技术与仪器仪表专业大四学生杨乃斌的"同桌妈妈"陶艳波,因为 16 年坚持陪患有听力障碍的儿子读书,获评"感动中国 2014 年度人物"。

在"感动中国"的舞台上,即使是出于天性的母爱,也会因为她的非凡坚韧及创造的奇迹而深深震撼观众的心灵。继往年割肝救子的暴走妈妈陈玉蓉和为儿女留下巨幅十字绣作为未来学费的癌症母亲姚厚芝之后,这回,陶艳波母子的故事,再次成为全场的泪点。

儿子杨乃斌 8 个月大的时候因病失聪,从此,这个黑龙江的三口之家,为儿子的明天,走上了一条异常艰辛的路。

陶艳波本不敢眺望太遥远的未来。她先是去北京学习唇语,回来后不厌其烦训练儿子。整整 3 年,当那一句含混不清的"妈——"从儿子嘴里说出时,陶艳波和丈夫相拥而泣。儿子 7 岁那年,她毅然辞掉工作,随儿子一起走进了小学校园。她决心以自己的陪读,为儿子赢得与健全孩子同样的教育。从小学一年级到大学四年级,整整 16 年,陶艳波成了杨乃斌的"同桌的你"。

小学的课程相对容易,陶艳波面临的考验在于体力。课间,她得陪着孩子们蹦蹦跳跳。上课时,为了不影响后面的孩子听讲,她坐在一张很矮的凳子上,一堂课下来,累得腰酸背痛。乃斌看不清老师的口型,急得满头大汗。为了让儿子跟上进度,陶艳波必须把上课的内容全部记下来,课后,放慢速度再给儿子讲一遍。

乃斌小学六年级时,陶艳波和丈夫倾尽家财,为他做了人工耳

化解苦难

蜗植入手术。初中三年,陶艳波既要学习越来越难的功课,还要给儿子进行声音训练。2008 年,乃彬收到重点高中录取通知书的那天,陶艳波笑了,班主任却抱着她哭了:"这 3 年你太不容易了!"

更不容易的是接下来的高中三年。复杂的方程和定律,让年过 40 岁的陶艳波学得异常吃力。"如果我不懂,他就更不懂了。"为了让儿子考上大学,陶艳波成了全班最用功的学生,"一下课就缠着老师问问题,有些题目一想就是一宿"。

2011 年,失聪的杨乃彬终于走进了大学校门。"别家的孩子 19 岁考入大学,我家的孩子也是 19 岁考入大学。"说起自己的儿子,陶艳波充满自豪。

大学 4 年,陶艳波一家三口在学校旁边安了家。大学期间,在母亲的帮助下,杨乃斌学习成绩优秀,每年都能获得三四个奖学金,学校和同学们也给予了很多帮助。得知自己获得感动中国人物,陶艳波说:"我这么多年的辛苦没有白费,但其实我只是做了一位母亲应该做的事情。"2015 年 6 月,杨乃彬就要大学毕业了,陶艳波打算让儿子先走入社会,找一份好工作,锻炼一下。"这么多年他都没离开我身边,是时候应该去闯一下了。"工作后有机会还会让儿子继续深造,读研、读博,"只要儿子有需要,只要我还有余力,我都会继续陪读下去"。陶艳波笑着说。

如今,乃彬已经是个懂事的男子汉,为减轻家庭经济负担,他勤工俭学,为同学提供快递服务。他那青春的脸庞,洋溢着自信的微笑。

通过基层推选,陶艳波经过层层选拔,最终当选感动中国 2014 年度人物。春节前夕,他们一家三口到北京参加了颁奖晚会的录制工作。主持人白岩松和敬一丹询问她辛苦这么多年有什么要求,陶艳波回答说:"不敢提要求,现在心里就一个心愿,乃彬马上就要大学毕业了,希望他能服务社会、贡献社会。""感动中国"的采访环节,主持人敬一丹提醒陶艳波:"比如旅游啊,美容啊……"

陶艳波并不接茬,又把话题回到儿子身上:"我的希望就是,他以后能够融入社会。儿子的幸福就是我的幸福。"

节目录制中,陶艳波向主持人提出,希望丈夫能和她与儿子一起上台领奖,因为她陪读16年,是丈夫一个人打工供他们上学,更不容易。主持人爽快答应,坚强的一家人共同走上舞台正中央领奖,现场不少观众都被感动,流下眼泪。

16年的漫长陪读路,陶艳波为儿子放弃了自己的事业和生活,一心一意为了孩子,可在她看来不算什么。"他是我儿,我是他妈,我做了每个母亲都会为子女做的事。就算全天下都瞧不起我的孩子,我也要眼含热泪,拥抱他,欣赏他。""既然生下他,就要对他一辈子负责。"陶艳波和丈夫的坚定共识,支持着他家走过风雨,走向阳光。

6. 爱情的神奇力量

罗伯特·勃朗宁和著名女诗人伊丽莎白·巴莱特的爱情故事,是英国文学史乃至世界文学史上最美的爱情佳话之一。伊丽莎白·巴莱特·勃朗宁,即勃朗宁夫人(1806—1861),出身于富裕之家,自幼聪慧,在乡村度过幸福的童年生活。15岁时从马上摔跌下来,伤了脊椎骨,长期卧病在床,博览群书,醉心于诗歌创作。

伊丽莎白是很有天赋的女性,能阅读希腊文原版的荷马史诗和希伯来语的《圣经》。早在13岁时,其父便私下出版了她称之为"伟大史诗"的作品以及《马拉松战役》,20岁时又出版她的第二部诗集。1833年她翻译的希腊悲剧《被缚的普罗米修斯》问世,同年随家迁居伦敦,结识了华兹华斯等诗人。1838年,她以诗集《天使及其他诗歌》成名。她对当时的社会政治问题予以极大的关注,1844年发表了短诗《孩子们的哭声》,愤怒抗议资本家对儿童的摧残和剥削。这首诗对敦促国会讨论反奴役儿童议案起过一定作用,极大地提高了诗人的声望。

化解苦难

　　1845年她第一次与罗伯特相见,此前他们已通过诗歌神交已久,据说有一段时间两人每天一封信。罗伯特与她见面后,便开始了热烈的追求,丝毫不介意她大他6岁,年已39,且久病在床。

　　在罗伯特的爱与鼓励下,她的生命出现了奇迹——开始离开蜷缩了多年的屋子,先是被人抱着下楼,接着可以在搀扶下自己下楼了。第二年的春天,在遇见勃朗宁之前在病床上躺了14年的巴莱特可以独自走到大街上了。爱情所创造的生命奇迹终于使她可以回报勃朗宁的执着了:"如果到了天气暖和的时候,我的健康更好一些,那么到那时候,由你决定吧。"

　　1846年,她不顾父亲的反对,和诗人罗伯特·勃朗宁(1812—1889)私奔,在教堂举行简单的婚礼后,各自出发逃往意大利,在比萨会合后生活在一起。他们成功了,三年后他们在意大利中部的佛罗伦萨定居。一日,伊丽莎白送给她的丈夫一件珍贵的礼物——44首她为丈夫写的十四行诗,里面有开始时的怀疑,与家庭抗争的恐惧,与爱人在一起的甜蜜,最终爱的胜利的喜悦。据说勃朗宁夫人是在婚前的恋爱中写下这40多首爱情十四行诗,直到婚后才悄悄放入丈夫口袋,并说如果他不喜欢就烧掉它们。勃朗宁读后说,我绝不敢私藏自莎士比亚以来无论任何语言中最美的十四行诗。1850年,勃朗宁夫妇出版了那44首诗,但做了些伪装。他们用"葡萄牙十四行诗集"为这44首诗命名。伊丽莎白的浪漫婚姻促成了她的,也是整个维多利亚时代的,最美丽的爱情诗。

　　他们大部分时间住在佛罗伦萨,在那里度过了幸福的15年。15年中从不曾有一天分离过,就像他们结婚前从不曾有一天中断过情书一样。1861年6月29日,勃朗宁夫人只是患了轻微的感冒,晚上,她依偎着她的爱人,"用最温存的话表达她对他的爱恋",直到在他的胸前甜蜜睡去,再也没有醒来。

　　1898年,勃朗宁去世9年后,他与巴莱特的情书出版。两卷本的《勃朗宁——巴莱特书信集》共100多万字。在这之前和之后，世间还从未有过如此浩瀚的爱情文字，它们来自最动情的文笔。书信让读者看到，真挚的爱情是一种多么强大的精神力量，爱情怎样神奇地战胜了苦难。

7．"要做好一个国家的总统，首先要做好一个孩子的父亲。"

夏尔·戴高乐(1890－1970)，法国军事家、政治家，曾在第二次世界大战期间领导自由法国运动，战后成立法兰西第五共和国并任第一任总统。2005年，法国国家二台举行的"法国十大伟人榜"评选戴高乐为法国历史上最伟大的总统。

就是这样一位伟大的人物，生命中却屡屡发生不幸的事情，但他没有为苦难所压倒，而是用爱心和智慧化解了，超越了。他和妻子终生呵护爱女安娜的事迹，就是典型的例证。

1927年，夏尔·戴高乐和妻子伊冯娜即将迎来第三个孩子的诞生。然而，在临近生产的时候，伊冯娜不幸遭遇了车祸，当即昏死过去，被送进了医院进行抢救。经过救治，伊冯娜转危为安，不久，女儿安娜降生了。

可是，车祸的惊吓以及治疗期间大量的用药，导致安娜一出生就是个智障儿，其严重程度与白痴无异。

戴高乐夫妇虽然感到惋惜，但没有丝毫的嫌弃和厌恶，反而给了安娜更多的关爱。妻子说："只要安娜能和别的女孩儿一样，我和夏尔甘愿舍弃一切。"戴高乐完全赞同妻子的观点，他激动地说："不是安娜自己要求来到人间的，我们两个人的责任，就是让安娜获得真正的幸福。"

戴高乐是个军人，生性好斗，可在安娜面前他是那么温柔，一有时间就领着她到街上玩耍，对安娜的要求从不拒绝，还经常给她讲故事、唱歌和做鬼脸，逗她开心。他身高近两米，为了不让安娜有距离感，他常常蹲下来、跪下来、坐下来、趴下来，让安娜任意在自己身上缠绕,玩自己的军帽,拽自己的头发,还给她当马骑。安娜虽然不能说话,可在父亲身边戏耍,躺在父亲怀里看父亲扮鬼脸,骑在父亲背上看着父亲满地爬,她始终很高兴,常常被逗得笑出声来。

有一次,小安娜不知为什么总是哭哭啼啼,不爱吃饭,也不愿睡觉,戴高乐想了很多办法哄女儿,可安娜却怎么也哄不好。于是戴高乐想,哄女儿的方法,恐怕安娜已经腻了。于是戴高乐绞尽脑汁地想,可是三天过去了,女儿的情绪还是没好转。戴高乐想既然哄不好她,那就分散她的注意力吧,于是他手舞足蹈地乱比画一气,谁知安娜竟看着戴高乐不哭了。戴高乐以为女儿的情绪好了,高兴极了,谁想他一放下手,小安娜又"哇哇"大哭起来。戴高乐仿佛又找到了小安娜的嗜好似的,立刻又充满激情地舞动起来,这次他不是乱舞,而是有情节、有表情,像是哑剧,看得小安娜发出"咯咯"的笑声。戴高乐也笑了,要知道让这样一个孩子发出一声幸福的笑声是多么不容易啊!从此,只要戴高乐一有空就陪女儿听音乐,给女儿表演哑剧,甚至,他自己工作累了,也以给女儿表演哑剧来放松心情,因为他在享受一种叫"天伦之乐"的幸福。

戴高乐是惟一能使小安娜发笑的人,为了和女儿进行沟通,戴高乐在女儿很小的时候,就去聋哑学校学一些标准的手势,回来教给女儿,他要让女儿学会和别人进行沟通。他还经常带安娜出去玩耍,安娜玩起来很疯,不管自己多累,每次戴高乐都坚持到最后,一直到小安娜玩得疲倦了,伏在爸爸的怀里甜甜地睡着。多少年如一日,戴高乐陪伴女儿的时候,从来没有急躁和厌烦过。即使在二战流亡期间,他也寸步不离地把安娜带在身边。戴高乐一生节俭,却为安娜设立了专用的委托金,并以自己撰写回忆录的版权费作了抵押。

戴高乐日理万机,在1937年安娜10岁时,有人建议他将安娜寄养到疗养院,可他拒绝了。为了给安娜一个更好的环境,他用节

六　爱心使苦难变得温暖

衣缩食省出的资金在科龙贝买了一处房产。他说,那里绿树成荫,气候宜人,环境幽雅,有利于安娜的身心健康成长。

就这样,戴高乐无微不至地照顾和关爱安娜20年,不幸的是,1947年,在安娜20岁生日的前夕,肺炎夺去了她的生命。葬礼那天,在安娜的墓前,戴高乐和妻子眼含热泪,久久不愿离去,直到天黑,他才握着妻子的手说:"走吧,现在她和别人一样了。"安娜去世后,戴高乐总统在痛苦中决定:将安娜生前住过的房子改建为"安娜·戴高乐基金会"办公处,决定继续帮助和女儿一样弱智的孩子。

戴高乐总统1970年去世,但他在1952年就写好了遗嘱并密封起来。他逝世后,人们打开遗嘱,发现了这样一段文字:"我的葬礼一定要在科龙贝教堂举行。如果我死于别处,我的遗体务必运回家乡,我的坟墓必须是我女儿安娜安葬的地方。墓碑上只写:夏尔·戴高乐。"

戴高乐的愿望很简单,就是要让安娜感到像其他正常的孩子一样。从士兵到将军,再到总统,他的愿望始终不渝。了解戴高乐的人都说,只有在安娜的面前,这个一向严峻刻板、冷酷威严、目空一切的军官才忘记了自己的尊严。事实是,他不但没有失去尊严,而且让智障女儿活得有尊严,他伟大的父爱更为自己赢得了尊严。

小安娜是不幸的,她一生下来就是一个弱智的孩子,小安娜又是幸运的,她有一个戴高乐这样的父亲。尽管戴高乐是一个国家的总统,尽管他日理万机,正是这种责任与爱的双重作用,让他的一生焕发着人性的光辉。戴高乐是一个伟大的将军,一个伟大的总统,更是一个伟大的父亲。他曾说:"要做好一个国家的总统,首先要做好一个孩子的父亲。"

化解苦难

七 再苦再难，也不妨幽它一默

1. 直接与天神开玩笑

关于幽默，周国平先生有过精准到位的论述。他说，幽默是凡人而暂时具备了神的眼光，这眼光有解放心灵的作用，使人得以看清世间一切事情的相对性质，从而显示了一切执着态度的可笑。周先生认为世界上有两类幽默最值得一提：一是面对各种偶像尤其是道德偶像的幽默，它使偶像的庄严在哄笑中化作笑料。然而，比它更伟大的是面对命运的幽默，这时人不再是与地上的假神开玩笑，而是直接与天神开玩笑。一个在最悲惨的厄运和苦难中仍不失幽默感的人的确是更有神性的，他借此而站到了自己的命运之上，并以此方式与命运达成了和解。这时候的幽默是一颗受了致命伤的心灵发出的微笑——健康、机智、宽容的微笑。（周国平：《智慧引领幸福》第307页，山东人民出版社，2012）

面对苦难，无论多么大，还能幽上一默，就是人生的大智慧，它能瞬间缓解苦难的沉重，减轻不幸的压抑，从而以一种哲学式态度与身处的苦难保持了距离，弱化甚至是摆脱了苦难对自己的伤害。正如作家刘震云说的，苦难是冰，幽默是水，冰掉到水里，很快就化掉了。

古今中外有多少直接与天神开玩笑、以幽默化解苦难的人啊！

以下所选，仅是其中几例。

2. 不可救药的乐天派

"不可救药的乐天派"是林语堂在《苏东坡传》中送给传主的雅号。苏轼的生存事迹也确实配得上这一雅号。因为，正是他随处可见的"东坡式幽默"，帮助他成功地化"地狱"为"天堂"。

在《题杨朴妻诗》中，他记载了自己在湖州突然被捕，临行之际告别妻子时的情形。昔者杨朴作为隐士蒙召进京，老妻作诗以送之："且休落魄贪杯酒，更莫猖狂爱咏诗。今日捉将官里去，这回断送老头皮。"丈夫进京，老妻幽默送诗，不失一雅事。但现在苏轼是突然获罪进京，凶多吉少，说不定真要"断送老头皮"，然而就在这生死关头，苏轼仍能开口就是机趣，对妻子说，你就不能也学杨朴妻作一诗送我吗？"妻子不觉失笑，余乃出"。看了这段谁人能不感动呢？！好一个苏东坡，生死关头还能给妻子开玩笑。这种胸襟这种大气这种超迈的勇气和智慧，有几个人能与之相比呢？有这种胸襟的人还有什么不能化解呢？！

十几年的贬谪生活，其艰难凄苦难以想象，在一般人那里可能会哭哭泣泣有诉不完的苦。但这样的"苦"在苏轼笔下却别有风味，他是带着笑说给他人的，他的态度也确实能说得让人笑。例如，他曾津津有味地写信给弟弟叙述自己在惠州时的生活：惠州市井寥落，日杀一羊，苏轼买不起羊肉，只好与屠夫商量，用很少的钱买下没人要的羊脊骨，回家放锅里煮熟趁热漉出，浸点米酒，散点薄盐，微微烤焦，抉剔出骨头缝里一星半点肉来，其乐无穷。他大力推荐此法，不过，"此说行，则众狗不悦矣"！是啊！你把羊骨头缝里的肉都啃光了，狗还吃什么？！

苏轼以幽默化解苦难，不但见于他自己的文集中，而且也见于众多笔记里。《东坡事类》卷九明陆树声《清暑笔谈》载："东坡在海南，食蚝而美，贻书叔党曰：'无令中朝士大夫知，恐争谋南徙，以分

化解苦难

此味'"。——蚝之味太美了,别让京城朝中诸君听说了争先恐后地跑来和我们争食吧!一句玩笑,显出苏东坡流放中的优越感,显出精神上、心理上对艰苦生活的淡然与超然。再如,据《东坡事类》卷六《瑞桂堂暇录》载:东坡自被贬之地海南归,人问其迁谪艰苦者,东坡答曰:"此乃骨相所招。少时入京师,有相者云:'一双学士眼,半个配军头。异日文章虽当知名,然有迁徙不测之祸。'今日悉符其语。"苏轼一生屡屡遭贬,受尽迫害,明明是人祸所致,与荒诞无稽的"骨相"何干?苏轼对此心知肚明,但是,其中万千滋味从何说起?!又怎样说得清楚?!又有什么说的必要?!算了,其中酸楚唯自知之,与他人说道何益?!于是不如开个玩笑拉倒吧!他以幽默化解了难言的痛苦,打发了别人也安慰了自己。渡尽劫波,相逢一笑,让该过去的都过去吧!

苏东坡正是以其独特的幽默,以其超越的笑化解现实痛苦,给自己饱经磨难的人生添上柔和的色彩,显示了其超凡的心力与智慧。有此种心力与智慧,自能无往而不乐。

资料来源:参见张惠民、张进《士气文心:苏轼文化人格与文艺思想》第 156 页,人民文学出版社,2004。

3. 金圣叹:临死也把玩笑开

金圣叹(1608—1661)名采,字若采。明亡后改名人瑞,字圣叹,别号鲲鹏散士。明末清初苏州吴县人,为人狂傲有奇气。本姓张,因明亡誓不仕清,常喟然叹曰:"金人在上,圣人焉能不叹?"从而改姓"金",字"圣叹"。金圣叹主要成就在于文学批评,对《水浒传》《西厢记》《左传》等书及杜甫等诸家唐诗都有评点。

金圣叹被时人视为怪才,恃才傲物,性格豁达狂放,甚至直到刑场,他都不改性情,仍然和行刑官开玩笑,用幽默消解了人性中对死亡的本能性恐惧。

1660 年,任维初担任吴县(今江苏省苏州市吴中区)县令,他

七　再苦再难，也不妨幽它一默

为官暴虐，以重刑催逼乡民缴纳钱粮，乡民如果不从，竟被棍棒打死。同时，他监守自盗，卖掉仓米三千石，导致民怨沸腾，时文记载说，"三尺童子皆忿恨不平"。第二年，吴县的书生们按捺不住，百余人冲入文庙大声哭泣，鸣钟伐鼓，闹到官府去，要求罢免任维初，跟随而至者达到千人之多。但是，当时主管苏州的朱国治与任维初私交甚好，一心为他开脱，称任维初是因为催征兵饷而招致诽谤，诸生目无朝廷、聚众闹事，下令逮捕。这就是清初江南三大案之一的"哭庙案"（另两案是"奏销案"和"通海案"）。

金圣叹作为主犯之一被抓。有人说他是"哭庙活动"的组织者；也有人说，他是"哭庙文"的起草人。金圣叹究竟在"哭庙案"中起到了什么作用，现今已无法查考，不过，他曾在评点《水浒传》时强烈控诉贪官酷吏之残暴，对达官贵人向来以嬉笑怒骂为快事。他早已站在官府的对立面，如今，出了"哭庙案"，恰好可被当权者作为把柄，除去他这"眼中钉，肉中刺"。

被审讯时，金圣叹口呼"先帝"（顺治），审判者抓住这句话不放，勃然大怒地斥责道："皇上（康熙）刚刚即位，你为什么高呼先帝？分明是想着法儿诅咒当今皇上！"从而坐实了他的罪名，被作为首犯冠以"摇动人心倡乱，殊于国法"之罪，被判斩首。

古时斩首，皆待秋后。但那一年的农历七月十三，未等立秋时节，所有案犯都被处决。这一天，共有一百二十一个人分三五处行刑，凌迟者二十八人，斩首者八十九人，绞刑者四人。金圣叹等被问斩时，士卒围成一圈，不许亲人和旁观者接近。违者用枪柄、刀背乱砍。辰时，犯人由监狱押出，双手反绑于后，背后插着死刑犯的旗子，口中塞有栗木，以免他们胡言乱语，场景极为凄惨。只听炮声一起，人头皆落。死难者的骸骨虽有亲友收敛，但为了避免当局稽查，并不敢归葬故里。金圣叹的尸骨暂由弟子沈永启寄放在沈家的家庙，风波平息后，才埋葬于吴县五峰山下。

严酷镇压之下，民众虽不能正面反抗官府，但是之后流传的

化解苦难

许多故事,却充分反映了民心向背。金圣叹在临刑前表现出的幽默更为文人们称道。据说,他请狱卒带信给家人,狱卒为讨好官员,就先打了小报告。官员怀疑信里有辱骂官府的语言,就自己打开信看,结果发现上面写着:"字付大儿看:盐菜与黄豆同吃,大有胡桃滋味。此法一传,吾无遗恨矣。"官员大笑说:"金先生临死还要开玩笑。"

还有故事说,金圣叹马上要被杀头时,向行刑的刽子手要求先杀自己。刽子手说:"你一个要死的人,我凭什么听你的话?"金圣叹说:"我身上有两张银票,如果你肯先杀我,银票就归你。"刽子手于是相信了他的话,在行刑时第一个杀了他。等人头落地后,刽子手果然找到了两张纸条,高兴地打开一看,却是一张写着"好",一张写着"疼"。

金圣叹临终前留下了一副流传千古的对联——"莲子心中苦,梨儿腹内酸"。据传,对联的来历是这样的:金圣叹的两个儿子,一名莲子,一名梨儿,眼睁睁看着父亲即将丧命于大刀之下,不由得泪如泉涌,泣不成声。金圣叹虽然极为心疼,却依然镇定,反而为了安慰孩子故意要给他们出对联。他随口说出上联"莲子心中苦","莲"与"怜"同音,意思是看到儿子悲切恸哭的样子深感可怜。两个孩子在生离死别之际,自然回答不上来,金圣叹于是自己对出"梨儿腹内酸"的下联。"梨"与"离"同音,意即自己即将离别儿子,心中感到酸楚难忍。表面看来只是对"莲子"和"梨儿"的写实描述,暗中却蕴含了一位父亲的如许深情。

临刑前,金圣叹说"砍头最是苦事,不意于无意中得之",本是感叹自己无端惹来杀身之祸。在口耳相传中,这句话却衍变成他的英雄事迹之一:他在临刑前泰然自若地向监斩官索酒酣然畅饮,边酌边说:"割头,痛事也;饮酒,快事也;割头而先饮酒,痛快痛快!"

金圣叹的形象,就这样在人们的想象中越来越具有高大伟岸的英雄气质。

参考资料:《丰饶的苦难——中国古代文人传奇》,商务印书馆,2013。

4. 生平与疾病,皆可拿来调侃

启功先生,1912年7月生于北京,2005年6月在北京逝世,享年93岁。中国当代著名教育家、国学大师、古典文献学家、书画家、文物鉴定家、诗人。

启功出身皇族,但前半生命运多舛,时有坎坷与不幸。他一岁丧父,便与母亲由祖父供养。十岁时祖父过世,家道中落,一贫如洗,启功再无钱读书。后来得到祖父门生的相助,勉强读到中学,尚未毕业便决定自谋生路。经祖父的门生傅增湘先生介绍,他认识了辅仁大学校长陈垣。陈两次为启功介绍工作,皆因启功没有文凭而被炒。但他没有绝望,一边靠卖字画为生,一边刻苦自学,最后终于在辅仁大学谋到一个教职。此后在陈垣校长的耳提面命之下,启功在书画和文史等多方面取得了长足进步。新中国成立后,高校院系调整,辅仁大学与师范大学合并,成立新的北京师范大学,启功成为一名教师,跟着教授当助教。

正当他小心谨慎,兢兢业业为新中国教育事业服务时,1957年反右运动中,他莫名其妙地被错划成"右派分子",政治上被打入另类,职称从教授降为副教授。"文化大革命"中,作为准牛鬼蛇神受尽侮辱与歧视,身心受到极大摧残。更不幸的是,1975年,和他患难与共的妻子章宝琛因病去世。启功夫妇无子,一生与妻子相依为命,妻子的不幸离世,让启功的生活难上加难,雪上加霜。他自己也因身体逐渐衰老而屡屡患病,饱受疾病折磨。

但是,苦难没有压倒饱经沧桑的智者,启功以宽广的胸怀和幽默的态度把面临的挫折和不幸一一化解,坚强乐观地活了下来。启功化解苦难的办法多多,而他的幽默给人留下了深刻印象。其

化解苦难

中,《自撰墓志铭》就是典型例证。

> 中学生,副教授。博不精,专不透。
> 名虽扬,实不够。高不成,低不就。
> 瘫趋左,派曾右。面微圆,皮欠厚。
> 妻已亡,并无后。丧犹新,病照旧。
> 六十六,并不寿。八宝山,渐相凑。
> 计平生,谥曰陋。身与名,一齐臭。

《自撰墓志铭》写于66岁时,启功用72个字对自己的一生作了全面自嘲,风格幽默诙谐,透露出潇洒、旷达的胸怀和超迈高远的气度。在这里看不到一点怨气,通篇充盈着的是高贵的自谦和达观的平静。

启功先生不仅调侃自己的"平生",也调侃自己的"病"。例如,他患有严重的眩晕症,经常感觉天旋地转,甚至晕倒,常人可能感到苦不堪言,叫苦连天了,他却做《转》自我调侃:

> 别肠如车轮,一日一万周。
> 昌黎有妙喻,恰似老夫头。
> 法轮亦常转,佛法号难求。
> 如何我脑壳,妄与法轮侔。
> 秋波只一转,张生得好逑。
> 我眼日日转,不获一睢鸠。
> 日月当中天,倏阅五大洲。
> 自转与公转,纵横一何稠。
> 团圞开笑口,不见颜色愁。
> 转来亿万载,曾未一作呕。
> 车轮转有数,吾头转无休。

七　再苦再难，也不妨幽它一默

久病且自勉，安心学地球。

启功先生说："只有像我这样得过眩晕症，又熟读过韩愈诗和《西厢记》，并喜说佛法，且敢于自嘲的人才能写出这样的诗。"（《启功自传》第148页，北京师范大学出版社，2013）事实正是这样，顺口溜一样的诗中包含着多少文史知识，蕴蓄着多少心理内涵，确实是只有像他这样心胸的人才能写出这样的诗。

老年颈椎病发作，送到医院做牵引，这本是痛苦的事，可启老却躺在床上作词。先写《西江月》：

七节颈椎生刺，六斤铁饼拴牢。
长绳牵系两三条，头上数根活套。
虽不轻松愉快，略同锻炼晨操。
《洗冤录》里篇篇瞧，不见这般上吊。

后写《渔家傲》：

痼疾多年除不掉，灵丹妙药全无效。
自恨老来成病号。不是泡。谁拿性命开玩笑。

牵引颈椎新上吊，又加硬领脖间套。
是否病魔还会闹。天知道。今天且唱《渔家傲》。

有一次，因血脂高而住医院输液，启老又作《渔家傲》一首：

眩晕多年真可怕，千难苦况难描画。
动脉老年多硬化，瓶高挂，扩张血管功能大。
七日疗程滴液大，毫升加倍齐输纳。

化解苦难

瞎子点灯白费蜡,刚说话,眼球震颤头朝下。

语言通俗,以口语入诗,但字字合律,句句押韵,完全符合词牌的平仄要求。最重要的,是他以幽默化解苦难的态度。没有人生的高境界,断然写不出这样的作品。

5. 新陋室铭

周有光,1906年出生于江苏常州,早年研读经济学,1955年奉调到北京,进入中国文字改革委员会,专职从事语言文字研究。周有光的语言文字研究,领域十分宽广,中心是中国语文现代化。他对中国语文现代化的理论和实践做了全面、科学的阐释。周先生是汉语拼音方案的主要制订者,并主持制订了《汉语拼音正词法基本规则》。85岁以后开始研究文化学问题。

周有光先生百岁时口述了自己的生平,成书《周有光百岁口述》,由广西师范大学出版社于2008年出版。书中对于到北京后的艰苦生活作了描述,其中的《新陋室铭》体现了他艰难困苦中的人生态度,蕴含着他的生存智慧,值得向读者推荐一阅:

我来北京以后,一方面工作压力很大,一方面我自己要补充知识。他们搞运动,我就埋头读书,尽量不参加社会活动,除了政协开会。工作很紧张,也可以说是很充实,能有这样的机会,也是很不容易的。

1956年我们全家到北京,就住在沙滩,这个地方是老北京大学,在清朝是驸马府,我们一进去,里面的花草好极了,美极了。我在这住不到几年,就看到一个很美的房子一步一步地被破坏。不久,毛泽东下命令,不许种花,花匠都回家了,种田。花、树比人还娇气,要人不断收拾的,立刻就一塌糊涂。后来军队住进来了,把一个很好的荷花池填掉了。后来许多人家都搬进来住,也不知道什么人家。

七　再苦再难,也不妨幽它一默

在沙滩有一个好处,到北海、故宫很近,五分钱到故宫,故宫上午没有人的,我花五分钱在里面写文章,环境又好,空气又好。对面就是景山公园,清早在景山公园绕一个圈,回来工作,因为我的工作可以在家里做,不一定在办公室里。

我住的地方是民国元年给一个德国专家特别造的小洋房,我进去时已经破烂了。有趣味的事情是,外国朋友知道我住在有名科学家的房子,写信问我这个科学家叫什么名字,我说不知道。这房子现在恐怕拆掉了,多年的房子不修理不行。所以我写了《新陋室铭》。

新陋室铭

山不在高,只要有葱郁的树林。
水不在深,只要有洄游的鱼群。
这是陋室,只要我唯物主义地快乐自寻。
房间阴暗,更显得窗子明亮。
书桌不平,要怪我伏案太勤。
门槛破烂,偏多不速之客。
地板跳舞,欢迎老友来临。
卧室就是厨室,饮食方便。
书橱兼作菜橱,菜有书香。
喜听邻居的收音机送来音乐。
爱看素不相识的朋友寄来文章。
使尽吃奶气力,挤上电车,借此锻炼筋骨。
为打公用电话,出门半里,顺便散步观光。
仰望云天,宇宙是我的屋顶。
遨游郊外,田野是我的花房。
笑谈高干的特殊化。
赞成工人的福利化。

化解苦难

> 同情农民的自由化。
> 安于老九的贫困化。
> 鲁迅说:万岁!阿Q精神!

1984年我们家搬到后拐棒胡同。这是我们出版社的地方,起初政府给我们一块很大的地方,后来紧缩,就把我们单位跟出版社合并在一起。

资料来源:《周有光百岁口述》,第117—120页。

6. 杨绛:以游戏心态面对人间闹剧

杨绛,钱钟书夫人,著名作家、戏剧家、翻译家、外国文学研究家,主要文学作品有《洗澡》、《干校六记》,另有《堂吉诃德》等译著,2003年出版回忆一家三口数十年风雨生活的《我们仨》,96岁成书《走到人生边上》。

杨绛和钱钟书夫妇是中国当代著名知识分子,著名作家,新中国成立后在历次政治运动、尤其是"文化大革命"中饱受冲击,受尽人生磨难,但他们却坦然平静地度过了。他们是怎样化解这些磨难,或者说当人生磨难来临时他们是怎样应对的呢?杨绛在她的自传性作品《干校六记》《丙午丁未年纪事》《控诉大会》《第一次下乡》《将饮茶》里都有比较详细地记述。读者可以参看。

杨绛认为,在整个世界都已经颠倒过来的时候,人生的苦乐并不取决于现实世界的塞迫或宽容,而取决于自己"心游"境界的高低。换句话说,面对无能为力的问题,我们的责任就是改变嘴角的线条——以微笑、真诚、平和的态度接纳这些问题。纵使有再多的不满,也要学会处之泰然,如此才不至于让问题制服了我们。我们无法改变面临的苦难,但却可以选择对待苦难的态度。

"文革"期间,钱氏夫妇饱受凌辱,女婿含冤自杀,杨绛的胞妹杨必莫名其妙地死于家中,师友陈寅恪、傅雷、吴宓均先后惨遭不

七　再苦再难，也不妨幽它一默

测。但有人说"文革"中最想得开的，要算钱钟书和杨绛夫妇。在《丙午丁未年纪事·风狂雨骤》记述的一次揪斗中，钱钟书的头发被剃出纵横两道，成了十字怪兽，杨绛看了好笑，立即给丈夫抹掉十字，剃成和尚头，两人哈哈大笑。单位造反派勒令二人挂牌接受批斗，夫妇俩各自精心制作一块牌子，用毛笔工整地写上"资产阶级学术权威"。每天上班，他们就串上绳子，各自挂在胸前，互相欣赏。在两位彻悟人生的智者看来，眼前的一切不过是场闹剧，根本不值得认真。李慎之先生曾著文回忆道：有一次，社科院猛斗"牛鬼蛇神"，别的人都被斗得狼狈不堪，唯独钱先生却顶着活无常式的高帽子，胸前挂着名字上打有大×的大牌子昂首阔步，从贡院前街走回干面胡同的宿舍里，任凭街上的孩子哄闹取笑，既不畏缩也不惶悚。这只有"有恃于内，无待于外"的人才能做到。

在一次陪斗中，杨绛被一个曾用杨柳枝鞭她的姑娘拿着一把锋利的剃发推子剃去半边头发成了"阴阳头"。正值八月，她没有帽子，大暑天也不能包头巾，却又不能躲在家里。杨绛只好用女儿几年前剪下的两条大辫子做了一顶假发，还笑着安慰焦急的丈夫说："小时候老羡慕弟弟剃光头，洗脸可以连带洗头，这回我至少也剃了半个光头。果然，羡慕的事早晚会实现，只是变了样。"

"文革"初期杨绛的主要任务是扫厕所，作为留学英伦、执教清华的一流学者，杨绛并未因打扫厕所而感到自己如何受到屈辱。反而在《丙午丁未年纪事·颠倒过来》中用调侃性语言记录自己的感受：

> 派给我的劳动任务很轻，只需收拾小小两间女厕，这原是文学所小刘的工作。她是临时工，领最低的工资——每月十五元。我是妇女里工资最高的。革命群众叫我干小刘的活儿，小刘却负起监督文学所全体"牛鬼蛇神"的重任。这就叫"颠倒过来"。我心上慨叹：这回我至少可以不"脱离实际"，而

· 151 ·

能"为人民服务"了。

那时候扫厕所是惩罚,连小孩子都知道。一个和杨绛相识的小女孩在知道她是扫厕所的"牛鬼蛇神"后,"从此她正眼也不瞧我,怎么也不肯理我了。一次我看见她买了大捆的葱抱不动,只好拖着走。我要帮她,她却别转了脸不要我帮。我不知该慨叹小孩子家也势利,还是该赞叹小孩子家也会坚持不与坏人为伍,因为她懂得扫厕所是最低贱的事,那时候扫厕所是惩罚,受这种惩罚的当然不是好人;至于区别好人坏人,原不是什么简单的事"。

杨绛非常喜爱英国作家奥斯丁,称她有一副"明辨是非、通达人情的头脑","她生性开朗,富有幽默,看到世人的愚谬,世事的参差,不是感慨悲愤而哭,却是了解,容忍而笑";"对她所挖苦取笑的人物没有恨、没有怒,也不是鄙夷不屑。她设身处地,对他们充分了解,完全体谅。她的笑不是针砭,不是鞭挞,也不是含泪同情,而是乖觉的领悟,有时竟是和读者相视莫逆,会心微笑。"杨绛和奥斯丁有着心灵的共鸣,她也有着幽默的天性,喜欢与她笔下的人物开玩笑,处处不失温柔敦厚之致。如,她用幽默的笔调描写陡然得势的小刘,"小刘是我的新领导,因为那两间女厕属于她的领域。我遇到了一个非常好的领导;她尊重自己的下属,好像觉得手下有我,大可自豪。她一眼看出我的工作远胜于她,却丝毫没有忌嫉之心,对我非常欣赏。我每次向她索取工作的用具,她一点没有架子,马上就拿给我。"读来令人忍俊不禁。既来之则安之,杨绛来到新的工作岗位后,没有消极抵抗,而是认真工作,不出十天,就把两个斑驳陆离的瓷坑、一个垢污重重的洗手瓷盆和厕所的门窗板壁都擦洗得焕然一新。

杨绛不但没有把打扫厕所作为惩罚而痛苦不堪,还用一双慧眼发现了收拾厕所有意想不到的好处。大体可以归纳如下:1. 可以躲避随时来造访的红卫兵,"真没想到女厕也神圣不可侵犯,和

七 再苦再难,也不妨幽它一默

某些大教堂、大寺院一样,可充罪犯的避难所"。2. 可以在此地"销毁罪证",把一些在家里无法处理的"罪证"堂而皇之地在厕所处理掉。3. 可以在其中休息乃至背诵诗词。她常在夜里抄写些喜爱的诗词藏在衣袋里,背不出的时候就上厕所去翻开读读。4. 自从做了扫厕所的人,享到些向所未识的自由。"我们从旧社会过来的老人,有一套习惯的文明礼貌,虽然常常受到'多礼'的谴责,却屡戒不改。例如见了认识的人,总含笑招呼一下,尽管自己心上不高兴,或明知别人不喜欢我,也不能见了人不理睬。我自从做了'扫厕所的',就乐得放肆,看见我不喜欢的人干脆呆着脸理都不理,甚至瞪着眼睛看人,好像他不是人而是物。绝没有谁会责备我目中无人,因为我自己早已不是人了。这是'颠倒过来'了意想不到的妙处。"

《丙午丁未年纪事·精彩的表演》记述了她对付揪斗总结出的戴高帽的"秘诀"。"黑帮"挨斗时的气氛相当紧张,但杨绛低着头只顾瞌睡,台上的检讨和台下的呵骂,她都置若罔闻。被点名叫上舞台戴高帽挨斗时,杨绛的办法是,注意把帽子和地平线的角度尽量缩小,形成自然低头式,这样就不必把身子弯成九十度的直角,"我把帽子往额上一按,紧紧扣住,不使掉落,眉眼都罩在帽子里。我就站在舞台边上,学马那样站着睡觉。谁也不知我这个跑龙套的正在学马睡觉"。站在台上被人批斗,有一个明显的好处,那就是可以"欣赏"别人的表演,"我觉得与其骂人,宁可挨骂。因为骂人是自我表演,挨骂是看人家有意识或无意识的表演"。有一次杨绛"荣升"剧里的主角,演了一出精彩的闹剧,《干校六记》的末一章里,也提到这场专为她开的斗争会因由。

台下闹成一片,要驱我到学部大院去游街。一位中年老干部不知从哪里找来一块被污水浸霉发黑的木板,络上绳子,叫我挂在颈上。木板是滑腻腻的,挂在脖子上很沉。我戴着

化解苦难

高帽,举着铜锣,给群众押着先到稠人广众的食堂去绕一周,然后又在院内各条大道上"游街"。他们命我走几步就打两下锣,叫一声"我是资产阶级知识分子!"我想这有何难,就难倒了我?况且知识分子不都是"资产阶级知识分子"吗?叫又何妨!我暂时充当了《小赖子》里"叫喊消息的报子";不同的是,我既是罪人,又自报消息。当时虽然没人照相摄入镜头,我却能学孙悟空让"元神"跳在半空中,观看自己那副怪模样,背后还跟着七长八短一队戴高帽子的"牛鬼蛇神"。那场闹剧实在是精彩极了,至今回忆,想象中还能见到那个滑稽的队伍,而我是那个队伍的首领!

可以想象,杨绛此时的心态多么豁达和超脱。她以游戏的心态看别人,看世态,也看自己,她完全是站在高空远距离观察一切。在那里,一切都是可笑的,都当不得真。她以幽默的、游戏的心态化解了苦难。

7. 提前十六年写给自闭症儿子的信

蔡春猪,原名蔡朝晖,1973年生于湖南一个小县城,曾做过时尚杂志编辑、时事脱口秀《东方夜谭》策划兼副主持,现从事影视剧编剧。儿子两岁时被诊断为自闭症后,蔡春猪开设微博"爸爸爱喜禾"。2011年5月28日,蔡春猪在其新浪博客"犬子在,不远游"发表博文《写给儿子的一封信》,反响热烈,一夜之间被浏览数十万次,评论数万条,之后更被推荐到新浪首页。文章感情真挚,苦笑中流动着调侃,语气既酸楚又幽默,让读者看到一位父亲对患有自闭症的儿子的无限爱怜,以及坦然、勇敢地承担人生苦难的可敬态度,读来让人潸然泪下。2011年7月出版图书《爸爸爱喜禾》。

以下是《写给儿子的一封信》。用在本书中虽然有点长了,但斟酌再三,实在舍不得删节,故原文呈现:

七 再苦再难,也不妨幽它一默

吾儿喜禾:

这封信本来打算你18岁的时候给你写的。你在外地读大学,来信问我对你找女朋友一事的看法。我再次重申,大学四年是人生最美好最宝贵的四年,应该用在有意义的事情上,要以恋爱为重。至于学习,如果还有时间,就去抄抄同学作业。

还有一点,你父亲必须提醒你的:不许在宿舍打麻将!麻将洗牌的动静太大,易为校方所发现。别跟我说把你女朋友的连衣裙垫在桌子上了,没用的,就算把你女朋友垫在桌子上——我就不信你还有心思打。你父亲的态度很明确:弃麻将而择纸牌,是为上策。打纸牌动静小是其一,更主要的,就算校方发现,一副纸牌没收了你也不至于心疼。另:校方没收纸牌时你不可太老实,建议你抽出两张,让他们也玩不成。

这封信提前了16年。提前16年写的好处是:有16年的时间来修改,更正,增补;坏处是:16年里都得不到回信。

提前16年写这封信,确实有难度——不知道收件人地址怎么写。因为你就住在我家里。虽然没有法律规定收信人跟寄信人的地址不能相同,但是邮递员会认为你父亲脑子有病。

吾儿,我都能想到你收到这封信的反应——你撕开信封,扯出信纸,然后再撕成一条一条的,放进嘴里咽下去。你这么做,我认为原因有三:一,信的内容让你生气了;二:你不识字;三:你是自闭症,撕纸就是你的一个特征。不知道你是哪一点,盼回复。

一年365天,每天都差不多,但是因为有人在那天出生,上大学,结婚,第二次结婚……那一天就区别于另外的364天,有了纪念意义。吾儿,你也一样,在你的生日之外,还有一天,对你父亲或是对整个家庭来说,都意义重大,你父亲的人

化解苦难

生方向都来了一个180度的大转弯——那天,你被诊断为自闭症,你才两岁零六天。

那天凌晨两点,我就和你母亲去医院排队挂号,农历新年刚过,还是冬末,你母亲穿了两件羽绒衣还瑟瑟发抖。

在寒风中站到6点,你母亲继续排队,我开车回家去接你。到家把你弄醒后,带上你的姥姥,我们又匆匆赶回医院。那天你真可爱,一路上咯咯笑个没停,一点都不像个有问题的孩子。你姥姥本来就不同意带你去医院检查,半路上就说不去了。但我还是要带你去。

你都两岁了,不会说话没叫过爸爸妈妈,不跟小朋友玩,你也不玩玩具——知道你是想替父亲省下买玩具的钱,但有些玩具是别人送的你玩玩没关系的;叫你名字你从来都没反应就像个聋子一样,但你耳朵又不聋;你对你的父母表现得一点感情都没有,很伤我们的心。你成天就喜欢进厨房,提壶盖拎杯盖的,看见洗衣机就像看见你的亲爹。你这个样子我怎么能放下心。

到了医院才知道,你母亲差点白排一晚上队了,中间进来几个加塞的眼看把你母亲挤掉。你母亲急了撂下一句狠话:如果我今天看不成病你们谁也别想看成。你母亲字正腔圆的东北话发挥威力了。有个老头脱下假发向你母亲致意。还有一个人则唱起了赞歌:这个女人不寻常。

吾儿,在大厅候诊的时候我们很后悔,怎么带你到这个地方来了:一个十来岁的女孩一直都很文静却突然大声唱起"老鼠爱大米";一个七八岁的男孩一直在揪自己的头发——揪不下来就说明不是假发但还要揪;还有一个十来岁的男孩一直在候诊室晃荡,不时笑几声,笑得让人发毛……北大六院是个精神病医院,我们不该带来你这个地方的。

好在很快轮到我们了。你像是有所感觉,却开始哭起来,

七　再苦再难，也不妨幽它一默

死活不肯进诊室。吾儿，医生其实没那么可怕，医生也扣鼻屎，刚才我闲逛时看到的。而且跟我们一样，医生扣鼻屎也是用小拇指而不是用镊子。可能的区别在于：医生扣鼻屎前会先用酒精给小拇指消毒。

给你检查的医生是个专家，我们凌晨两点就来排队就是想给你最好最权威的。专家确实是专家，跟我们说的第一句话就很不一样：等一会，我接个电话。专家说电话也很有风格，干脆简短：……不卖！以后别给我打电话了，烦不烦。

但是我希望专家跟我们说话还是别太简短了，最好婆婆妈妈多问几句，我们凌晨两点排队不能几句话就给打发了。

专家问了你很多，但我们都代劳了。你太不喜欢说话了，以听得懂为标准：迄今为止你还没说过一句话。你不能跟小狗比，小狗见到我会摇尾巴，你有尾巴可摇吗？所以你要说话，见到父亲上班回来，你要扑上前去说：爸爸你怎么提前回来了，有个叔叔在妈妈房间还没走。

专家还拿了一张表，让我们在上面打钩打叉，表上列了很多问题，例如是不是不跟人对视、对呼唤没有反应、不玩玩具……符合上述特征就打钩。吾儿，每打一个钩都是在你父母心上扎一刀。你也太优秀了吧，怎么能得这么多钩?!

专家说，你是高功能低智能自闭症——吾儿，你终于得到了一把叉了，还是一把大叉，叉在你名字上——你的人生被否决了；你父母的人生也被否决了。

专家说完，你母亲说了三个字："就是说……"就是说什么啊，就是说可以高高兴兴去吃早餐了？就是说将来不用为重点小学发愁了？就是说希望在人间？还是就是说：医生，吓人是不符合医德的哦。

吾儿，你母亲当时只说出了"就是说"三个字，之后就开始哭了。专家拿出了她的人道主义精神，她说：也不是完全没有希望。

人道主义是催泪弹。你母亲泪如泉涌——哇塞,也太多了吧,我看她以后三年都没泪可流了。

我问专家:自闭症是什么原因造成的?专家说了很多很多,什么神经元什么脑细胞……我不想知道这些医学术语。我对专家说:您就简单说吧。专家去繁就简,一言二字:未知。那怎么医治呢?专家曰:无方!不知道病因,又没有方法治疗,这他妈的什么医院。你的父亲当时英文都逼了出来:FUCK ME!

正如专家所说,也不是完全没希望。有几家康复机构可以选择。专家开始化身指路神仙了,机构分别叫什么在哪怎么去。你知道的还不少啊,专家。

入机构就能康复吗?你父亲又问专家。专家说:目前世界上还没有一个完全康复的案例。

吾儿,你知道绝望有几种写法吗?你知道绝望有多少笔画吗?吾儿,你还不识字,将来你识字了,我希望你不需要知道这两个字几种写法多少笔画,你的人生永远不需要用这两个字来表述。

专家说你这是先天的,病因未知。就是说,你姥姥姥爷把你带大,免责;你父亲母亲把你生出来,免责!我们都没有错,有错的是你?!

是你父亲母亲的错,吾儿,父母亲把你生下来,让你遭受这种不幸。

吾儿,知道那天你父亲是怎么从医院回的家吗?——对,开车。你说对了。

你父亲失态了,一边开车一边哭,三十多年树立的形象,不容易啊,那一天全给毁了。你父亲一边开车一边重复这几句话:老天爷你为什么这么对我?我做错什么了?

七　再苦再难，也不妨幽它一默

你的姥姥双唇紧闭，一言不发，把你抱得紧紧的，就像在防着我把你扔出窗外。

你的母亲没哭，她没哭不是因为比你父亲坚强——车内空间太小，只能容一个人哭。你父亲哭声刚停，你母亲就续上了，续得那么流畅自然。这就是江湖上失传已久的无缝续哭？

吾儿，到家后你父亲没有上楼，你母亲你姥姥抱你上的楼，你父亲还有几个电话要打。第一个电话打给你哈尔滨的姥爷。你出生后不久，你不负责任的父母把你扔在哈尔滨，自己在北京享乐。这两年都是姥姥姥爷带的你。你父亲要打电话跟你姥爷解释：你现在这样不是他们带得不好，你在他们手上得到了最精心照顾呵护，我要深深感谢他们。

第二个电话打给你湖南的爷爷奶奶。这事跟他们不太好说。后来发现不用怎么说，只要说个开头就可以了：你孙子将来可能是个傻子……电话那头就开始哭了。OK！电话别挂，放一边，吃完晚饭回来，再拿起电话，还在哭。电话还是别挂，放一边，吃宵夜去。

后面几个电话是打给你的大伯二伯，还有你的姑姑。他们的表现……？你姑姑这个娘们跟她妈一样，两个伯父表现不错，至少没哭。

父亲的朋友圈里，你父亲第一个电话打给了你胡叔叔，他是你父亲的死党。胡叔叔还没生小孩呢，吓吓他，吓他以后不敢生小孩，收你为义子，他的房子车子将来就都是你的了。

你父亲还想打电话，却发现没人可打，电话里存了200多个号码，跟谁说，怎么说——嘿，兄弟，我儿子是自闭症……嘿，姐们，你听说过自闭症吗？

那天你父亲哭得就像个娘们，花园的草看到了，你父亲可以拔掉；树也看到了，你父亲没办法，他们受《植树法》保护。杀人的心都有，却奈何不了一棵树。力拔山兮气盖世，时不利

化解苦难

兮树不逝。

吾儿,一个人不吃饭光喝水7天不会死你知道吗?这点应该不需要你父亲验证,所以第二天你父亲就进食了。

吾儿,自打从医院回来,你父亲发现家里面可以坐的地方多了。台阶上,坐;门槛上,坐;玩具车上……到哪都是屁股一坐。

吾儿,你父亲做错过很多事,但最正确的就是跟你母亲结婚,你父亲未必伟大光荣正确,但你母亲确实勤劳善良勇敢。你母亲为了照顾你,果断地把工作辞了。

吾儿,你父亲只是三日沉沦,沉沦三日,他马上振作了。振作的标志就是:肆无忌惮地开玩笑了。

吾儿,你父亲每天在微博上拿你开玩笑,不是讨厌你,是太爱你了。你举手投足都是可爱,你父亲胡言乱语也都是爱。希望你明白。

吾儿,你收到这封信后,我知道你会把他吃掉。你爱吃饼干,但我找遍了全世界,也没找到饼干做的纸。SORRY。所以你就别在意口感了,至少比烟头泥土好吃吧,你又不是没吃过。

信里面絮絮叨叨说了很多医院的事,那些事情忘不了,索性写出来,你吃掉,以后也就没有了。

那些都是你的过去,不是你的现在,更不是你的将来。现在你一天比一天进步,我看在眼里乐在心里。你势头很猛啊,小朋友,不得了啊,照此发展,你八十岁的时候就可以说:其实我也是个普通人嘛。有的人八十岁还未必能达到,一个曾经的高官现在的阶下囚说:我就想做一个普通人。呸!不经过努力没有奋斗能成为普通人吗?

你父母也是普通人,一生下来就是,到死还是,一点变化都没有,无趣。所以虽然你最后还是沦为普通人,但你的一生比你父母有趣多了。不许骄傲。

我对你曾经有很多期待和愿望,这些期待和愿望有的冠冕堂皇上得台面,比方你成为诺贝尔奖文学奖获得者;比方你当上省委书记;比方成为考古工作者;比方成为哪位部长的换帖兄弟承包点工程……这些其实都是浮云,算不得什么,父母对你最大的期待和愿望:你是一个快乐的人。这个愿望说大就大说小则小,但希望你能帮父母亲完成,我们也会尽力协助,但主要还是靠你自己。

上不了台面的愿望和期待,父亲其实更期待你实现:搞大一个女孩的肚子。前提是:别强来,注意方式。

你父亲年轻时,情书写得才华横溢,以为会收获爱,结果只得到两个巴掌,颇意外。——你父亲后来总结出的经验可以作为家训,世代流传下去:写给A的情书,务必装到A收的信封里,而不能是B收的那个信封。子孙后代切记!

但父亲这次给你写信,真情实感,句句发自肺腑,尤其没有装错信封。希望能得到你的爱。

还有,回信的时候,虽然收信地址还是我们家,收信人就是我,但我还是希望你跑一趟邮局。邮局有个女孩长得不错,追到手我给你腾房。OK?

资料来源:蔡春猪:《爸爸爱喜禾》,新星出版社,2011年。

8. 苦恼人的笑

林肯的一生是在接踵不断的磨难中度过的,挫折和烦恼是他的生活常态,抑郁是他经常性的情绪,有传记描写说看见他的人感觉他的忧郁正从他的背上流下来。他是怎样化解这些忧郁和烦恼的呢?其中,幽默帮了他的大忙。

林肯原本是一个不苟言笑的人,生活的环境也极为沉闷。为了使生活充满一点阳光,也为了减少生活的烦恼,他努力学习幽

化解苦难

默。林肯酷爱阅读,年轻时曾得到一本《奎恩笑话集》,经常带在身边反复阅读,并且给做工的伙伴们读。为了使生活有点趣味,每天晚上睡觉前都看一段笑话,一直坚持到入住白宫。林肯自己喜欢笑话,还喜欢讲给别人听。每当讲笑话时,他的脸放光,眼睛发亮,声调提高,有时候他会控制不住自己先大笑起来。久而久之林肯成了讲笑话的高手,笑成为他缓解压力的良方。

林肯的自嘲既不夸张,也不庸俗,是机智的表现,是同感的交流,更是情感的宣泄。例如,对于自己的丑陋相貌,林肯经常巧做文章。一次,林肯参加一个集会被邀发言,林肯不好明确拒绝,就讲了个小故事。一位女士仔细端详了林肯后说:"先生,你是我见过的最丑的男人了。"林肯回答说:"夫人,我实在没办法,你有什么建议吗?"那位妇人想了想说:"那你总可以待在家里吧?"说完林肯就坐下了,大家先是怔了一下,然后就对林肯的机智回答报以热烈的掌声。

有一次,林肯与道格拉斯进行辩论,道格拉斯指控林肯说一套做一套,是个有两张脸的人。林肯回应说:"道格拉斯指控我有两张脸,大家说说看,如果我有另一张脸的话,我会带这张丑脸来见大家吗?"林肯的话逗得大家哄堂大笑,道格拉斯自己也跟着笑了。对于自己的竞选失利,林肯自嘲说:我出身卑贱,长大后缺乏有钱有势的亲友举荐我。如果你们认为我不适宜当选,也无所谓。反正我已习惯了失望,绝不会为了这一次的挫折而恼恨自己。对于自己的贫困出身,林肯从不以为耻。初任总统时,有人笑话他的父亲曾是个鞋匠,林肯自嘲说:"不错,我父亲是个鞋匠,但我希望我治国能像我父亲做鞋那样娴熟高超。"他的话立即博得人们的一片喝彩声。

林肯的调侃从不含有恶意,而是充满了童心的可爱。例如,格兰特和薛尔曼是联邦军的杰出将领,一次林肯与俩人会面后突然问薛尔曼:"你知道为什么我对你和格兰特将军另眼相待吗?"对于

七 再苦再难,也不妨幽它一默

总统的提问,薛尔曼感到有些惶惑,连忙说:"我不知道。""就是因为你们两个人从不给我找麻烦。"林肯的回答令三个人开怀大笑起来。

林肯喜欢讲大白话,然而他的大白话里却蕴藏了极为深刻的哲理。例如,一天林肯做了一个梦,梦见自己与一帮人在一起,其中有人说他的相貌非常平常。林肯则回答说:"相貌平常的人是世上最好的人,不然上帝为什么会造出这么多相貌平常的人来。"林肯后来把这个梦告诉了他的秘书,并笑个不停。

林肯在白宫时,经常接到恐吓信。一天,一个朋友问他是怎么想的。林肯回答说他每个星期都收到恐吓信,早已不再伤脑筋了。望着朋友一脸诧异的样子,林肯又补充说:"再没有比习惯于这一切更好的了!"

当林肯还是肯塔基州哈丁镇的一个孩子时,他性情腼腆,不善言谈。而当他成为美国总统时,他变成了一个性格开朗,幽默风趣的人。林肯不仅改变了自己的性格,也改变了自己的命运。更可贵的是,林肯后来以总统的身份带头讲笑话,使得美国人从早年清教徒不苟言笑的生活方式中解放出来,幽默从此成为美国文化的一部分。林肯的笑,大多是苦恼人的笑,这使得他的幽默更有感染力,也更深入人心。美国人常说:"比起林肯受过的苦,我眼下的苦算得了什么?""既然林肯能幽默起来,我也能。"对于林肯的幽默,美国人给予了高度评价。美国人说林肯的终生成就有三:一是维护了国家的统一,二是解放了黑奴,三是使美国人学会了笑。

八　读书写作中寻找精神慰藉

1. 读书写作中慰藉受伤的心

本书第一章讲史铁生化解苦难的智慧的时候，讲过史铁生的一个观点，他认为交流、沟通、倾诉、倾听是克服心理困境的最好选择。这是他从自己切身体验中总结出来的经验之谈。现在，我们把这一观点再推进一步，即，交流、沟通、倾诉、倾听不拘于人与人之间面对面一种形式。交流可以是直接的，也可以是间接的；可以是显性的，也可以是隐性的。例如，读书、写作也是一种交流——心灵深处更私密更深刻的交流。

书——当然是有思想有价值的书，是作者思想、情感、灵魂的物化形式。读书是与书的作者交流，与书中人物、书中思想交流。所以，从性质上看，读书就是与古今中外智者的隐形对话。一般来说，智者的思想和智慧是高于普通读者的，所以，读者可以从书中获得无穷的智慧和力量，使自己的精神境界得以提升，从而以更宽广、更博大的胸怀理解和包容人生的种种苦难。

写作是作者用笔抒泄自己心中的情思意念。写作中，首先是作者自己与自己的交流，或者说是灵魂深处的自我对话。如史铁生作品中常有"史铁生和我"这样的表述。这里的"史铁生"是客我，"我"是主我，客我是主我观察、思考、分析的对象。客我与主我

八　读书写作中寻找精神家园

的对话其实就是作者灵魂深处不同精神因素的对话,就是主我在试图说服客我。写作中自我对话之外,当然更多的是作家设身处地与想象中人物对话。总之,写作者既可以自我对话,也可以与他者对话;既可以倾听别人,也可以倾诉自己。

在写作中慰藉痛苦受伤的心灵,已经被古今中外智者的实践所证明。司马迁在《报任安书》中有过一段著名的话:"盖西伯(文王)拘而演《周易》;仲尼厄而作《春秋》;屈原放逐,乃赋《离骚》;左丘失明,厥有《国语》;孙子膑脚,《兵法》修列;不韦迁蜀,世传《吕览》;韩非囚秦,《说难》《孤愤》;《诗》三百篇,大底圣贤发愤之所为作也。"(译文:周文王被拘禁而推演八卦为六十四卦,写成了《周易》;仲尼一生困顿不得志而作《春秋》;屈原放逐,写出了《离骚》;左丘眼睛失明,有《国语》传世;孙子受了膑刑,编著了兵法书;吕不韦被流放到蜀地,《吕览》才流传于世;韩非被囚于秦,有《说难》、《孤愤》传世;《诗》三百篇,大都是圣人贤者抒发悲愤之情的作品。)

司马迁所列文化名人,之所以创造了不朽的文化名著,皆因为生命受挫,心理郁结,因而借写作抒泄郁闷,通过文化创造转移精神痛苦,获得精神上的慰藉和超越。司马迁本人的事迹就是一个经典的例证。

由于读书、写作不受时间、空间以及现实条件的限制,具有私密的性质,也就更深入、更自由、更放松、更无禁忌,因而对于化解苦难,获得精神上的解脱、超越,效果也许更好。

2. 忍奇耻,效先贤,著书立说

司马迁仗义执言为降将李陵辩护获罪受宫刑的史实,已众所周知,本文不再复述。这里想讨论的是,遭受宫刑对于司马迁来说是奇耻大辱,精神所遭遇的最大摧残,人生所遇到的最大苦难;面对苦难,司马迁是怎么接受、怎么化解的呢?

关于这一点,司马迁在给他的朋友任安的长信——《报任安

化解苦难

书》——中作过明确的说明。

长信的背景是,任安获罪被判腰斩,任安蒙冤,于是写信给经常可以见到皇帝的司马迁,请他设法援救。司马迁接信后心情极为复杂。他深知汉武帝刚愎自用决不会听自己的意见,自己就因为直言惹武帝不满而受刑,此时再为任安说情等于是再次冒险,对任安于事无补,自己也会再次获罪,说不定连性命也搭进去。怎么办?司马迁想到了写信,他要把自己无可奈何、爱莫能助的苦衷,推心置腹地向老朋友解释,请求他的谅解,于是有了这封文学史上著名的长信。

信的大部分内容都是讲自己罹祸的原因及过程,而后讲受刑忍辱的痛苦体验,同时也诚恳地讲了自己遭受如此大辱后为什么没有选择自杀,而是隐忍苟活的原因。

最主要的,是有著书立说传之后世的坚定信念,文化创造的使命感促使他不能轻易去死。请看他的原话:

> 仆虽怯懦,欲苟活,亦颇识去就之分矣,何至自沉溺缧绁之辱哉!且夫臧获婢妾,犹能引决,况仆之不得已乎?所以隐忍苟活,幽于粪土之中而不辞者,恨私心有所不尽,鄙陋没世,而文采不表于后也。
>
> 仆窃不逊,近自托于无能之辞,网罗天下放矢旧闻,略考其行事,综其终始,稽其成败兴坏之纪,上计轩辕,下至于兹,为十表,本纪十二,书八章,世家三十,列传七十,凡百三十篇。亦欲以究天人之际,通古今之变,成一家之言。

司马迁说得很清楚,之所以不去主动求死,是因为有比死更大的事在,那就是,要留此生命著书立说,写好《史记》。此举一方面是完成父命。父亲司马谈生前为朝中史官,写完《史记》是为了完成父命,如果当时就死,他无法对父亲的遗命有所交代。另一方

八 读书写作中寻找精神家园

面,也是为完成自己的宏伟大愿——"究天人之际,通古今之变,成一家之言"。用现在的话说,司马迁有宏伟的文化使命,他要倾毕生精力完成这项文化伟业,这项事业重于自己的生命。

为了实现这一文化伟业,他命令自己一定要以先贤为榜样,忍受奇耻大辱。他一口气列举了七八个在人生大难中创造出伟业的先贤:

> 古者富贵而名摩灭,不可胜记,唯倜傥非常之人称焉。盖西伯(文王)拘而演《周易》;仲尼厄而作《春秋》;屈原放逐,乃赋《离骚》;左丘失明,厥有《国语》;孙子膑脚,《兵法》修列;不韦迁蜀,世传《吕览》;韩非囚秦,《说难》《孤愤》;《诗》三百篇,大底圣贤发愤之所为作也。此人皆意有所郁结,不得通其道,故述往事、思来者。乃如左丘无目,孙子断足,终不可用,退而论书策,以舒其愤,思垂空文以自见。

此处所列举的文王、孔子、屈原等先贤,都是在人生大难中意有所郁结,不得通其道,故发愤有所作为,创造出了不朽的文化伟业。先贤能做到的,难道我就不能做到吗?有先贤榜样在此,效法可也!先贤的榜样也为司马迁战胜苦难提供了强大的心理支撑。

还有一个原因,那就是要以自己的努力,洗刷蒙冤受刑的耻辱。司马迁说自己正在全心全意写作时遭遇灾祸——

> 草创未就,会遭此祸,惜其不成,是以就极刑而无愠色。仆诚以著此书,藏之名山,传之其人,通邑大都,则仆偿前辱之责,虽万被戮,岂有悔哉!

这里显示了司马迁的自信。他自信含耻受辱是暂时的,终有一天,人们会通过此书认识到他的价值,这样,他的创造为他带来

化解苦难

的声誉便抵偿了以前所受的耻辱,所以,即使受再多的耻辱,也不后悔。这种充分的自信也是司马迁战胜苦难的心理力量之一。

面临苦难,人们化解的方法各不一样。司马迁化解苦难的方法明显带有他个人特点,但其中所体现的精神信念和人格力量让人敬仰,具有普遍意义。

3."鬼狐有性格,笑骂成文章"

这是老舍先生评价《聊斋志异》的话。蒲松龄《聊斋志异》,说尽鬼道人间,刺贪刺虐,在中国妇孺皆知,甚至走出国门,对西方文学家如卡夫卡等人也产生过重要影响。而这位大师的人生,却挫折连连,始终在贫困线上挣扎,种种痛处,印证了一句古话:"穷愁著书"。

蒲松龄,字留仙,别号柳泉居士,1640年出生于淄川(今山东省淄博市淄川区)城外蒲家庄。蒲家祖上曾做官,到蒲松龄的父亲时,开始还读书,后来因为家穷,转做主意,他有五个儿子,蒲松龄排行老三。

蒲松龄从小跟着父亲读书,十九岁考秀才,异常顺利。当时他的一篇答卷纵横议论,发挥得酣畅淋漓。主考官恰巧是爱才若渴的学使施愚山。这位施大人为人通达,见到蒲松龄的答卷,非常欣赏,立即将其拔为头筹。随后,蒲松龄连中三场,乡里、县里、道里都是第一名。

在一般人看来,这位青年才子一定前程远大,谁料想此后蒲松龄竟然在科举考试的泥途上一路受挫,再也没能前进一步!其中几次落榜都很意外。一次,他第一场的答卷相当出色,考官极为欣赏,甚至内定蒲松龄为头名人选,不想蒲松龄突发急症,无法继续参加考试,前功尽弃。他那满心的怨怅之情可以想象。还有一次更离谱,蒲松龄费尽心思从当官的朋友那里求来一份推荐信,觉得考官一定会照顾他几分,心里一高兴,文采大发,洋洋洒洒、笔走龙蛇，却没想到有一处写得超出了格式规定，这在当时被称作"越幅"，被取消了考试资格。蒲松龄得知后如五雷轰顶，惊愕、茫然、痛悔，最终也只能沮丧而归。

四十多年间蒲松龄一共参加过十几届科考，每次都是满怀希望而去，垂头丧气而归。逢发榜之日，他就像领受酷刑一般煎熬，最后还是被落榜的大棒当头打下。每当这时，他都会咬牙切齿，发誓再不去赴考，可三年过后考期一到，他心里又蠢蠢欲动，忘记了落败之痛，兴致勃勃地打点行装出门应考……就这样，翻来覆去，好像被放在热锅上来回烙烤一般，让蒲松龄的人生变得无比凄惨。

尽管一再受挫，直到年过六旬，蒲松龄对带给自己如此苦痛回忆的科举考试还是不肯放弃。他的老妻实在看不过去了，毅然出来劝阻，蒲松龄这才终于放弃折磨了他一辈子的科举考试。为了养家糊口，从此开始在乡绅家坐馆教书、当清客的寂寞生涯。直到年届七十，才解职回家。

蒲松龄的科举梦想破灭了，而其著述之心却始终未泯。他从年轻时即着手创作的《聊斋志异》，一直断断续续未能结集。来到本县退职知府毕际家后条件好了，他决心完成这部著作。从此他便集中业余的精力投入到搜集素材与构思创作中。"子夜荧荧，灯昏欲蕊，萧斋瑟瑟，案冷疑冰"，寒来暑往，日复一日，集腋成裘，终于完成了他的"孤愤之书"。后来，他还以淄川方言撰写了《墙头记》《慈悲曲》《姑妇曲》《磨难曲》等十四种通俗俚曲及《闹馆》等戏三出。他在创作小说、诗文、俚曲、戏的同时还编撰了《日用俗字》《农桑经》《药祟书》等多种科普资料与实用工具之书。

如此的穷困潦倒，又有如此丰富的文学、文化著述，其中的秘密在于，考场不得志，身份卑微，受人歧视，郁闷痛苦之中，惟有以笔墨相伴，借助笔墨宣泄心中不平之气，于笔墨生涯中寻得人生乐趣。换句话说，一生停留在社会底层的人生体验，反而最终成就了他。没有进入官场，反而让他一直保持了自由不羁的民间心态、充

化解苦难

沛的想象力和敏锐的批判力。他以练达的文笔,通过丰富的文学想象来抒发自己的感受,将长久形成的心中积郁释放出来,给世人以振聋发聩之感。这对蒲松龄来说,是不幸中的幸运,正所谓"失之东隅,收之桑榆;塞翁失马,焉知非福?!"

参考资料:王晶晶主编:《丰饶的苦难——中国古代文人传奇》,商务印书馆,2013。

4. "字字看来皆是血,十年辛苦不寻常"

标题是甲戌本《红楼梦》书前"凡例"(全书总评)中的一句话,精辟地概括了曹雪芹著书的辛酸与《红楼梦》的深层精神内涵。

关于曹雪芹,粗通文墨的中国人应该都知道他是谁,知道他的成就,也知道他的出身及大体经历,故此处省略介绍。紧扣本书主题,本文想讨论的是,曹雪芹"生于繁华,终于沦落",家世从鲜花着锦之盛,一下子落入凋零衰败之境,面对如此巨大的家庭变故,曹雪芹是怎样化解苦难,在极为艰难困苦中创作出《红楼梦》的。

综合关于曹雪芹的有关材料,大致可以看出以下几点。

首先,他有一身傲骨。史料介绍,曹雪芹家族被抄,从南京迁回北京后,从此一蹶不振。刚回北京时尚有老宅破房可住,后来日子日益窘迫,不得不变卖房子田产为生。更有贼寇入室盗窃,以至连日用的钱都没有,被迫拿房地文书出去抵押。终至沦落到门户凋零,人口流散,衣食不继。晚年隐居北京西山荒村著书,栖身于"茅椽蓬牖"之下,"瓦灶绳床"之旁,靠变卖字画和亲友救济为生。朋友敦诚《赠曹芹圃》诗中描述了当年曹雪芹的生活状况,"满径蓬蒿老不华,举家食粥酒常赊"。曹雪芹的家庭败落以后,如果他愿意攀附的话,他也有可以攀附的阔亲戚,家族里也有得志的人物,但他不愿意低声下气地求人。曹雪芹工诗善画,高才博学,如果他肯投靠王公大人,一定会有人赏识他,但这样的行止同他的本性格格不入。他是明知有富贵可图也不肯去"摧眉折腰事权贵",他禀性傲岸不屈,不肯折腰求人。

其次,是朋友间的友谊给了他生活的温暖。资料记载,曹雪芹生活中有一个关系亲密的朋友圈子。曹雪芹是这一群诗友中最有才华的活跃分子。曹雪芹和他所在的文化圈子的朋友们,有着共同的生活态度和作风,气味相投,心心相印,殊为难得。他们或三五为伴,或八九成群,或聚会于敦诚的西园、敦敏的槐园,或聚会于宜孙的东轩等地,饮酒赋诗,谈史论文。他们也常外出,登山、泛舟,或相聚于村店酒肆,或共游于名寺古刹。他们每聚必有诗。作诗的形式多样,有独吟,有联句,有酬唱应和,有分韵、分题、限韵、限题等等,不一而足。正是朋友间心相知情相通的友谊,给了才华横溢、狂放不羁的曹雪芹以心灵上的抚慰,生活上的帮助,事业上的支持,给了曹雪芹战胜贫困、孤独、寂寞、郁闷的力量,才让苦难中的曹雪芹坚持数年,终于创作出辉煌千古的《红楼梦》。

再次,呕心沥血地著书是曹雪芹苦难人生中最重要的精神支柱。

曹雪芹一生的主要事业是创作《红楼梦》。他的才华、学问主要表现在《红楼梦》上,他大半生心血也几乎都倾注在《红楼梦》上。《红楼梦》开卷第一回有一首作者表白心迹的诗:

满纸荒唐言,一把辛酸泪!
都云作者痴,谁解其中味?

在正统的礼俗之士看来,这是一部充满"荒唐言"的小说。作者也带点调侃以"荒唐"自许。书中浸透了作者的辛酸和泪水,作者创作上的执着,他对"红楼"中少男少女的痴心、痴情,他对人世沧桑的无尽回忆与思索,有几人能理解呢?甲戌本上针对这首诗有一条眉批:

化解苦难

能解者方有辛酸之泪,哭成此书。壬午除夕,书未成,芹为泪尽而逝。余尝哭芹,泪亦待尽。

说曹雪芹"哭成此书",为此书而"泪尽","泪尽而逝"。甲戌本书前凡例题诗又称"字字看来皆是血,十年辛苦不寻常",《红楼梦》的"字字"都是血所凝成。《红楼梦》这部书,可说是天才、痴情、血泪的结晶。

曹雪芹写作《红楼梦》,从某种意义上说,可与司马迁写作《史记》相比拟。司马迁遭奇耻大辱,忍辱含垢写史记,史记是他自设的文化使命,是他此后生活的精神寄托,写作给了他巨大的精神动力,成了他活下来的精神支柱。曹雪芹于困顿潦倒之中著《红楼梦》,在精神寄托、精神动力、精神支柱方面和司马迁有相通之处。这是一种巨大的精神力量,正是依靠这个,支撑着曹雪芹的苦难人生。

著名红学家周汝昌先生曾说,曹雪芹的一生,是不寻常的,坎坷困顿而又光辉灿烂。此话简单明确,概括了曹雪芹的生平事业。

5. 以读书思考对抗贫病交加与孤独的绝境

本节介绍张中晓的故事。

张中晓(1930—1966/1967),浙江省绍兴人。1955年由于受胡风案件牵连,被判为"胡风反革命集团骨干分子"逮捕入狱。1956年因肺病咯血保外就医,回到绍兴老家。1966年4月经人帮忙到上海新华书店发行所工作。"文化大革命"中惨遭政治迫害,疾病愈加严重,大约在1966年底或1967年初去世(没人知道他死亡的确切时间),去世时37岁。

在生命的最后十年,张中晓写下大量札记,记录自己关于哲学、政治、历史和人生的思考。随着胡风冤案平反,去世十几年的张中晓得以平反。他的札记整理成一册合集《无梦楼随笔》,1996

年由上海远东出版社初版,从而使得这些浸透着苦难的文字得见天日。

随着《无梦楼随笔》的面世,张中晓作为一个思想者的身份逐渐被世人认识,同时他的悲惨遭遇也引起人们的深沉思索。一个年轻的天才,刚刚开始崭露头角就被残酷摧折,社会打击与身体疾病交加,物质贫困与精神折磨并行,使他遭受了难以想象的苦难。这样的苦难足以将一个脆弱的生命完全毁灭,但顽强的张中晓竟然挺住了;不但挺住了,而且在那种极为艰难的境况下竟然还在执着地思考与写作——不是泛泛一般的思考与写作,而是在很难坚守独立人格时的独立思考和写作。这些文字至今仍然具有闪光的价值,对中国现当代思想史深有研究的许纪霖教授称张中晓为中国"思想史上的又一位富有者"。

面对深重的苦难,年轻人张中晓是怎样应对的呢?他是依靠什么作为自己的精神支撑呢?本文不做全面叙述,从本节主旨出发,笔者想指出的是,读书、思考与写作,差不多可以说成了他当时唯一的精神支柱。

从张中晓生前唯一留下的一张黑白照片(还是和别人的合影)看,当时年仅25岁的张中晓是一个脸色苍白、羸弱、身材瘦削的文学青年,因为在与胡风的通信中写了几句偏激的话,被打成反革命分子被捕入狱,并开除公职。从此,饥饿、贫困、病魔与苦难就成为他终身伴侣,直至死亡。

张中晓的生存状况极端恶劣,他遭受着肉体和灵魂的双重折磨。他早年患过肺结核,1948年动手术锯掉了五根肋骨,致使半个肺部压缩,肩膀有些倾斜,身体十分羸弱。入狱后吐血不止,所咳之血常以盆来计。保外就医回到绍兴老家后,连最基本的温饱也难以维持。在札记中,他写道:"寒衣卖尽,早餐阙如。"三两米就是他一天粮食的定量,一个番薯能使他免受断炊之苦,吃到蔬菜对于他已是奢望,少量的油和盐,甚至一小碗稀饭中放点盐就算得上

化解苦难

一顿有滋有味的午餐。他没有牙刷，没有毛巾，只能用旧布条刷牙、破布片洗脸。夏天把破了的汗衫改成短裤，冬天把破的棉毛裤改成棉毛衫。《无梦楼随笔》由著名学者王元化作序，王在序言中回忆："一九五五年，中晓在胡风案受审期间，旧疾复发，咳血不止……他在信中说：我很困难，活不下去了。但是我还想活——"

1955年以后，张中晓被剥夺了话语的资格，曾用笔名投稿到《浙江日报》副刊，发表了三篇，寄去第四篇时被查出了确实身份，遭到训斥和警告。从此丧失言论、写作自由，陷入全面"孤独"的境地。他写道："两年来，我睡在床上，家中的情形也不甚好，我是用最大的力量战胜肺结核的。我想，这是使我恨一切的原因。两年来，我所受的苦难比以前的一些日子多，我懂得了什么叫作贫穷！什么叫作病，什么叫作挣扎！人经患难，死人复活，见世人变异，当悲人心之不可测也，而易对人之虚无感情，对人类作道德上的绝望，而信乎荀子人性恶之说"。身处逆境的张中晓比一般人更能感受到世态炎凉，他渐渐感到人生的虚无乃至绝望。

身体病弱不堪，遭际辛酸坎坷，日常生活极度乏匮，一切命运的重负都压在了张中晓身上。他苦苦挣扎，无人知道他最后岁月是怎样度过的。1963年夏，张中晓写完三册读书笔记，在最后一册序言中描述了自己的情形："长年幽居，不接世事，贫困穷乡，可读之书极少。耳目既绝，灵明日锢，心如废井，冗蔓无似。偶作思索，有宛如走羊肠小道之感。随笔记之，以备忘也。"内心的无奈和孤苦可见一斑。

但孤独没有摧毁坚强的张中晓，他坦荡地面对孤独："在孤独中，人的内心生长着兽性；在孤独中，人失掉了爱、温暖和友情……孤独是人生向神和兽的十字路口，是天国与地狱的分界线。人在这里经历着最严酷的锤炼，上升与毁灭。这里有千百种蛊惑与恐怖，无数软弱者沉没了，只有坚强者才能泅过孤独的大海。孤独属于坚强者，是他一显身手的地方，而软弱者，只能在孤独中默默地灭亡。孤独属于智慧者,哲人在孤独中沉思了人类的力量和软弱,但无知的庸人在孤独中只是一副死相和挣扎。"在这样贫病交加和孤独的境况里,张中晓选择的生存方式是在绝境中读书与思考。他认为如果一个人想从紊乱的日子中脱颖而出,最重要的是要有明确的精神导向,这就必须借助理性的力量。

没钱订报纸,张中晓常在早上四点钟起床,每天来回坐六个小时的手摇船到绍兴城。不管刮风还是下雨,在书店、路边的报栏前站立几个小时阅读。没有资格听广播,就每天晚上将一根铁管子通到阴沟里,以便从邻居家的有线广播中听到新闻。忍着饥饿从极为微薄可怜的生活费中省下一些钱去买书,他知道,肚子饥饿难受,而精神饥渴更难受。《历史哲学》《魏晋玄学论稿》《哲学史讲演录》《伦理学》《罗曼·罗兰文抄》《松阴讲义》《汉学商兑》《薛文清公读书谈》《朱子语类辑略》《判断力批判》《反杜林论》等都是他在这种情况下买来的。他竭尽所能地收集所有能得到的书籍,哲学的、宗教的,几年之中积累了满满两箱子。他阅读、摘抄、反思、记录,点点滴滴地把自己的读书心得写在"用练习簿和记账本装订成册的东西"上。这些文字涉及了广泛的话题:哲学、艺术、宗教、政治、文学。他的文字精致入微,见解独到精辟,整个笔记闪烁着他睿智的思想光芒。

读书,思考,写作,与人类一切最高尚的思想对话,成了张中晓苦难中的渡河之舟。在精神之舟上漂流才保障他不仅没有沉没,而且创造出了代表那个时代思考深度的思想录。

6. 在藏书室里自言自语自得其乐

1957年,当代诗人流沙河因《草木篇》遭到公开批判,被错划为右派,此后被赶到农场劳动改造。1966年"文化大革命"开始之际被遣返回家乡,以锯木谋生,历时十二年。"文革"后,流沙河以多年日记为资料撰写"文革回忆录"——《锯齿啮痕录》,作品严守

化解苦难

纪实原则,记录了自己从被错划为右派到"文革"后复出期间的苦难经历。作品载于《流沙河随笔》,笔者看过之后深感震惊和沉痛,曾发感慨曰:看了《锯齿啮痕录》,此生无论遇到什么样的灾难和不幸,都不会去自杀。何以如此?概因被流沙河所遭受的苦难和他应对苦难的功力所征服。

流沙河化解苦难的经验和智慧是多方面的,其中就包括读书与写作。下面,择要摘录他的相关自述,看他是怎样在读书写作中化解人生苦难的——

1960年7月我从北郊凤凰山麓的农场回到成都布后街2号。这里是四川省文联机关所在地。我是被叫回来治疗水肿病的,住在进大门倒右拐入小院的一间客房里,日日读明清两代的野史笔乘。治疗八个月后,我的病就好了,被叫到东风路省文联已下马的建筑工地去,栽红苕,栽南瓜,栽菜,促使大城市街头风景田园化,增加美观。夜夜坐守通宵,捉拿那些偷摘我们栽的观赏植物的人,其数上百。1962年5月我被叫到省文联图书资料室协助工作。饭吃饱了,里比多(libido)过剩,想做学问。好像发了疯,有鬼在祟我,拚命去攻许慎《说文解字》。这一部辉煌的文字科学著作,每一页内都有一个奇妙的世界,任我遨游其中,沾沾窃喜自己的后半生找到了一个寄托。难怪从前有人说《说文解字》是中国七大奇书之一(其余六大是《周易》《诗经》《楚辞》《史记》《水浒传》《红楼梦》)。围绕着这一部奇书,我又旁攻了殷商甲骨文和两周金文以及《仓颉篇》《班马字类》《玉篇》等等十多部能找到的著作,眼界大开。每有心得,见古人之所未见,又惊又喜,奈何无处发表,便躲入公家藏书室,也是我不付房租的寝室,关了门窗,假设东汉的许慎坐在我面前,听我滔滔抗辩。

一个人在藏书室内踱来踱去,自言自语,自得其乐。1957

年后,我被彻底孤立,在机关内,大家都不同我对话,有的人是不屑于,有的人是怕。我自己又傲性难改,不肯胁肩谄笑,曲意逢迎。这样孤立下去,长久不说话,影响胃液分泌,神经得不到必要的兴奋,恐怕会生病的。出于生理需要,我找古人同我对话。常规的对话方式是埋头攻书,抬头凝目窗外,微动嘴唇默语,蜀人谓之"说鬼话"。特殊的对话方式便是躲在公家藏书室内,作大学教授状,踱来踱去,高谈阔论,时而娓娓,时而滔滔,辅之以手势,配之以笑容,就像我们四川的名伶王永梭演他自编的独角谐剧那样。被我拉入室内做了靶子的论敌多得很,不及备载,只不过许先生挨打次数最多,挨得最惨罢了。这些不幸的论敌,既然都是死人,同我阴阳隔路,当然有口难辩,没法反驳,所以每一次对话的结局,在我,总是战无不胜,攻无不克,非常过瘾。这不仅是生理需要,也是心理需要——可以改善自我感觉,认识自己确实不是饭桶,从而加固人生信念,去攻更多的书,去好好地我行我素,照旧(而不是重新)做人。

在图书资料室工作一年零四个月,日日早起,扫地抹桌,协助清理藏书,自己装订报纸,替别人跑腿啦借书啦查资料啦,兼替伙食团拉煤拉米,勤勤恳恳,克尽厥职,对得起每月三十元的生活费。工作余暇,拼命读书而外,还偷偷地写了两部稿子,梦想将来摘掉帽子之后,能够公开发表。"人还在,心不死!"这话倒是真的。

第一部稿子是长诗《曹雪芹》,脱稿于1962年秋(1963年是曹雪芹逝世二百周年)。这首长诗共五百行,写了三十多个夜晚,自己觉得挺不错的。第二部稿子是挺有趣的科普读物《字海漫游》,1966年2月下旬《字海漫游》脱稿,约十万字,我终于抢在灾祸的前头,我很快活。

我在工作余暇拼命读书。1963年夏,为了方便,干脆在图书资料室的长沙发上夜宿,不回公家藏书室去睡觉。那里又闷又热,蚊子又多,又有旧书散发的霉臭。图书资料室很宽敞,前有大窗,后有高窗,空气对流,十分凉爽,利于暑夜攻读。我这个人又不择床,哪里都能酣睡。睡长沙发,一不用席子,二不用枕头,只需一张破破烂烂的毛巾被子便行了。这样就触发了一些人的革命义愤。他们认为右派分子只宜劳动,不宜读书,愈读愈坏,便要求省文联领导马上赶我回农场去。回农场去,没有什么不好。贱躯只害怕饥饿性水肿(1960年尝过这滋味),不怕劳动,尤其不怕丢人现眼的苦役。白天劳动,脑子得到休息,入夜攻书,神思倍加猛锐,斩获特多。

资料来源:《流沙河随笔》第13—17页,四川文艺出版社,1995。

7. 面对锥心的失子之痛,在写作中以智慧"安魂"

2008年8月,作家周大新的独生儿子周宁因患脑癌不幸逝世。

众所周知人生三大不幸:少年丧父,中年丧偶,老年丧子。即将由中年步入老年的周大新突然失去儿子,而且是唯一的儿子——儿子刚刚研究生毕业参加工作,事业正在起步,爱情方面正待谈朋友、娶妻、生子,可以说美好人生渐入佳境,然而恰恰就在此时,一切美好轰然崩坍,这对于父母的打击之大可想而知:"那不仅仅是心口疼,那是一种无可言说的疼,是一种难以忍受的空茫之痛,是五脏六腑都在搅呀!"

天旋地转,五内俱焚,痛彻心扉,在最黑暗、最绝望的日子里,周大新情感上无论如何不能接受这最为悲惨的事实。他无比激愤地指天发问:"为何要将一个二十九岁的生命决绝地拖走?我们没有做过任何该遭惩罚的事,凭什么要给我们这样的回报?!这有违常理!这不公平!"

悲愤的质问理直气壮,可是,谁来回答呢?应该回答的只有上帝,可是他高居苍穹,冷漠无情,压根儿对你不予理睬。尽管感情悲愤,理智却不得不慢慢冷静下来说服自己。作为智者的周大新深明此理。激愤、悲愤、痛苦,这类激烈的情绪是最折磨、最损耗、最毁灭人的,为了尽快摆脱黑暗阴郁的情绪,他调动所有智慧说服自己。于是创作了长篇小说《安魂》(作家出版社,2012),试图安妥儿子和自己——尤其是自己痛苦的灵魂。

《安魂》的基本构架是父子俩灵魂的对话。儿子已逝,当然不可能再出来对话,代他参与对话的自然还是作者自己。父子两人的角色分工是,父亲更多的代表作者的情感,儿子代表作者的理智、理性;或者说父亲代表作者的客我,儿子代表作者的主我。父子俩的对话,其实质是作者自己感情与理智、主我与客我的对话,儿子对父亲的劝慰其实就是作者自己劝自己。

所以当儿子听到父亲悲愤沉痛的呼号时,他应声出面劝道:"爸爸,平静下来,接受事实吧。我已经离开了人间,再也回不到你和妈妈的身旁,事实无法更改了。你要让自己尽快接受这个结果,你的心智必须适应我已不在的现实。你和妈妈要慢慢把对我的感情往回收,要改变原来的生活期待,学会在筹划生活时别再把我算进去。不能总是伤心、抱怨、难受,那对你和妈妈的健康无益。"

"平静下来,接受事实"——这是儿子对父亲最诚恳最冷静的劝告,虽然看似消极而无奈,但却是饱含哲理与智慧的非常明智的劝告。因为,这是唯一理性而成熟的选择,舍此没有别的更好办法。

好吧!那就听你的,"平静下来,接受事实"。可如此惨烈的巨变,如此生硬硌人的事实就在眼前——从此再也看不见你的身影,再也听不到你的声音,再也闻不到你的气味,再也抚不到你的肩膀,再也没人帮我们搬沙发、买大米,你让我们怎么"平静下来"?怎么"接受事实"?

化解苦难

是啊!"平静下来,接受事实"说起来容易做起来难,你要想让我们真正做到这一点,光是直接提出要求不行,你还要讲出道理——以理服人。于是,为了说服父亲,儿子像一个深通世故的哲学老人,调动所有的人生智慧,呕心沥血苦口婆心从多角度来阐述必须"平静下来"的道理——

(1) 早死有早死的好处——"人生就是一个向死的过程,我的人生过程不过是缩短些罢了。缩短些也不一定就是坏事,你想想,假若我再多活几十年,你尝过的那些生存压力之苦、撑持家庭之苦、人生奋斗之苦我不也要去一一品尝?少尝一点人生之苦又有何不好?你可以这样想:另一个世界也需要年轻人,让我儿子早点过去是天国之神的一种眷顾。如此想你可能就会好受点。"

(2) 死亡面前人人平等,谁也逃不了——"人们面对自己的亲人死亡时,不难受的几乎没有,能想通的很少,抱怨造物主的也有很多,但他们最后都不得不平心静气。这是因为,大家最终都承认,造物主在死亡这个问题上真正做到了公平,他不收任何人的贿赂,不徇任何私情,没有让任何人免死,大家的结局都完全一样。"

(3) 拉远了看,早死晚死一个样——人终有一死,"不同的只是谁早到终点谁晚到终点。既然都要到终点,晚到终点就一定比早到终点好?同一代的人可能还彼此比比谁早到谁晚到,过几代以后,就没谁关心你到得早还是到得晚了"。

(4) 在三维空间的人间无法相见了,但在多维空间里谁敢说没有再见的可能?——"我和你们在当下的人间是不会见面了,即使我去见你们,你们也不会感知到。但我们见面的空间不会就这一个。科学不是已经发现宇宙有十一个维度吗?除了时间维度和三个空间维度之外,还有七个维度。记得有个著名的理论物理学家说过,当我们创造一个场所,使其旋转的速度比光速高出许多之后,我们就可以回到过去,时光隧道是可以存在的。日后那样的场所真要建立起来,我们不就可以再见了?当有朝一日你们都来到了不同于人间的空间里,我们为什么不能再见面?你一定要坚信,我与你和妈妈只是暂时分别,你把我的离去想象成一次出差,去北美或非洲国家出差,因任务艰巨很长时间不能回来,而且由于环境特殊连电话也不能打,这样想你就不会难受了。相信吧,我们还有再见的一天……"

(5)别光记住我死带来的苦,要多想想上天曾经给过我们的很多乐——父亲说早知你这么早就死,不如早些你不出生。儿子劝道:"爸爸,其实你仔细想想,上天对我们已算不薄,他曾经给过我们很多快乐。……一个人、一对父子和一家人能够得到的快乐大概都不是很多,我们已经得到了一些,也许就该满足了。"

由于篇幅的限制,不能再一一罗列下去了,为此笔者感到十分遗憾,有兴趣的读者自己去看吧!总之,整个作品就是儿子想出诸多理由劝父亲,也有的是父亲想出理由自己劝自己。如:人一出生就面临了死亡,活到二十九岁死已经是一个胜利了;灾难的发生没有理由;放下,灵魂即安;死亡解脱了病痛的巨大痛苦,找回了从未有过的轻松;死亡摆脱了沉重的肉身,免了受各种欲望的折磨;诵读《心经》,用佛理引导人学会放下,用平常心接受必来的死亡,对付心中那份不甘;要学会与比你的命还苦的人比;最好承认生活背后有一只看不见的手;人从虚无中来,又向虚无中去,因此不必对死太介意;在完美无瑕的天国世界,儿子的灵魂找到了理想的归宿,父亲的灵魂也得到了安慰……

和千万个失独家庭的父母相比,作家周大新借助写作排遣无可言说的痛苦,安放空茫无依的灵魂,这是作家的独特优势。从创作心理学角度看,写作,是抒发忧思,排遣郁闷,转移痛苦最有效的途径之一,这已经为古今中外作家艺术家的创作实践所证明。司马迁借助写作《史记》排遣了遭受的奇耻大辱,歌德借写作排遣了失恋带来的几欲自杀的伤痛,如今,周大新借助写作排遣失子所带来的无可言说的巨大哀伤。

化解苦难

读作品可以明显感受到作者是用一颗心在写作,正如书的腰封宣传语所说的是周大新的"泣血之作"。书中的每句话、每个字不仅仅是从作者脑子里想出来的,更准确地应该说是从作者心中流出来的,从灵魂里哭出来的。通过回忆往事,通过自责和忏悔,通过与儿子真诚的对话,通过哲理的反思,作者终于能喘过气了,心理上的压抑稍稍有些缓解,对儿子死亡这一惨痛事实已经能够接受。总之,借助写作,周大新在虚拟世界中安妥了儿子的灵魂,在现实世界中抚慰了自己的情感。换句话说,周大新在精神上超越了儿子死亡所遭遇的苦难困境。

对于现实的苦难,彻底的超越(好像苦难根本不存在一样)是不可能的,但相对的超越,即从精神上淡化、缓解、抒散、减轻苦难对自己的伤害,则是完全可能的。智慧的作用即在于此,千万不要指望它从根儿上把苦难铲除了。那样想不是它错,而是你错。

九　穿行在思想的密林里

1. 化"地狱"为"天堂"

苏轼是中国文学、文化史上的巨人，一生风云激荡大起大落，既辉煌过也落魄过。辉煌时官至翰林学士、礼部兵部尚书，出入宫廷，深受皇家信任与依托；落魄时多次被贬出朝，投诸荒野，九死一生。晚年在总结自己一生经历时他自嘲说："问汝平生功业，黄州惠州儋州"。这三州是他前后被贬流放之地，地理空间上越来越远，越来越穷僻荒凉直至海南岛。物质的穷困，环境的恶劣，身体的多病，精神的折磨，是古代贬官所遇到的普遍考验。面对这一考验，历史上多少仁人志士都感到难以忍受。如：屈原疾痛惨怛投江自杀；贾谊悲切哀伤抑郁而死；韩愈表示悔罪，泣求皇帝哀而怜之；柳宗元疾病缠身心情凄恻精神颓丧，47岁死于任所；元稹悲苦不能自持，自比"丧家狗"和"失水鱼"；白居易在贬所哀怨自怜，在《琵琶行》中借色衰失宠之歌女而抒写天涯沦落之恨："座中泣下谁最多？江州司马青衫湿。"（张惠民、张进：《士气文心：苏轼文化人格与文艺思想》第161—162页，人民文学出版社，2004）然而苏轼却傲然挺过来了，他两度被贬十数年，一改屈贾怨愤、韩柳戚嗟、元白悲泣之心态，善于化解心中之幽怨牢落，坦然面对忧患，顽强地生存下来。

苏轼在苦难中不但顽强地生存了下来，而且还生存得积极乐

化解苦难

观有价值。贬黄时期,他不愿浪费时间,而是认真读书,同时致力于研究儒家经典著作,有《易传》九卷、《论语说》五卷流传后世;他于东坡开荒种田,自己养活自己;他游山玩水、钓鱼采药,与渔樵交往自得其乐,并且写下了永载史册的《赤壁怀古》等不朽作品;更难能可贵的是无论被贬到哪里,他都不忘以戴"罪"之身关心民生疾苦,尽量利用自己的影响和能量造福于当地百姓。总之,"苏轼无论走到哪里,都有非凡的自信和本领,把'地狱'变成'天堂'"。(王水照、崔铭著《苏轼传——智者在苦难中的超越》第571页,天津人民出版社,2000年)

把"地狱"变成"天堂",这句话虽然有点夸张,但也确实不失为精彩的概括,它道出了苏轼超越苦难、化解苦难的卓越能力,这是一种超越常人的精神能力,令后人无不敬仰和倾慕。那么是什么力量支撑他做到这一点的呢?他是怎样化解他所遇到的苦难的呢?

对此,历来的苏轼研究者已做出了多方面的深入探讨。代表性著作如林语堂的《苏东坡传》(时代出版社,1988);王水照、崔铭合著《苏轼传——智者在苦难中的超越》(天津人民出版社,2000);王水照、朱刚合著《苏轼评传》(南京大学出版社,2004);张惠民、张进合著《士气文心:苏轼文化人格与文艺思想》(人民文学出版社,2004)等。研究者认为,苏轼的精神世界极为丰富,支撑他战胜苦难、超越苦难的精神因素不是单一的而是多方面的;苏轼的人生态度、人生模式最典型地体现了中华民族的文化性格。研究苏轼的文化性格,研究他超越苦难的人生智慧,至今对我们仍有普遍的借鉴意义。

2. 正道直行,以道自任

人的一切行为无不受思想意识所支配,苏轼一生的进退行止当然也以其思想体系为根据。苏轼的思想体系恢宏阔大,渊博丰富，但其主干为儒、道、佛，也就是中国文化最重要的三元素。三元素中，苏轼以儒为本，旁参佛道，取舍自如，相互为用，自由地穿行于三家思想的密林里。

苏轼七、八岁开始读书，首先学习的是儒家经典。《宋史·苏轼传》载，苏轼少年时，父亲游学四方，母亲程氏亲自督促并讲授儒家经典及历史英雄人物，稍长，博通经史，好贾谊、陆贽书，青少年世界观形成时期就打下了坚实深厚的儒学功底，儒家仁人爱物、经世济民的思想已经在他心里深深扎下根基，成为他一生思想的核心。儒家学说以人的道德修养为立足点，为实现修齐治平目标高扬君子人格，对苏轼思想的形成影响甚深，成为他立身行事躬亲履践的人格范式，他一生之行事，正是由一种独立不惧之浩然之气所支撑。

苏轼追求的君子人格内涵丰富，首重"以道事君"即以道自任。他认为士君子入朝为臣，须有以天下为己任的担当精神，有一种临大事从容不迫大器恢宏的气度。以道事君，用道义力量支撑一种卓然不移的主体精神与独立性，必须做到毁誉不动宠辱不惊得丧若一，以道自任，公心为国，存迈往之气，行正大之言，用舍行藏尽性知命进退自如体乎自然。然而以道事君公心为国则必与小人发生冲突，而小人必胜，对此，苏轼早有清醒的认识。他在《富郑公（弼）神道碑》里引富弼之言申说此理："（公）常言：'君子小人如冰炭，决不可以同器，若兼收并用，则小人必胜。''君子与小人并处，其势必不胜。君子不胜，则奉身而退，乐道无闷，小人不胜，则交结构扇，千歧万辙，必胜而后已。小人复胜，必遂肆毒于善良，无所不为，求天下不乱，不可得也。'"（《文集》卷十八）这些话虽出自富弼之口，而实亦出自苏轼之心，验之以苏轼之身。苏轼在朝正道直行，名震天下，遂遭小人构陷，以致有乌台诗案黄州之贬。苏轼以其亲身经历悟到，"功高则身危，名重则谤生，故命世之士，罕能以功名终始者"。苏轼深知君子以其谦和退让而不善斗，小人因无耻

化解苦难

无德而不择手段,凶狠无比,诚所谓"我是流氓我怕谁"。所以君子小人对阵,前者败而后者胜几乎成为必然,验之史实也几成规律。既然如此,君子遭贬受难乃至遭到杀身之祸也就在所难免,实属"正常",可以理解也就可以接受了。

  基于这种对现实政治、人情世故的认识,苏轼对自己所遭受的苦难无怨无悔,处之泰然。因为他坚信自己所行正道,问心无愧,取辱于小人乃坚持正道、正义所必须付出的代价,他以强大的人格力量化解了因蒙冤而带来的苦难和不幸。用他自己的话来表达即:"吾侪老且穷,而道理贯心肝,忠义填骨髓,直须谈笑于死生之际"。(《文集》卷五十一)类似诗文比比皆是:"挺然直节庇峨岷,谋道从来不计身。"、"平生觉道真实意,岂与穷达俱存亡。"、"一念失污垢,身心洞清净。浩然天地间,惟我独也正。"这些诗表现了苏轼面对危难从容淡定,进退出处皆不改其度,体现了他独立不倚的人格精神。

  苏轼从政数十年,推重孟子仁义之学,以民为本,以仁为本,殚精竭虑为民谋利。在朝中,无论反对王安石新法还是反对司马光废除新法,立足点只有一个,即老百姓的利益;在地方,他忠于职守,尽其所能为老百姓办好事办实事。苏轼一生在八个地方做官,每到一个地方都留下突出政绩。即使身为贬官,他仍然关心百姓,尽其所能为百姓做好事,每到一处都深受百姓欢迎。总之,在立身处世上,苏轼倡言"士以气为主",认为"古之君子,刚毅正直,而守之以宽,忠恕仁厚,而发之以义"。他这样说也这样做,他一生奉行儒家做人标准,处处表现出浩然之气,这充分体现出儒家思想对他的影响。

3. 人生如寄,不计荣辱

  苏轼从小在接受儒家思想的同时,也受道家思想的影响。苏轼自述七岁时曾从眉山道士张易简居天庆观学习三年,以道士为师自然受到道家的熏陶,加之颇有道家气质的祖父的遗传,使苏轼从小就心仪《庄子》,一读之下有"得吾心矣"之叹。由于上述影响,苏轼在年少气盛,刚踏入仕途正待雄心勃勃大干一番事业之时,内心深处随时可见庄子思想的流露,"人生本无事,苦为世味诱。今予独何者,汲汲强奔走"。"日月何促促,尘世苦局束。"由这些诗看出,苏轼内心深处与庄子是何等的心有灵犀一点通。

苏轼终生都保持着对道家思想的浓厚兴趣,尤其在仕途受挫被贬官流放之后更是如此。贬居黄州时,他曾去天庆观斋居四十九日息心悟道。贬谪惠州时苏轼曾游罗浮道院,对曾炼丹于罗浮的道家人物葛洪更为倾倒,引为老师:"东坡之师抱朴老,真契久已交前生。"还有,众所周知苏轼对陶渊明的倾慕,也因为道家思想使他们相通。

据研究者统计,苏轼诗集中共有九处用了"吾生如寄耳"之句。这九例,作年从壮(42岁)到老(66岁),处境有顺有逆,而一再咏歌,不避重复。倘加上他其余诗词中类似"人生如寄"的语句,则足以断其为苏轼文字中一再出现的主题句。人生如寄,这一思想来自庄子。庄子有"夫大块载我以形,劳我以生,佚我以老,息我以死"之句,视人生为"寄寓"于人世的或长或短的过程。既然人生如寄,人生是自然万物中的一种偶然存在,既短暂又虚幻,转瞬即灭,又何必过分在乎一己之荣辱得失?! 可见,"寄寓"思想的深层含义,乃是审美的人生态度。有此态度,便处处有可乐,"如寄"的人生于是转悲为喜。这是一种洋溢着诗意的人生哲学。"寄寓"的人生,实是人"性"的审美游历,即所谓"游戏人间"。

人生虚无也罢,如寄也罢,都让人从终极即人生根本意义的角度理解人生,把人生放在一个极为阔大的背景下加以审视,个人的荣辱得失变远了,变淡了,变小了,分量减轻乃至无所谓了。于是,苦难被化解被超越了。

化解苦难

4. 万事皆不介意,胸中廓然无物

　　苏轼才华过人,在科举考试中一举成名,被皇帝誉为宰相之才,朝廷内外万人瞩目,只以为经天纬地的事业唾手可成。然而树大招风,才高招嫉,他怎么也不会想到有一天会沦于冤狱受尽凌辱,被逐出京城流落于千里之外的荒凉小镇黄州。身处如此天上地下的浮沉,苏轼将何以面对何以自处呢?对此,研究者根据史料比较详细地描述了苏轼精神超越的过程。

　　巨大的精神创伤需要尽快治疗。"寻常人失意无聊中,多以声色自遣"(苏轼:《与王定国》),以苏轼对于自我精神境界的崇高期许,显然不会堕落到这种粗俗的享乐主义之中。他热爱生命,珍惜生命,深知官能刺激所给予人的并不是真正的疗救,而只能是暂时的麻醉,过后依旧是无边的空虚。他所寻求的是一种高层次的精神救赎。此时他所找到的是佛教。

　　对于佛教,苏轼自幼就受到了家庭长辈好佛的熏染,成年后好读佛书,通判杭州时往来名山古刹听高僧大德讲经说法,对于佛学在理念上已经非常明了,但在心理上终究还是隔一层,未能落实在行为中。这次遭谗获罪,才使他对佛教有了新的更深层次的理解与感悟。所以,初到黄州的一段时间里,他"闭门却扫,收招魂魄","不复作文字,惟时作僧佛语"。为了进一步求得"自新之方",不久之后,就在安国寺长老的指点下开始学习静坐默修的禅定功夫,每隔一二日辄往安国寺焚香默坐,深自省察,早去晚归,坚持整整五年,终于达到了"物我相忘,身心皆空"的境界,每每沉浸在"一念清静,染污自落,表里翛然,无所附丽"的状态中,感受到无与伦比的心灵的愉悦。(王水照、崔铭著《苏轼传——智者在苦难中的超越》第 238 页,天津人民出版社,2000 年)

　　佛教为何能使他感到心理愉悦呢?因为佛教对生命本质有独特之领悟。佛家教人戒定净心,又教人鄙弃富贵功名,实出于对生

命自身的关爱，使人从"一切苦厄"中解放出来，得生命之"大自在"。苏轼曾记佛语："佛云：三千大千世界，犹如空华乱起乱灭。而况我在此空华起灭之中，寄此须臾贵贱、寿夭、贤愚、得丧，所计几何，惟有勤修善果以升辅神明，照遣虚妄，以识知本性，差为着身要事也。"（《记佛语》，文集卷六十六）佛教认为，人生短暂，富贵难久，万物空无，有此顿悟，则能钩断一切挂碍，豁然自由。苏轼本来天资极高，又经大富贵历大忧患，所以对于佛理一触即悟。他在给朋友的信中说："人生悲乐，过眼如梦幻，不足追，惟以时自娱为上策也。"（《文集》卷五十九）何谓自娱？他说："世事万端，皆不足介意。所谓自娱者，亦非世俗之乐，但胸中廓然无一物，即天壤之内，山川草木虫鱼之类，皆是供吾家乐事也。"（《与子明兄一首》，《文集》卷六十）苏轼以与天地万物相处为人生乐趣，世事皆不介意，胸中廓然无物，这才是精神的大解放，大自由。有此领悟，所以于垂暮之年，越岭渡海，万里投荒，不见老人衰惫之气，生命力何其顽强。足见其化佛家消极思想为积极的形上追求。（参见张惠民、张进合著《士气文心：苏轼文化人格与文艺思想》第29页，人民文学出版社，2004）

5. 高人雅士皆同道

苏轼处忧患而超然自得不改其乐，他这样做内心并不觉得孤独，是因为在他之前和同时都有一些高人雅士这样做过。从这些高人雅士身上，苏轼找到了榜样和同道，他们对待苦难的态度让他深为钦佩和敬慕，在他们面前，自己这点苦难算不了什么，自己也应该像他们那样笑对人生，超越苦难。

在儒家圣贤人物谱中，孔子最欣赏的学生颜回应该算是一位高人了。孔子赞赏他穷居陋巷，面对一箪食一瓢饮这极其简单贫寒的物质生活不忧不愁，自得其乐的人生态度。从此，颜回安贫乐道的精神便成为儒家高人的人格风范，影响着后世文人士大夫。

化解苦难

苏轼欣赏和钦佩颜回的人生取向。他深知颜回之贤在于内自足而不外求,即道德自律,安于贫困,在一种完满自足的道德境界中获得精神之怡悦。如扬雄所说"颜回之乐内也"。苏轼作《颜乐亭诗》赞颜回,表示愿追从颜回求得至乐:"我求至乐,千载无偶。执瓢从之,忽焉在后。"苏轼在诗文中曾多次表示向颜回学习,如"更寻陋巷颜夫子,乞取微言继此声";"我生类如此,何适不艰难。一勺亦天赐,曲肱有余欢"。苏轼之贬谪,口腹为忧,箪食瓢饮,痛自节俭而忧中取乐,不以穷达为患,而以曲肱饮水为乐,实取颜回之守道不移,在一种道德圆满自足精神境界中得其乐处,而忽略或容忍物质的贫乏。

在儒家高人雅士中,曾点的"浴沂境界"也是苏轼欣赏而且追慕的。《论语》中记载孔子问子路、曾点、冉有、公西华的人生志向。子路等三位的志向都在如何治理国家,曾点与之不同,他说自己的理想是阳春三月与儿童们一起在沂水边沐浴,在舞雩台吹风,唱着歌回来。曾点的志趣竟然得到了一向把经邦济国作为人生目标的孔子的赞赏。曾点志趣的实质是超越社会价值评价体系,追求个体生命之自由。苏轼一生的内心向往与曾点的人生志趣极其相似,所以他在立志经世治国有为于天下的同时,也把曾点之乐作为自己的人生追求。

早在熙宁年间,苏轼因直道敢言得罪权贵,他不想陷入凶险的斗争漩涡,主动自请离京赴杭州做地方官。这时的他,不以直道受挫而挂怀,反而为退居西湖成就曾点沂上之乐而庆幸("从来直道不辜身,得向西湖过两春。沂上已成曾点服,泮宫初采鲁侯芹。")在苏轼诗文中,曾反复提到对曾点境界的向往,遭贬之后更是如此。贬黄作《次韵乐著作野步》云:"植杖偶逢为黍客,披衣闲咏舞雩风。……废兴古郡诗无数,寂寞闲窗易粗通。"植杖披衣,咏舞雩风,而思曾点之舒展人生,孔子之舍瑟而叹。历史兴废人生忧患大喜大悲之后,于寂寞闲窗之下,始能粗通宇宙人生之大数、生死之

九　穿行在思想的密林里

意义与成败之规律,舞雩风之人生追求乃是基于这种深刻的反思与对易理的体认感悟,从而可以从现实社会与人生中超越出来而获得精神的解脱与升华。总之,曾点浴沂境界一直是苏轼向往的境界,这一向往陪伴他度过了贬谪的艰难岁月,贬惠儋之后屡屡有咏曾之诗就是明证。(参见张惠民、张进:《士气文心:苏轼文化人格与文艺思想》第184—185页,人民文学出版社,2004)

　　在苏轼所仰慕的高人雅士中,陶渊明的地位更加重要。研究者指出,苏轼少年好道,即对受老庄思想浸染颇深而酷爱自然的陶渊明极为仰慕。贬黄之后,自己开荒种地,备尝艰辛,亦自得其乐,思想感情与陶渊明进一步靠近,"欲自号鏖糟陂里陶靖节"。或以东坡比为陶之斜川,或以渊明为自己的前生:"梦中了了醉中醒,只渊明,是前生。"又云:"渊明吾所师"、"我歌《归来引》,千载信尚友。"苏轼在扬州任始作和陶诗,创作《和陶渊明饮酒二十首》,在惠州、儋州两地,则几乎和遍了所有陶诗,共一百多首。他说自己于诗人无所甚好,独好渊明之诗。其实他并非只是喜好陶渊明的诗歌,更主要是喜好陶之为人。苏轼钦佩陶毅然辞官归隐田园之傲岸气节,欣赏他不屈于世的真性情。苏轼一生仰慕陶渊明而终未归隐,但他是身未归隐而心归隐,他在内心深处与陶相通。在陶渊明身上,苏轼安放了自己的灵魂。

　　苏轼所赞赏的高人雅士,不但古代有,而且当世,即自己身边也有。如北宋初年翰林王禹偁因直言敢谏,两度遭贬,后又因撰修《太祖实录》,直书史事,被贬为黄州知州,故作《三黜赋》以见志。他的《黄州新建小竹楼记》,不以贬谪为念,而以轻松悠闲的笔调,记竹楼宜人之景致与谪居人怡然自得的生活乐趣,有"江山之外,第见风帆沙鸟、烟云竹树"、"送夕阳,迎素月,亦谪居之胜概也"之美文。后来苏轼也被贬往黄州,阴差阳错的命运安排让苏轼感慨万端,他对前辈至为敬佩,曾作诗文高度赞颂王禹偁的高风亮节。王禹偁之后的范仲淹、欧阳修诸人,亦不同于以往随景悲喜的迁客

化解苦难

骚人。范仲淹"不以物喜,不以己悲。居庙堂之高,则忧其民;处江湖之远,则忧其君"(《岳阳楼记》)。欧阳修的《醉翁亭记》记醉翁亭朝暮四时之美丽景色,及太守与民同乐之趣,丝毫不见迁谪之意。王、范、欧之后是苏轼,苏轼之后是受苏牵连的苏门弟子黄庭坚、秦观、张耒、王诜、王巩等被贬逐远地,皆能处穷不怨颜色如故。所有这些前辈及后生皆能于穷困之中保持节气,高扬人格,以一种雄强而又平和静定的态度面对苦难。这一切让苏轼感到自己并不孤独,困苦中自有同道相伴,给他以精神上的莫大安慰。

6. 换个角度看问题

苏轼一生无论处顺处逆是平是险,都善于解脱自己的苦闷,安定自己的情绪,始终保持坦然快乐的心态,善于发现和寻求生活中的美,原因还在于他灵活辩证的思维方法。例如,他善于换个角度看问题。

如,初贬惠州,苏轼还存有北归之望("痴望沛泽北归"),后知无望,也就不再痴想,反而通透地想开了。他在给表兄程正辅信中说:"某睹近事,已绝北归之望。然心中甚安之。未说妙理达观,但譬如元是惠州秀才,累举不第,有何不可。"(《文集》卷五十四)他虽言未说妙理达观,而实际上他的态度本身就已经是达观了,权当自己原本就是惠州秀才累举不第,不就了无北归之想?!这就是从根本上解决了北归无望之痛苦,这里原本就是家,故"心中甚安之"。

苏轼一生几次遭贬,一般说来,贬居生活穷苦寂寞在所难免,但在苏轼眼里则不尽然。初到黄州,他曾写信给秦观,说自己上年纪了,身体渐衰,应该学道养生了,但平时公务繁忙顾不上,如今谪居无事,正好借机养生,已借得道堂三间,计划冬至后入室四十九日静心养炼。为此,他常庆幸有这次贬居之闲。后来被贬惠州,荒蛮之地瘴疠猖獗,这在人们眼里是一件可悲可怕之事,然而苏轼却不以为然。他在给朋友的信中说,南方有瘴疠能致病死人,北方无瘴疠照样会得病死人；惠州苦无医药有病不得医治，京师有国医好药死汉尤其多。换一个角度看问题，则事物之间绝对的美恶差异就不复存在，事物可怕的一面也不复存在，并且会给人一种如释重负的轻松。他在《发广州》诗云："朝市日已远，此身良自如。三杯软饱后，一枕黑甜余。蒲涧疏钟外，黄湾落木初。天涯未觉远，处处各樵渔。"市朝日远，往往使人感觉凄凉伤悲，而苏轼因把远贬视作对争名争利的是非之地的远避，并视作身心之解脱获得自由，故天涯虽远而不必以为远，到处都可樵渔度日。一枕黑甜，充分表达了一种超脱之后的轻松自得。

更令人叫绝的是，苏轼把整个贬谪视之为"游"，既视为"游"则一切悲苦皆不置胸中，而可尽享其中之乐。此为苏轼调整心态之大智独运，亦见出其兀傲倔强之个性。他还进而把贬谪视之为"福"。他说："谪居穷僻……自绝禄廪，因而布衣蔬食，于穷苦寂淡之中，却粗有所得，未必不是晚节微福。"（《文集》卷六十一）由贬居之"失"而看到其"得"进而视之为"福"，颇有塞翁失马之辩证意味。这种辩证思维，使苏轼处恶事逆境不至悲不自胜，处善事顺境不至大喜过望，故能保持一种平静坦然的心态。

改变常规思路来思考问题，就不会被固有观念约束。在惠州时他寓居嘉祐寺，曾纵步游于松风亭下。足力疲乏之时想停下歇息，但不到亭宇怎能歇息呢？但忽然又想，为什么一定要到亭子里才能歇息呢？难道当下此地不可以吗？这样一想，"如挂钩之鱼，忽得解脱"。他又把悟得道理推及开来，以为虽兵阵之间，鼓声如雷，与其拖疲惫之躯，陷于进则死敌退则死法之境，不如忙里偷闲，抓住机会自我放松一下。由此可见，人生路途中的歇息，不但可以使人解脱，也许还可以助人取胜。而这种解脱之道的悟得，正是苏轼处世智慧的灵活运用。

7. 自我反省中释然

苏轼能在遭遇挫折与打击时淡化痛苦善自解脱,还在于他有深刻的自知自省意识。一般人在不如意或不得志时往往是怨天尤人,愤愤不能自已,结果加倍痛苦。而苏轼不是这样。他所遭受的明明是不白之冤,自己没什么责任,全是小人所为,按说他该把所有仇恨都系在小人身上,但他却首先检讨自己,反思自己有哪些地方不足,结果是有效地减轻甚至是消解自己的痛苦和烦恼。

苏轼年轻时英宗皇帝准备提拔他担当大任,宰相韩琦坚决反对,认为苏少年得志阅历未深入望未厚尚须历练。当时苏正血气方刚渴求上进之时,但是他得知此事不但不怨恨,反而以"爱人以德"予以理解。苏因反对王安石新法而遭排挤打击自请外任,但后来在实践中认识到自己对新法持有偏见,便毫不隐讳,承认自己"所言差谬,少有中理者"。

"乌台诗案"后被贬黄州,他经历了人生第一次大变局,当此时,他没有恨天怨地咽不下这口气,而是认真反思自己,从自身找原因。在给朋友的信中他反思道,自己以前最大的毛病是才华外露,缺少自知之明。一段树木靠着瘦瘤取悦于人,一块石头靠着晕纹取悦于人,其实能拿来取悦于人的地方恰恰正是它们的毛病所在,它们的适当用途绝不在这里。我苏东坡三十余年来想博得别人叫好的地方也大多是我的弱项所在,例如从小为考科举学写政论、策论,后来更是津津乐道于考论历史是非、直言陈谏曲直,做了官以为自己真的很懂得这一套了,洋洋自得地炫耀,其实我又何尝懂呢?直到一下子面临死亡才知道,我是在炫耀无知。三十多年来最大的弊病就在这里。现在终于明白了,到黄州的我是觉悟了的我,与以前的苏东坡是两个人。(《答李端叔书》,《文集》卷四十九)

关于苏轼的自我反省,余秋雨曾有过如下评论:"苏东坡的这种自省,不是一种走向乖巧的心理调整,而是一种极其诚恳的自我剖析,目的是想找回一个真正的自己。他在无情地剥除自己身上每一点异己的成分,哪怕这些成分曾为他带来过官职、荣誉和名声。他渐渐回归于清纯和空灵。他,真正地成熟了。"(余秋雨:《文明的碎片》第122—123页,春风文艺出版社,1994)

苏轼这种真诚的反省不是一时的,而是贯穿终生的。此后无论是在朝做高官还是再过贬谪生活,都始终保持这种清醒的自省意识,这类言词不断出现于他的诗文中,态度诚恳令人感动。有这样真诚自省意识的人,还有什么牢骚愤怒可发呢?!

8. 灵魂飞翔于天地之间

儒道佛三家的人生旨趣和处世原则虽然不同(儒家入世,道家出世,佛家遁世),但苏轼却将三家和谐地融为一体,加上自己对人生的领悟,形成一个有机完整,独立而又丰富的精神世界,自由地穿行于思想的密林里。之所以能如此,奥秘在于苏轼善于把人生置于宇宙大背景下,从终极视角看待人生和社会,因而视野极为宏阔,精神极为解放,灵魂自由地飞翔于天和地之间,穿行于各种思想的密林里。这里的"天"即指宇宙(哲学本体论意义),这是人类生存的大背景,从这一视角观察思考问题,我们称之为终极视角;这里的"地"指现实的社会生活,从这一视角观察思考问题,我们称之为社会视角,日常视角,世俗视角。"终极"和"社会"两种视角相互作用,互为补充,使苏轼既立足现实又超越现实,身在世俗而心超世俗,成为灵魂自由处世洒脱行高于众之人。

宇宙无限(时间无始无终,空间无边无际)而人生有限(从时间看每个人只有一生,从空间看每个人只有一身),这是人类永恒的生存困境。从宇宙角度看,不但每一个体显得十分渺小,即使整个人类也显得微不足道。人生的升沉祸福际遇,从个人角度看事关重大至切至要;但从终极角度看则是自然常态,天地无私无情,本

化解苦难

不以人间利害感情为转移,正所谓"天地不仁,以万物为刍狗"。这是世界的真相,人类生存的真相,然而人们对这一真相却往往并不自觉。人们身处社会人际关系网络之中,满眼看到的是熙熙攘攘为名为利来来往往的人群,萦绕于怀的是欲望的满足,为一己之利害得失而苦恼。人们之所以无法摆脱这些苦恼是因为身陷世俗泥淖,思路被日常的世俗之见堵塞了。

然而苏轼与众不同。他的聪慧明敏使他总是能清醒地、自觉地用终极视角观察人类、反思自身,他的心中时刻都有一个宇宙,随时都把自己、把人生放在宇宙大背景下进行思考。如《次韵答章传道见赠》中他写道:"并生天地宇,同阅古今宙。视下则有高,无前孰为后。君看汉唐主,宫殿悲《麦秀》。"这首诗从终极视角感叹人生:人生天地间,古今兴亡,人生短暂转瞬即逝机会难来,但纵使汉唐功业又该如何?转眼之间宫殿麦秀。这是人生徒劳,功业难成的悲叹。当然,最能代表苏轼终极视角又最为读者熟知的作品,当属他的赤壁三咏。

在《前赤壁赋》中,面对清风明月,浩瀚长江,联想到历史兴亡,"客"曾感叹人生之短暂:"寄蜉蝣于天地,渺沧海之一粟。哀吾生之须臾,羡长江之无穷。"对此,苏子另有看法,他认为江水流逝月圆月缺无减少亦无增损,一切皆自然变化。生与死不过是生命的不同形式,由生到死就像水和月一样,生命本身其实并无变化。要说变化,天地万物每一秒钟都在变;要说不变,天地万物从来都不曾消失。苏轼的意思是说,从日常视角看,人生短暂,每分钟都在变化,生命挽留不住因而无限伤感;但从终极角度看这一切均属正常,没必要伤感和叹息,只需顺其自然尽情享受大自然的馈赠就是了。由"客"与"苏子"的对话可以看出苏轼灵魂深处的一个秘密,即他精神生活中有两个"我"——主我与客我,这段对话其实质是主我与客我的对话。客我代表日常世俗生活中的苏轼,看问题采用社会视角,现实视角;主我代表精神、灵魂生活中的苏轼,看问题用终极视角。社会视角当然要受现实世界诸多限制,是不自由的,而终极视角超越了现实的任何限制因而是无限开阔无限自由的。在终极视角下,个体的"小我"化入了宇宙的"大我",与宇宙合为一体,成为宇宙的一分子,于是心胸像宇宙一样开阔深远,心态似宇宙一样肃穆宁静。

终极视角蕴含主我客我两重自我,两重自我看人生,使苏轼产生"人生如寄"、"人生如梦"的意识。在文学史上,用"梦"来比喻人生的比比皆是,苏轼更是如此。据有心人统计,单是《全宋词·苏轼词》中,"梦"出现77处。其中比喻人生、人世间的有16个。([日]保苅佳昭:《新兴与传统——苏轼词论述》第77页,上海:上海古籍出版社,2005)如读者熟悉的:"世事一场大梦,人生几度秋凉";"笑劳生一梦,羁旅三年,又还重九";"一梦江湖费五年";"十五年间真梦里";"万事到头都是梦,休休,明日黄花蝶也愁"等等。不仅如此,苏轼还对白居易的"百年随手过,万事转头空"下了一个转语,曰"休言万事转头空,未转头时是梦",意谓不但过去之经历如梦般虚幻,即当前的一切也虚幻如梦,较白诗更彻底,可见其人生虚幻意识的深化。从个人说,梦做到死为止,死被认作梦醒;但从人类历史说则生命不断延续,历史成为一个永无觉醒之期的大梦,如苏轼所说的"古今如梦,何曾梦觉,但有旧欢新怨"。这是将人生虚幻意识推广至于历史虚幻意识,又是一层深化。他还在诗中说:"物生有象象乃滋,梦幻无根成斯须。方其梦时了非无,泡影一失俯仰殊。"这又是将一切存在之物的存在都认作梦境了。总之,过去、现在、将来,宇宙、历史、人生,无不如梦,无不虚幻。既然如此,那么客我,即现实生活中姓苏名轼字子瞻的这个人的存在,这个人所经历的一切,从终极视角看,也不过是"梦"与"幻"罢了,因此不必过于坚执胶着,过于迂腐僵化想不开。

双重自我看人生,让苏轼走出了苏轼,苏轼成为苏轼眼中的第三者。客我之身的苏轼身陷世俗罗网,承担多重社会责任,面临多种社会冲突,亲历穷通宠辱际遇,尝遍人生百味;但无论客我走到哪里,主我就跟到哪里,主我时刻提醒客我,你既是你又不是你,在你之外还有一个你,肉身的你与世浮沉,精神的你与宇宙同在,因而不必坚执迂腐,达时不必得意,穷时不必悲凄。

终极视角和两重自我之意识,彻底解放了苏轼的思想,使他的精神、灵魂摆脱了现实的羁绊而自由飞翔于天和地之间。"天地之间",意谓既立足现实又超越现实,既超越现实又不脱离现实,天地之间有一根隐形的线,形成一个张力场。这就像哲学家康德所说的鸽子。柏拉图的"理念"的鸽子幻想在真空中更自由地向天空飞去,但没有空气的支持,没有大地的支持,飞翔终成泡影,鸽子也许会坠入柏拉图的"洞穴",在影子中爬行。而真正的哲人诗人的鸽子应该既不安于作洞穴中的爬虫,也不为真空的自由所诱惑,而是在天和地之间乘着气流飞翔。

终极视角和社会视角,主我与客我是苏轼灵魂生活的基本元素,是苏轼精神世界的奥秘。正是两种视角的协调互补,支配着苏轼的进退出处,使他能相对自由超脱地与各种现实人生困境相周旋,能够化"地狱"为"天堂"。

十 艰难困苦,玉汝于成

1. "艰难困苦,玉汝于成"的奥秘何在

"玉汝于成"出自北宋哲学家张载的《正蒙·乾称篇》,原话是:"富贵福泽,将厚吾之生也;贫贱忧戚,庸玉汝于成也。"意思是,富贵福禄的恩泽,是乾坤父母所赐,用以丰厚我的生活;贫贱忧戚,是用来帮助你成就一番事业的。这句话富含哲理,为后人所喜爱;为了让其流传更广,后人改"贫贱忧戚"为更通俗易懂的"艰难困苦"。

"艰难困苦玉汝于成"这句名言之所以为人喜爱,是因为它总结了,或者说道出了一个普遍规律,艰难困苦的生活境遇,常常是助人成功的必要前提。张载本人的人生经历,就是这一道理的一个注脚。

张载(公元1020—1077年)是北宋郿县(今陕西眉县)横渠人。张载年轻时喜欢研究兵法,曾上书范仲淹,希望能够组建兵团收复因西夏南侵失守之地。范仲淹很欣赏他的才学,劝他说:"读书人有自己的事业可做,何必非要谈兵呢?"张载便专心致志做学问。后来考中进士,先后当过几任地方官,因为敢于直言,触犯王安石,49岁辞官回家,专心读书治学。

横渠是个穷乡僻壤,张载虽有一些田地,但收入只够维持生计,还必须省吃俭用,但他怡然自得,根本不挂在心上。每天起来,

化解苦难

他一头钻进书房，关起门来整日苦读，时常思考问题而忘记吃饭和休息。深夜，妻儿早已酣然入睡，他躺在床上还若有所思。如有所得便披衣下床，欣然提笔。远近许多青年纷纷前来从师求学。有学生家境贫寒，没有学费，他反而补贴他们茶饭，和他们同甘共苦。在不懈的努力下，张载贯通佛道儒三家，创立了"关学"，成为一代理学宗师。

艰难困苦之所以能够"玉汝于成"，奥秘何在？

原因在于，既无艰难亦无困苦，处处坦途，顺风顺水，人完全不必做任何努力就可以活得很好，其身上的潜能完全不需要使用，自动地泯灭消亡了。这样一来，人就活成行尸走肉，活成废物，至少是成为毫无作为的动物性存在了。相反，生活中充满了坎坷、挫折、苦难、不幸，生命遇到阻碍，为了生存，生命必须焕发极大的能量克服障碍，于是平时被遮蔽被掩盖的潜能、活力、创造性被激发出来了。经过努力奋斗，终于成就了一番事业。设想，如果没有困难和挫折，你哪里来的事业，哪里来的成功？

由此可见，艰难困苦是人生之必须，没有它，人生将变得很无趣，很无意义。不信吗？让我们做这样一个假设：将一个人关在一间空屋子里，给他充足的食物、水、空气、甚至阳光，但不给他任何事做，不给他任何理睬，当然他也就不会遇到任何哪怕是一丁点的挫折和困境，就这么让他活着，却让他的心神没有着落没有个去处，永远只是度着空洞的时间。据说这会使任何英雄无一例外地发疯，并在发疯前渴望着死亡。这一假设告诉我们，人的一生，不能没有矛盾和困境，矛盾和困境让他有事可做，因而就焕发了生命的活力。无所事事对人类来说，实在相当于残酷的刑罚。

关于这一意思，作家史铁生借助生动有趣的比喻做过解说。他说，设若我们不管为了一个什么目的到一个地方去，坐火车要三天三夜。我们带上吃的、喝的等必需物，此外考虑到旅途的寂寞，还要带一副棋或一副牌，也可以是一本书。很明显，这不是活命的

十　艰难困苦，玉汝于成

需要，这是逃避、抗拒，或者说摆脱时间空洞的需要，是活命之后我们这种动物所不可或缺的娱乐。如果没有这些，有一个对话者或者自己进入想象打发时间也行。所有这些都证明了一点：无所事事的空洞时间是不堪忍受的。

坐火车无非两三天就完了，那么如果是人生呢？人生是一趟大车，在更为漫长的时间中走。我们落生人间，恰如上了一趟有七八十年乃至更长行程的列车。在这趟车上，有吃的、喝的、空气、阳光以及活命所需的一切条件。但若在这趟车上光有一副牌一副棋之类的玩艺就大大地不够，这一回我们不是要熬三天三夜，而是要度过一生！"无聊"这个词汇的出现，证明我们有点恐慌；前述那种最残酷的刑罚，点明了我们最大的恐惧并不是死亡，而是漫长空洞的时间。幸好上帝为我们想得周全，在这趟车上他还为我们预备了取之不尽用之不竭的各式各样的矛盾和困阻。这些矛盾和困阻显示了上帝无比的慈悲。有了它们，漫长的时间就有了千变万化的内容，我们的心神就有了着落，行动就有了反映，就像下棋就像打牌就像对话等等等等，借此我们即摆脱那种残酷的刑罚了。

在另一篇哲理散文《好运设计》中，史铁生设计了一个命运方方面面绝对好的人，没有一丝一毫的不如意，堪称是梦想成真，万事如意，可结果怎样呢？结果是他没有一点幸福感，他感到生活毫无意思。因为，幸福是以不幸为前提、为陪衬的，没有了痛苦和不幸，怎么来的幸福感？！于是，为了让他感受到幸福，必须给他的生命中加设困难、坎坷、挫折，给他一点必要的痛苦和磨难。而幸福感不是一次就给够的，幸福感是会麻木和老化的，于是，为了让他永远感受到幸福，就需要连续不断地永远给他痛苦和磨难。这是什么？这就是人生。说白了，人生就是一个与痛苦和磨难相周旋的过程，当然也同时是一个在此过程中战胜痛苦和磨难从而获得幸福和快乐的过程。

史铁生的思路绝对与一般人不一样，他是从终极、从哲学、从

· 201 ·

化解苦难

人生角度看问题,其结论是,痛苦和磨难是人生之必然,是让人之所以为人的前提和条件。没有痛苦和磨难的人生是不可想象的,也是非常可怕的。痛苦和磨难与人相伴相随,激发人的激情与活力,从而让人不断地创造出各种各样的业绩。换句话说,没有痛苦和磨难的人生是平庸灰暗的人生,而只有与痛苦和磨难相搏斗的人生,才是积极而辉煌的人生。

所以,"艰难困苦,玉汝于成"是一条千古不变的普遍规律;"艰难困苦"对于"玉汝于成"来说,不但是必然的,而且是必需的。

在艰难困苦中奋斗成功的例子,古今中外何止千万?!篇幅所限,无法尽述,以下所列,仅仅是随机的几例而已。

2. 赢得全世界人民尊敬的盲聋哑作家、教育家

海伦·凯勒(1880—1968),美国女作家、教育家。1880年6月27日出生于亚拉巴马州一个小城镇。其父是当地军队的最高长官,为人豪爽好客。海伦出生时是一个健康婴儿,深受父母宠爱。不幸的是,她一岁半时突患急性脑充血病,连日高烧使她昏迷不醒。当她苏醒过来,眼睛瞎了,耳朵聋了,灵巧的小嘴也不会说话了。从此,她坠入了一个黑暗而沉寂的世界,陷入痛苦的深渊中。

突然降临的灾难令小海伦性情大变。稍不顺心她便会乱敲乱打,野蛮地用双手抓食物塞入口里;若试图去纠正她,她就会在地上打滚乱嚷乱叫,简直是个十恶不赦的"小暴君"。家人意识到必须给她请一位家庭教师来给她施以特殊的管理和教育。通过帕金斯学院的院长的帮助,为海伦派遣了一位叫安妮·莎莉文的老师来辅导她。就是这个莎莉文,改变了海伦·凯勒的一生。

安妮·沙莉文女士也是位有不幸经历的女性。她10岁时和弟弟一起被送进孤儿院,在孤儿院的悲惨生活中长大。由于房间紧缺,幼小的姐弟俩只好住进放置尸体的太平间。在卫生条件极

差又贫困的环境中,幼小的弟弟6个月后就夭折了。她也在14岁得了眼疾,几乎失明。后来,她被送到帕金斯盲人学校学会了凸字和指语法,因此被委派做了海伦的家庭教师。

从此,沙莉文女士与这个蒙受三重残疾的姑娘的斗争就开始了。洗脸、梳头、用刀叉吃饭都必须一边和她格斗一边教她。固执倔强的海伦以哭喊、怪叫等方式全力反抗着严格的教育。然而,最终,沙莉文女士究竟怎样用一个月的时间就和生活在完全黑暗、绝对沉默世界里的海伦沟通的呢?

答案是这样的:自我成功与重塑命运的工具是相同的——信心与爱心。

关于这件事,在海伦·凯勒所著的《我的一生》一书中,有感人肺腑的描述:一位年轻的复明者,没有多少"教学经验",将无比的爱心与惊人的信心灌注入一位全聋全哑的小女孩身上——先通过潜意识的沟通,靠着身体的接触,为她们的心灵搭起一座桥。接着,自信与自爱在小海伦的心里产生,把她从痛苦的孤独地狱中解救出来,通过自我奋发,将潜意识那无限能量发挥,步向光明。就是如此:两人手携手,心连心,用爱心和信心作为"药方",经过一段不足为外人道的挣扎,唤醒了海伦那沉睡的意识力量。

然而,一个盲聋哑人要想与他人进行有声语言的交流几乎不可能,因为表达的每个出口都已向她紧紧关闭。但是,海伦是个奇迹。她竟然一步步从地狱走上天堂,不过,这段历程的艰难程度超出任何人的想象。她学发声,要用触觉来领会发音时喉咙的颤动和嘴的运动,而这往往是不准确的。为此,海伦不得不反复练习发音,有时为发一个音一练就是几个小时。失败和疲劳使她心力交瘁,一个坚强的人竟为此流下过绝望的泪水。可是她始终没有退缩,夜以继日地刻苦努力,终于可以流利地说出"爸爸""妈妈""妹妹"了,全家人惊喜地拥抱了她,连她喜爱的那只小狗也似乎听懂了她的呼唤,跑到跟前直舔她的手。

化解苦难

  一个既聋又哑且盲的少女,初次领悟到语言的喜悦时,那种令人感动的情景实在难以用语言描述。海伦曾写道:"在我初次领悟到语言存在的那天晚上,我躺在床上,兴奋不已,那是我第一次希望天亮——我想再没其他人,可以感觉到我当时的喜悦吧。"

  仍然是失明,仍然是瞎眼的海伦,凭着触觉——指尖去代替眼和耳——学会了与外界沟通。她10岁多一点时,名字就已传遍全美,成为残疾人士的模范——一位由弱而强的真正的强者。

  1893年5月8日,是海伦最开心的一天,这也是电话发明者贝尔博士值得纪念的一日。贝尔博士这位成功人士在这一天成立了他的著名的国际聋人教育基金会,而为会址奠基的正是13岁的小海伦。

  若说小海伦没有自卑感,那是不确切的,也是不公平的。幸运的是她自小就在心底里树起了颠扑不灭的信心,完成了对自卑的超越。

  小海伦成名后,并未因此而自满,她继续孜孜不倦地接受教育。海伦从小便自信地说:"有朝一日,我要上大学读书!我要去哈佛大学!"这一天终于来了。哈佛大学拉德克利夫女子学院以特殊方式安排她入学考试。只见她用手在凸起的盲文上熟练地摸来摸去,然后用打字机回答问题。前后9个小时,各科全部通过,英文和德文还得了优等成绩,海伦怀着热切的心情开始了大学生活。

  1904年6月,她作为世界上第一个受到大学教育的盲聋哑人,以优异的成绩从拉德克里夫学院毕业,成为一位学识渊博,掌握英语、法语、德语、拉丁语、希腊语五种语言的著名的作家和教育家。她走遍世界各地,为盲人学校募集资金,把自己的一生献给了盲人福利和教育事业。她获得了世界各国人民的赞扬,并得到许多国家政府的嘉奖。

  海伦不仅学会了说话,还学会了用打字机著书和写稿。她虽然是位盲人,但读过的书却比视力正常的人还多。海伦的触觉极

十 艰难困苦，玉汝于成

为敏锐，只需用手指头轻轻地放在对方的唇上，就能知道对方在说什么；把手放在钢琴、小提琴的木质部分，就能"鉴赏"音乐。她能以收音机和音箱的振动来辨明声音，又能够利用手指轻轻地碰触对方的喉咙来"听歌"。如果你和海伦·凯勒握过手，5年后你们再见面握手时，她也能凭着握手来认出你。

1924年，海伦开始为刚萌芽的美国盲人基金会募集基金，这项工作成为她生命的重点。1927年，她出版《我的宗教》，叙说她皈依斯维登堡教派的过程，1930年出版第二本自传《中流》。

在第二次世界大战之前，海伦·凯勒已是一位激烈的反法西斯主义者，战争期间，她支持美国介入战场，并且常受邀到军事医院探访。战后，她与汤普森代表海外的盲人环游世界。

海伦大学毕业两年后被任命为马萨诸塞州盲人委员会主席，开始了为盲人服务的社会工作。她每天都接待来访的盲人，还要回复雪片一样飞来的信件。后来，她又在全美巡回演讲，为促进实施聋盲人教育计划和治疗计划而奔波。到了1921年，终于成立了美国盲人基金会民间组织。海伦是这个组织的领导人之一，她一直为加强基金会的工作而努力。海伦用自己生命的全部力量四处奔走，建立起了一家家盲人、聋哑人的慈善机构，为残疾人造福，被美国《时代周刊》评选为20世纪美国十大英雄偶像之一。

在繁忙的工作中，海伦始终没有放下手中的笔，先后完成了14部著作。《我生活的故事》《石墙之歌》《走出黑暗》《乐观》等，都产生了世界范围的影响。海伦的最后一部作品是《老师》，她曾为这本书搜集了20年的笔记和信件，而这一切和四分之三的文稿却都在一场火灾中烧毁，连同它们一起烧掉的还有图书室、各国赠送的精巧工艺礼品。如果换一个人也许心灰意冷，可海伦痛定思痛，更加坚定了完成它的决心，她不声不响地坐到了打字机前，开始了又一次艰难的跋涉。10年之后，海伦完成了书稿。她很欣慰，这本书是献给安妮老师的一份厚礼，老师安妮也为此而感到无比骄傲。

　　1956 年 11 月 15 日,竖立在美国波金斯盲童学校入口处的一块匾额上的幕布,由海伦用颤抖的手揭开了,上面写着:纪念海伦·凯勒和安妮·莎莉文·梅西。这不是一块普通的匾额,而是为那些在人类文明史上写下了突出篇章的人们所设立的。的确,海伦把一生献给了盲人福利和教育事业,赢得了全世界人民的尊敬。

　　海伦的一生与"爱"相伴。年轻的莎莉文把她的爱心化作无比的耐心,使得海伦越过了盲聋学生学习中难以逾越的障碍,而海伦在学习知识的同时,也学到了莎莉文老师的爱心。凭着这份爱心,10 岁的海伦曾为一个 5 岁聋盲儿童成功地募集到了两年的教育费用。从那时起,她就已经立志要帮助世界上所有像她这样需要帮助的人。

　　她给世界以爱心,世界回报她崇高的荣誉。1919 年,海伦的故事被好莱坞搬上银幕,由她本人出任主演。1955 年,她荣获哈佛大学的荣誉学位,成为历史上第一个获此殊荣的妇女。从童年时起,海伦被每一任美国总统都邀请到白宫做客,还被政府称为全美三十名为国家做出突出贡献的杰出人士之一,荣获过美国总统亲自颁发的"自由奖",并被誉为美国的高级公民。1959 年,联合国在全球发起以她的名字命名的"海伦·凯勒"运动,以资助世界各地的聋盲儿童。1960 年,描写她成长经历的剧本《奇迹的创造者》获普利策奖,并被拍成电影。同年,美国海外盲人基金会在海伦八十岁生日那天,宣布颁发"国际海伦·凯勒奖金",以奖励那些为盲人公共事业做出杰出贡献的人。

　　1968 年 6 月 1 日,海伦·凯勒——这位谱写出人类文明史上辉煌生命赞歌的盲聋哑学者、作家、教育家,在鲜花包围中告别了人世。然而,她那不屈不挠的奋斗精神,她那带有传奇色彩的一生,却永远载入了史册,正如著名作家马克·吐温所言:"19 世纪出现了两个了不起的人物,一个是拿破仑,一个就是海伦·凯勒。"

海伦·凯勒被视为最富感召力的作家之一,她以生命创造了一个以坚强意志和毅力超越苦难的奇迹。

海伦·凯勒创造这一奇迹,全靠她那一颗不屈不挠的心。海伦接受了生命残酷的挑战,用自己所有的爱心去拥抱世界,以惊人的毅力面对令人难以想象的人生困境,终于在黑暗中找到了属于自己的人生,属于自己的光明面,最后又把慈爱的双手伸向全世界。海伦·凯勒是世界上少有的坚强女性人物。她的一生留给世界和人类的宝贵财富就是她面对苦难坚强不屈的精神,她成为闻名世界的超越苦难的代表性人物。

资料来源:根据海伦·凯勒自传:《假如给我三天光明》(华文出版社,2002)及相关材料整理而成。

3. 生下来没有四肢的国际演讲家和布道者

这里讲的是澳大利亚奇人力克·胡哲的故事。

力克·胡哲1982年出生于墨尔本。出生时罹患海豹肢症,即天生没有四肢。10岁那年,第一次意识到"人要为自己的快乐负责"。他是澳洲第一批进入主流学校的残障儿童,也是高中第一位竞选学生会主席的残障者,并获压倒性胜利,被当地报纸封为"勇气主席"。他是第一位登上《冲浪客》杂志封面的菜鸟冲浪客,在夏威夷与海龟游泳,在哥伦比亚潜水、踢足球、溜滑板、打高尔夫球样样行。他16岁第一次在小型聚会中跟同学分享自己的故事,"感动"的口碑就此开始。在决定以"激励他人"为生命目标后,他创设了"没有四肢的人生"非营利组织,实行各种创意行善,至今已在五大洲超过25个国家、举办1500多场演讲,给予(接受)数百万个拥抱,自称为"拥抱机器"。他获各国、各界领袖接见,在国会发表演说,常常在各国最大场地,如体育馆、斗牛场、表演厅或巨蛋演讲,也不断造访教会、学校、垃圾城、贫民窟、劝诫中心、监狱和红灯区。他散播希望与爱的行动,深受教师及家长赞誉,认为应该把他的故

化解苦难

事列入学校课程。至今已有六亿人听说了他的勇气人生。21岁大学毕业后,他取得会计及财经规划双学位,熟稔投资,并拥有自己的公司。他在2005年被提名为澳洲年度青年楷模。出版过两片畅销全球的DVD,写了两本书,为他量身打造的电影《蝴蝶马戏团》在2009年获"门柱影片计划"最大奖。

力克·胡哲的生命史的确是一个人类超越苦难的奇迹,其事迹感动了全世界。他的事迹主要记录在他自己所著的两本书(均为天津社会科学出版社出版)上:《人生不设限》(2011),《永不止步》(2012)。那么他是怎样超越苦难创造奇迹的呢?请看他的自述(节选自《永不止步》)。

我的行动信念

我常常发现,当我们寻求上帝的帮助,然后采取行动时,只要心里想着他在注视着我们,就没有什么可害怕的。我的父母亲通过他们的日常生活方式教我懂得了这一点。他们是我所见过的寓信念于行动的最伟大的范例。

虽然我来到世上的时候遗漏了——就像我母亲说的那样——"一些零部件",但是我在很多方面是幸运的。我的父母亲永远都在支持着我。他们从来不溺爱我,而是在我需要的时候训导我,并且给我留出犯错的空间。最重要的是,他们两个本身就是我了不起的榜样。

我是家里的第一个孩子,而且绝对是出人意料的一个。虽然我母亲的医生为她做了产前的所有例行检查,但却没有发现任何迹象说明我会没胳膊没腿地来到这个世界。我的母亲自己就是个经验丰富的护士,协助过几百次接生工作,所以她在孕期把所有预防措施都做过了。

不用说也知道,当没有四肢的我呱呱坠地的时候,她和我父亲都惊得目瞪口呆。他们两个都是虔诚的基督徒。事实上,我的父亲还是一个带职传道人。出生后我有好几天的时间都在接受身体检查,而这期间我的父母亲一直都在祈祷上帝的指引。

跟所有婴儿一样,我出世的时候也没有带着说明书来,但是我的父母亲肯定会希望能得到一点点指引。在这个为健全躯体而设的世界上,他们所认识的父母中没有一个有抚养缺少四肢的孩子的经历。

他们最初是感到手足无措,换了任何一对父母都会如此。愤怒、自责、担忧、沮丧、绝望——在最开始的大约一个星期里,他们纠结于各种情感之中。那是一段以泪洗面的日子。他们本来想象的是一个全须全尾的孩子,结果却没能如愿,这让他们伤心欲绝。而担心我的人生从此将会荆棘重重也让他们悲痛难当。

我的父母亲无法想象,在上帝心里,会为这样一个男孩儿做出怎样的安排。然而,在从最初的震惊中恢复过来的第一时间里,他们就决定相信上帝,并且寓信念于行动。他们不再花费心思去弄明白上帝为什么给了他们这样一个孩子,而是决定接受他的安排——无论这安排是什么——然后开始竭尽所能地抚养我,这也是他们唯一能做的事:每天都向我倾注他们全部的爱。

为某个目标量身定做

我的父母亲在尝试过澳大利亚所有的医疗资源后,又在加拿大和美国为我四处求医,并且不放过世界上任何一个能够提供希望和信息的地方。他们虽然得到了很多理论方面的东西,但却一直都没能找到针对我这种情况的完整的医学解释。几年后,我的弟弟亚伦和妹妹米歇尔相继出生,他们四肢健全,如此看来基因缺陷就不是问题所在。

过了不久,为何我被创造成现在这个样子就不再是一个重要的问题,取而代之的是如何让我生存下去。比如这个男孩儿该如何学会不用腿走路?如何生活自理?如何上学?如何在成年后养

化解苦难

活自己？当然，有这些担忧的人并不是襁褓中的我，那时候我还不知道自己的身体并非标准配置。我以为人们盯着我看是因为我太可爱了。我还相信自己是摧不垮也挡不住的。当我习以为常地把自己像一个人体布袋一样从沙发上扔到地板上，在车座上动来动去和在院子里打转儿的时候，我可怜的父母亲就忍不住泪水夺眶而出。

你一定能够想象出，当他们第一次看到我乘着滑板从一个陡峭的山坡上冲下来时的那种担心。看啊，妈妈，不用手也能动！尽管他们细心周到地为我准备了轮椅和其他工具，但我依然执拗地开发我自己的移动手段。每当我需要从卧倒的姿势改为直立时，我都坚持不用别人帮忙，而是用额头顶住墙面、家具或任何其他静止的物体，然后慢慢扭动着身体立起来，所以我前额的皮肤就像大多数人的脚后跟那样粗厚。

让许多不知情的旁观者感到震惊的是，我居然还喜欢往游泳池和湖里跳，那是因为我发现稍稍憋气就可以让自己浮在水面上，同时再用我的小脚划水，这样就可以游泳了。后来的事实证明，那只方便小巧的器官相当有用，因为在接受一次手术后，我那两个粘连在一起的脚趾被分开，让我能够灵活运用它们，而且熟练度简直惊人。在有了手机和笔记本电脑之后，我还能够用脚来打字和发短信，说明这只小脚也是一种福佑。

我终于懂得了一个道理，精力应该投入到解决方案上，而不是被浪费在问题上，应该专心做事，而不是一味忧虑。我发现当自己置身于某件事的进程中，就会有种雪球效应。我的动力被激发，我解决问题的能力会增加。都说天道酬勤，如今在我身上实实在在地发生了。随着时间推移，上帝为我设计的人生逐渐揭晓。如果你把自己的恐惧和担忧交付给上帝并寓信念于行动，同时积极寻找出路，积累动力，并相信上帝会为你指明道路，那么这些恐惧和担忧最终也会烟消云散。

十　艰难困苦，玉汝于成

在今后的日子里，你仍会面对挑战和挫折。它们本来就是人生的一部分。但只要你寓信念于行动，就会变得势不可挡，并把一切障碍看作是学习和成长的机会。说实话，我自己也不是一直都喜欢挑战的。有时候当挑战一来，我就想问问上帝，"难道你给我的挑战还不够多吗？"但是这种事发生得多了，如今我已经能够运用自己所学，让这些经历由难事变成好事。

我曾经有过太多次这样的学习机会，所以现在才能"久病成良医"。就像你可能已经想象到的，我的最大障碍发生在青春期，在人生的那个时期里，我们都在努力想清楚自己是谁，能扮演什么样的角色——或不能扮演什么样的角色。

尽管我有许多朋友，在学校里人缘也不错，但还是难免被恃强凌弱者骚扰。我曾不止一次遭遇别人的恶言恶语。虽然我天性乐观，意志坚强，但还是逐渐认识到自己永远都不会像其他人一样，也不可能做到健全的正常人能做到的每一件事。

我经常拿自己没有四肢的事来开玩笑，于是越来越为一种想法而痛苦，那就是我无法养活自己，因此会成为那些爱我的人的包袱。我的另一大恐惧源于我永远都不能结婚成家的想法，因为没有哪个女人会愿意要一个不能拥抱她，保护她，也不能抱起孩子的丈夫。青春期那些年里，我经常焦躁不安，心理忧郁。我想象不出上帝为什么要把我创造出来，让我承受这样的失落和孤独。我想知道他是否在惩罚我，甚或是否知道我的存在。我的出生是一个错误吗？上帝爱他所有的孩子，又怎么能这么残忍？

从八岁长到十岁的那段时间里，那些消极的想法引发了我的绝望和自我毁灭的冲动。我开始想办法自杀。我记得自己精心策划着从高处跳下来或者把自己淹死在浴缸里，因为自从我学会游泳后，父母亲就不再担心把我一个人留在浴缸里。

十岁那一年，我终于实施了在浴缸里自杀的想法。我试了几次把身体翻过来，然后把脸埋在水下，但是怎么都坚持不下来。我

化解苦难

脑子里不断想着，如果我结束了自己的生命，那么父母亲的后半生就会在痛苦和自责的重压下度过。我不能这样对他们。

在那段情绪最低落的时间，我看不到自己的人生有什么目标。如果我不能养活自己，也不配拥有一个女人的爱，那我还能有什么用处呢？我担心自己将会孑然一身，虚度一生，而且还是家人的包袱。我青春期的绝望源于对自己个人，对自己的目标，对自己的造物主缺乏信念。我看不到出路，因此不相信自己有可能拥有一个目标明确而有意义的人生。因为上帝没有满足我的请求，赐予我长出四肢的奇迹，所以我就对他失去了信念。

你可能也有过类似的经历。或许你眼下就在应对一场挑战。若果真如此，那么请了解失去信念让当时的我错得多么离谱，眼界变得多么狭隘。我忘记了一点，上帝是不会犯错的，他对我们自有安排。

在接下来的几年里，我越来越了解上帝的用心，而且我的人生画卷开始以我做梦都不敢想的方式铺展开来。我的父母亲鼓励我走出去，到同学们中间，要我相信大多数世人是愿意接受我的。当我照做的时候，我发现他们实际上都为我战胜残疾的故事而备受鼓舞。有些人甚至觉得我这个人很有趣！他们的认可激励了我，我开始到学生社团和教会组织去演讲。那些积极的反馈回应让我豁然开朗。时间一长，我意识到自己的目标之一就是激励人们去战胜他们各自的挑战，把他们聚拢在上帝身边——如果他们愿意的话。

我开始相信自己的个人价值。随着我把对上帝的信念更多地付诸行动，那些信念本身也越来越强。当我寓信念于行动，并且开始投入作为国际演讲家和布道者的事业，我收获了一种快乐并且非常有价值的人生，它让我周游世界各地，让成百上千万人都认识我，现在你也认识了我！

十　艰难困苦，玉汝于成

不需要证明

你和我都看不到上帝为我们准备了什么。正因如此，你才不应该断定那些最可怕的担忧就是你的宿命，不应该断定你跌倒后就不能再站起来。你一定要对你自己，对你的目标和对上帝为你做出的人生规划有信念。然后一定要把恐惧和不安抛在脑后，并相信你会找到出路。也许你猜不到前路有些什么，但是对人生施加影响总好过仅仅让人生对你施加影响。

如果你有信念，就不需要证明——它本来就存在于你的人生之中。你不需要让所有的答案都是正确的，只要问题是正确的就好。没有人知道未来是怎样的。大多数时候，上帝的计划不是我们所能掌控的，通常甚至不是我们所能想象的。当年那个十岁的男孩儿绝对不会相信，用不了十年时间，上帝就会送他去世界各地为数百万人演讲，激励他们并指引他们信奉耶稣基督。我还没有想到的是，某一天会有个聪明、活泼、勇敢、漂亮的姑娘爱上我，而且那种爱比家人对我的爱有过之而无不及，而这个姑娘就是我新过门的妻子。当年那个一想到未来就陷入绝望的男孩儿如今已经是一个淡定的男人。我知道我是谁，我一步一步前行，心里想着上帝就在我的身边。我的人生目标明确，洋溢着爱。那么，我的所有日子都是无忧无虑的吗？我每天都能享受到阳光和鲜花吗？不是的，我们都知道人生并非如此。但是上帝让我沿着他早已设定好的道路前行，因此这个过程的每一时每一刻都让我对他充满感激。你和我生存在这个世上都是带着目标的。我已经找到了我的那个，而听了我的故事后，你也应该确信你的那条路正在前方等你。

信心与收获

只要你肯相信你会找到属于自己的那个目标，并一步步在发现之旅上前行，你就会像我一样认识到，上帝为你做出的人生规划远远超过了你的想象力。举个例子，我可能永远都不会被赐予长出四肢的奇迹,但是我曾经有好多次看到自己成为别人眼中的奇迹。我所有的经历,包括把我引上自杀计划的那种绝望,都让我能够充分理解其他人的挣扎。

我这个奇迹能够打开你的眼界,鼓舞你的意志,激发你的勇气,让你相信有人爱你,让你为目标努力前行。

资料来源:力克·胡哲:《永不止步》(刘琨翻译),天津社会科学院出版社出版,2012。

附录:力克·胡哲语录

(1)上帝在我生命中有个计划,通过我的故事给予他人希望。

(2)人生最可悲的并非失去四肢,而是没有生存希望及目标!人们经常埋怨什么也做不来,但如果我们只记挂着想拥有或欠缺的东西,而不去珍惜所拥有的,那根本改变不了问题!真正改变命运的,并不是我们的机遇,而是我们的态度。

(3)人生的遭遇难以控制,有些事情不是你的错,也不是你可以阻止的。你能选择的不是放弃,而是继续努力争取更好的生活。

(4)你不能放弃梦想,但是可以改变方向,因为你不知道在人生的拐角处会遇到什么。

(5)即使是我生命中最糟糕的事情,对于别人依然有着非凡的意义。

(6)没手,没脚,没烦恼。

(7)如果发现自己不能创造奇迹,那就努力让自己变成一个奇迹。

(8)态度决定高度。

(9)失败不可怕,要继续尝试。

(10)我热爱我的生活,没什么可以阻挡我,但是我时时刻刻都快乐吗?不,我也会伤心,我有时候也会哭,那倒并不是因为我没有手脚,这倒容易接受,我是担心如果我爱的人受了伤,我却什么也不能做,这会让我感到十分痛苦。

(11) 我仍热爱生活,因为我对生存的渴望。

(12) 在生命中,我们不能选择什么,却可以改变什么。

(13) 只要你一天没有放弃,那么你就还没有失败。

(14) 如果你正打算放弃梦想,多撑一天、一个礼拜、一个月、再多撑一年。你会发现拒绝退场的结果令人惊讶。

(15) 虽然环境不能改变,但你却可以改变自己的心,改变你看待自己人生的眼光,让我有机会拥抱你,希望透过我自己的故事来激励你。梦想更大,永不放弃!

(16) 认为自己不够好,这是最大的谎言;认为自己没价值,这是最大的欺骗。

4. 无臂钢琴师

刘伟,男,1987年10月出生于北京,钢琴师、音乐人。第一季《中国达人秀》总冠军,2012年获"感动中国十大人物"称号。

刘伟上小学的时候,正是中国足球开始走向职业化的时候,成为职业球员是他的理想。上小学三年级的时候,10岁的他已经是绿茵俱乐部二线队的队长,司职中场。他欣赏的是巴西球队,但偶像是哥伦比亚的"金毛狮王"巴尔德拉马,因为他够狂野。

但是,十岁时猝不及防的一场灾难毁灭了他的梦想——高压电击掉了他的双臂。灾难的起因是,刘伟家附近有一个简陋的配电室,墙是用土砌的,很矮,一翻就能进去,里面的电线裸露在外。3个孩子玩捉迷藏,刘伟往墙上爬的时候,触到了高压线。

醒过来的时候,他已经躺在了医院的病床上。刚开始,他不认为这是一件多严重的事情,"不就是截肢吗?好了再接上不就行了"。脱离生命危险之后,刘伟被告知,他永远失去了双臂。他说当时脑袋一片空白,人整个吓傻了。

在医院做康复的时候,他遇到了北京市残联副主席刘京生,刘

化解苦难

京生同样是一位失去双手的病人。他能自己吃饭、刷牙、写字,而且事业上也非常成功。刘伟说从刘京生身上自己学会了很多。从此时起,他学会了独立自强,开始了艰苦锻炼,失去双手半年后,他就学会了用脚刷牙、吃饭、写字。

治疗康复的两年里,他没有再进学校。在用了一个暑假的时间补习后,他又回到原来的班里,期末考试他仍然是全班前三名。"从那个时候起,我开始努力学习了。任何事情我只要想学,都能学得很快,做得比别人好。"没有双臂的刘伟开始面对别人的议论,开始勇敢地面对生活。

此时,他第一次看了世界杯电视直播,但足球梦对他来说已经破灭,于是12岁时开始学游泳,进入了北京市残疾人游泳队。仅仅两年,他就在全国残疾人游泳锦标赛上获得了两金一银。这已是2002年的事情了,北京已经获得了举办奥运会的资格。刘伟对母亲许下承诺:在2008年的残奥会上拿一枚金牌回来。

命运对刘伟的残酷之处在于,总是先给了他一个美妙的开局,然后迅速地吹响终场哨。在为奥运会努力做准备时,高强度的体能消耗导致了免疫力的下降,患上了过敏性紫癜。医生告诉他母亲,高压电对于刘伟身体细胞有过严重的伤害,不排除以后患上红斑狼疮或白血病的可能,他必须放弃训练,否则将危及生命。怎么办?别无选择,刘伟只能放弃——总不能为了比赛命都不要了吧!

已经19岁了,高考临近,他的成绩并不差,但他对上不上大学有了疑虑。一阵内心激烈冲突之后,他决定选择音乐,这是他足球和游泳之后的另一项爱好。他说:"人最开心的事情就是能从事自己喜欢的职业,所以我最终选择了音乐。"家人反对他走这条路,但终于拗不过他,只好借钱买了钢琴。

接下来的问题是——去哪儿学呢?他们向一家私立音乐学院求助,希望能在这里上学,但校长看到刘伟的情况后竟然冷冷地说:刘伟进我们学校学音乐只能是影响校容。刘伟的回应是:谢谢

十 艰难困苦,玉汝于成

你这么歧视我,我会让你看看我是怎么做的。

用脚弹琴是艰难的,这需要勇气和想象力,许多人用手弹尚且需要很多年才有起色,何况是用脚!练琴的艰辛超乎了常人的想象。由于大脚趾比琴键宽,按下去会有连音,并且脚趾无法像手指那样张开弹琴,刘伟硬是琢磨出一套"双脚弹钢琴"的方法。每天七八个小时,练得腰酸背疼,双脚抽筋,脚趾磨出了血泡。三年后,刘伟的钢琴水平达到了专业七级。

在脚趾头一次次被磨破之后,刘伟逐渐摸索出了如何用脚来和琴键相处的办法。如同在足球、游泳上的表现,他对音乐的悟性同样惊人。奥运会时,只学了一年钢琴的刘伟上了北京电视台的《唱响奥运》节目,当着刘德华的面,弹了一曲《梦中的婚礼》。接着,他弹着钢琴,与刘德华合唱了一首《天意》,并为其创作歌曲《美丽的回忆》。

刘伟从此进入公共视野,引起人们的热情关注。他的身影开始频频出现于电视台及各种公共场所,他的事迹成为鼓舞千百万人积极奋斗的榜样——

2008年8月,CCTV-10《讲述》播出刘伟的故事《断臂琴缘》。2009年12月,参加在广州举行的全国双上肢障碍者书画及才能展示活动。2010年3月,赴意大利参加世界吉尼斯纪录,创造了用脚打字一分钟251个英文字母的世界纪录。2010年7月,参加东方卫视《中国达人秀》,同年10月,摘得第一季《中国达人秀》总冠军头衔。2010年9月,参与上海市教委励志公益片《梦的旋律》拍摄。2010年10月,与刘德华、成龙、林志玲、谭晶、刘翔等世博代言人同台参与上海世博会闭幕式晚会,并为此拍摄志愿者VCR。2010年11月,达人秀夺冠后首赴美国迈阿密访问,于皇家加勒比游轮"海洋魅力号"上举办小型演奏会,为全世界媒体及观众现场表演《梦中的婚礼》、《神秘园》及自创钢琴曲《希望》。2010年12月,在2011东方卫视跨年晚会中,与王力宏合奏并演唱歌曲

化解苦难

《手牵手》。2011年1月,获得百度旗下奇艺网之"改变视界因我不同"年度盛典颁发的"年度新人奖"。2011年1月,代表中国,赴奥地利参与《庆祝中奥建交40周年维也纳金色大厅音乐盛典暨2011年中国年开幕式》,并于维也纳金色大厅演奏一曲《梁祝》……

2012年2月被评为"感动中国十大人物"。感动中国推选委员易中天这样评价刘伟:无臂钢琴师刘伟告诉我们,音乐首先是用心灵来演奏的。有美丽的心灵,就有美丽的世界。推选委员陆小华说:脚下风景无限,心中音乐如梦。刘伟,用事实告诉人们,努力就有可能。今天的中国,还有什么励志故事能赶上刘伟的钢琴声。

刘伟以坚强的意志,顽强的毅力战胜苦难的事迹感动了大众,他化解苦难的励志名言也在公众中广泛流传:

(1)我觉得在我的人生中只有两条路,要么赶紧死,要么精彩地活着。

(2)我觉得我的生命里有三样东西不可以少,空气,水,音乐。

(3)我从来没有把我当什么特殊群体,我觉得我跟别人没有任何不一样,我只觉得你们用手做的事情,我用脚做。只是换了一种方式而已,没有不一样。

(4)我深信,你们做得到的事情我也做得到,你们做不到的事情,我也一定可以做到。

(5)男人要对自己的梦想负责,我的梦想就是成为一个一流的音乐制作人。我想比别人走的好,那就比谁都辛苦。我觉得达人就是用自己的灵魂自己的生命去演绎自己的人生。

(6)希望大家看到的世界都是非常美丽的,可能有些小小的不顺,或者是一些坎坷,那都是证明你以后的人生是美好的。

(7)谢谢你这么歧视我,我会让你看看我是怎么做的。

(8)我能像正常人一样生活,养活自己,虽然我体会不到拥抱别人的幸福感,但我能够在琴声中感受到更多的幸福。

(9) 刚开始困难简直是一座山,但是后来通过努力拿到全国第一时,再回头看那困难只是一个小小的台阶。

(10) 我觉得现在每个人心里最重要的就是珍惜你现在拥有的,努力去得到你未来想要的。因为自己经历了一些事情,有的时候需要告诉自己,走下去,至少我还有一双完美的腿。

5. 美与人性的使者

这里讲的是残疾女孩儿邰丽华的故事。

邰丽华1976年出生于湖北省宜昌市,1998年湖北美术学院毕业,本科学历,其后在武汉第一聋哑学校当了一年教师,即进入湖北省残联艺术团,2002年调入中国残疾人艺术团。现任中国残疾人艺术团团长、舞蹈演员、艺术总监,中国特殊艺术协会副主席。

邰丽华曾先后获得第三、四届全国残疾人艺术会演一等奖,第五届全国残疾人艺术会演金奖,文化部、国家广电总局、国家新闻出版署、中国残联共同主办的第二届"奋发文明进步奖"个人文艺奖,被评为"全国自强模范"、"全国劳动模范和先进工作者"、"巾帼建功先进个人"。此外,她还是全国"五一"劳动奖章获得者、中国青年"五四"奖章获得者。

2005年,由她领舞的舞蹈《千手观音》获中央电视台春节联欢晚会歌舞类节目一等奖、晚会特别大奖。

刚出生时的邰丽华一切正常。不幸的是,两岁那年,她几日高烧不退,医生接连注射链霉素,烧退了,她却因此失去了听力,彻底进入了一个无声的世界。五岁时,她喜爱上了舞蹈。舞蹈对于她来说,是儿时的嬉戏,是精神的寄托,是感受这个世界的特定方式,更是重新定位人生的砝码。

1989年的一天,是邰丽华特别看重的一天,因为今天她要第一次正式接受专业的舞蹈训练。武汉市歌舞团一位姓赵的女老师在看到她是个可造之才的同时,又觉得无法有效地进行交流势必

化解苦难

成为训练过程中最大的阻碍。因此,赵老师只答应先试练一段时间,看看邰丽华的领悟能力再说。但邰丽华知道,在自己未来的人生中,在自己喜爱的舞蹈艺术中,只要前面有路,不管路上有多少荆棘和险滩,她都要坚强地踏过去。

那一天,在武汉市歌舞团的排练厅里,有镜子、把杆儿、木地板,当然还有不需要音乐的邰丽华。赵老师考验这个新学生的第一个舞蹈就是1986年由杨丽萍创作并首演的《雀之灵》。对于几乎毫无专业基础的邰丽华来说,就是一个天堑。擦腿不到位,提腿不准确,手位不协调——在赵老师看来,邰丽华关于舞蹈的一切似乎都不能令人满意,尽管13岁的邰丽华额头上已是汗水涔涔了。最后,赵老师干脆就把柔弱的小姑娘一个人扔在了排练厅,自己拂袖而去。

空荡荡的排练厅,微微的喘息声,巨大的镜子里娇小玲珑的身影。或许邰丽华没有想到这是老师对她的另一种考验。但不管怎样,一切困难在她眼里都是正常的,外面的世界,再大的惊涛骇浪在她心中都只是一汪静水,无法阻止她继续舞蹈。

此后的半个月,她将自己变成了一只旋转的陀螺,24小时中除了吃饭和睡觉,其他时间都是在舞蹈。开始的时候,她只能原地转几个圈,半个月之后就能转到两三百圈。她只用了半个月的时间,就让赵老师对她重新燃起了希望的火焰。

音乐是舞蹈的天然催化剂。正是凭借音乐的激情和节奏,舞蹈家们才能将自己对音乐的所有感受表现为躯体的流动。一曲《雀之灵》,究竟有多少节拍,邰丽华从来没有仔细计算过。但有人为她计算过——700个左右。对于处在无声世界里的邰丽华来说,要想让自己的舞蹈和这700多个节拍完全合上,唯一的方法就是记忆、重复、再记忆、再重复。重复到最后的时候,她的心里已经有了一支永远随时为她响起的乐队。

1992年10月,意大利斯卡拉大剧院举办了被称为人类艺术盛典的"无国界文明艺术节",在世界顶级的舞蹈家、音乐家中,邰丽华作为唯一参加演出的残疾人,被誉为"美与人性的使者"。

2000年9月,邰丽华随团来到顶尖的艺术圣殿——纽约卡内基音乐厅。一幅以她表演的舞蹈《雀之灵》为主题的巨型海报,是卡内基音乐厅里唯一的中国剧照。

2002年10月,在日本,出席世界残疾人领导人会议的代表把中国残疾人艺术团称为"人类特殊艺术的火炬"、"全球六亿残疾人的形象大使",而作为艺术团的形象大使,邰丽华也代表着中国6000万的残疾人。

2003年3月,邰丽华随团出访波兰,她表演的《雀之灵》感动了波兰总统夫妇及观看演出的所有观众。当大家知道邰丽华听不到自己的掌声时,许多人都流下了伤心的泪水。6月中旬,中国残疾人艺术团成为内地第一个,也是世界上第一个在"非典"之时到香港演出的艺术团体。演出当天,人们提前从四面八方赶到演出地点。演出结束后,观众久久不肯离去。

2004年2月底,邰丽华带病随团出访文莱,演出引起空前轰动。而在当地,邰丽华的事迹更被众人所了解。3月初,邰丽华在经医院诊断并强烈建议她卧床休养的情况下,坚持随团出访韩国,以极大的责任心成功地完成了这次出访演出工作。6月18日,在美国洛杉矶举办的首届好莱坞国际电影电视节上,由邰丽华担任主要演员的舞台艺术片《我的梦》获得最佳电视艺术片奖,反映邰丽华及残疾演员艺术之路的纪实片《与梦同行》获最佳电视专题片奖。9月28日,在雅典残疾人奥运会闭幕式上,邰丽华带领中国残疾人艺术团聋人舞蹈队表演的《千手观音》震撼了世界,向全世界展示了灿烂的中华文化以及特殊艺术与人性之美,为中华民族赢得了荣耀。

"从不幸的谷底到艺术的巅峰,也许你的生命本身就是一次绝美的舞蹈。于无声处,展现生命的蓬勃,在手臂间勾勒人性的高洁,一个朴素女子为我们呈现华丽的奇迹。心灵的震撼不需要语言,你在我们眼中是最美。"这,正是对邰丽华最恰如其分的评价。

资料来源:《100位新中国成立以来感动中国人物》,北京工业大学出版社,2009。

6. 流浪汉残手练就新字体

这里讲的是双手残疾的流浪汉崔显仁创造一种新字体,被收入方正字库的故事。

崔显仁是黑龙江省绥化市望奎县惠七满族自治镇的农民。1993年10月,一场意外的油桶爆炸,使他全身40%烧伤,双手和脸被毁,左右手都只有食指和无名指能轻微活动。用他妻子的话说:"左手就像猪手,右手也完全没有手样了。"

飞来横祸之后,他开始寻找自己可以做的事。"我小时候写字很好,想着要不就练练字吧。"于是崔显仁开始练习书法。由于双手残疾,他只能用粉笔写字。练好字就出门去卖艺、赚钱,这是崔显仁在大难之后给自己定下的目标。他在家练习了十年。每天写十几个小时。拿不住粉笔,就用小刀把粉笔削扁,没有东西用来练字,他就找来一块胶合板涂上黑墨水,写一个字擦一个字。渐渐地,他琢磨出一套写字方法:用左手的两根弯曲的手指抵着粉笔头,右手再握着左手缓慢移动,去"画"出一个个粉笔字。

手上萎缩的肌肉被训练得灵活了,他开始发挥想象力,把机械的笔画变得更繁复优美——一个点拉长了,变成调皮的小尾巴;一撇绕了个弯,成了轻盈的丝带;"多"字微妙变形,仿佛比翼双飞的鸟儿。

2004年,他觉得自己可以出门去卖艺了。

第一次出门,崔显仁去的是离家最近的绥化市,只一周,就逃回了家。"一开始害羞啊,不敢面对人家看我。不舒服。"他回忆最初卖艺的经历,无论是走路还是写字,都不敢抬头,怕自己的样子

十 艰难困苦，玉汝于成

吓到别人。

更麻烦的是，他照顾不好自己。他握不住筷子，扣不了纽扣，更洗不了衣服。看着丈夫"脏得不成人样"，妻子忍不住劝说"不要再去了"。

崔显仁没有就此打住。他让妻子把衣服上的纽扣全部改成按扣，又一次离开了家，渐渐地，越走越远。他的足迹遍布哈尔滨、长春、沈阳、大连、烟台、威海、青岛、南昌、重庆、深圳……"谨慎应酬无懊恼，耐烦做事好商量"、"是非不必争人我，彼此何须论短长"……书写的内容是崔显仁自己看书总结来的，藏在脑子里，有好几百句。

"我不是在讨钱，而是让人在欣赏我的字时，赏给我一点钱。"写字的收入微薄，一开始，每天只有几元，白天写字，晚上露宿街头。渐渐地，每月有了七八百元收入，崔显仁终于让妻子住上10元一宿的小旅馆。为此，他写字写得手"钻心疼"，睡梦中也"疼醒过来"，肉里还嵌进了花花绿绿的粉笔末。

写字养家，崔显仁花了15年，做到了。

2011年10月7日，一位网名叫"CMYKer"的网友在烟台的一个卖海产品的早市上遇到了崔显仁，他在微博上发布了照片，同时发到方正字库官方微博。这一无心之举，却促成了方正字库内部的一项重要决定：找到粉笔哥崔显仁。

2011年10月10日，方正电子在微博上发起了"寻找粉笔字老人"的活动，此条微博仅一天时间就被转载上千条。题外话是，崔显仁其实不到50岁，因为磨砺的沧桑，而被误认为老人。

在数千网友和众多媒体的帮助下，2011年10月12日，方正电子字库业务部工作人员在烟台找到了崔显仁。从北京飞到烟台找人的王海潮还记得自己带崔显仁去吃饭，在一家普通的面馆点了一份27元的套餐，崔显仁的回答是："不要点这么贵的饭，27元顶我一周的饭费啊，我真的不需要。"

方正字库决定和崔显仁合作,一起制作一款字体。

从粉笔字到电脑字体,还有很长一段路要走。第一步要做的,是由崔显仁给出字体的基础稿,然后再对其进行逐字的数据化设计。方正电子字库业务部开发副总监仇寅告诉记者:"我们对粉笔字稿从开发字库的角度要进行专业的分析。崔显仁的字体书写意味特别浓郁,具有亲切感。他在书写的过程当中,采用了双钩和单线并用的手法,直线和弧线的穿插,根据笔画的多寡,随形而用,随遇而安,很有特点。在构思方面非常巧妙,不墨守成规。他对传统的宋体字进行了修饰和美化,而且把中国传统纹样,像水纹、云纹的样式运用到了汉字当中来。"

这样浓郁的风格要变成可操作的字库,需要解决很多具体问题。比如:汉字的结构特征当中,横划的笔画是比竖划要多得多。要照顾到很多笔画复杂的汉字显示清晰,就要对横划做简约处理;还有,比如"学"上面的"三点"怎么处理,都需要专业的字体设计师进行后期分析。

直到 2013 年 4 月字库正式发布,历时一年零三个月,字库完成全部 7156 个汉字的设计。

2013 年 5 月 3 日,方正显仁体的淘宝销售量达到 5603 件。而在未来 50 年内,这一字体所有利润都将归崔显仁所有。2013 年 4 月,"方正显仁简体"正式发布,半个月内出售 5600 件。就此,一个流浪汉笔下的字体,历经一场网络奇遇,来到你我的电脑中。

资料来源:《申江服务导报》,2013 年 5 月 8 日,作者:姜晟颖。

后 记

  这本小书，看似容易却写得颇为不易。前后写了三稿，前两稿属于一个思路。一个人的思路一旦形成，就成了固化的模式，要想自己打破，颇不容易。但我自己知道，既成思路并不理想。可是惰性这一人性弱点暂时支配着我，我也不想大动，也不知道怎样大动，于是对第一稿修修补补就交出版社了。在编辑过程中，本书系的创意和策划者王四朋先生对这套书期望甚殷，他也看出书稿思路的不理想，他希望能做得好一些，希望再做一些修改。在四朋先生的启发和鼓励下，我下决心彻底打破原来构思和既成框架，这才成了现在这个样子。

  "现在这个样子"就很好吗？就满意了吗？当然不。不过，目前暂时就这样了，将来想法变了，当然还可以再突破，再修改。

  这本书的写作过程，让我再一次深深体会到，写书真是个没有标准，永无止境的事儿。正应了一句流行广告语："没有最好，只有更好。"你以为不错了，那只是目前的视野和思考能力限制了你，你的方法和角度限制了你。这时候，你最好不要"自封"，也不要"故步"，而是要静一静，等一等，过些时候换个角度或许就能发现新的天地。这是一个淡淡的郁闷烦恼的过程，也是一个激情涌动的过程。有一个东西缠绕着你，逼着你突破，其实是很好的事儿。没有这个，人的思维就真的故步自封起来了，那样就没意思了。

化解苦难

  关于"化解苦难"话题本身,我不想再说什么了。化解苦难问题,首先是个思想认识问题,因此就需要从思想上,或者说是从理论上、认识上把苦难想清楚、想透彻,想明白了就能"开心"(打开心锁)。这方面史铁生做得最好,对此,本书第一章做了重点介绍。

  其次,化解苦难更是个实践问题,即重要的是看你面对苦难怎么做。为此,本书在每一个能够化解苦难的精神因素下,列举了诸多勇敢与苦难相抗争并超越了苦难的例子。他/她们的人生实践让我们敬佩,给我们启发和力量。榜样的力量是无穷的,有他们在,我们在面临苦难时就知道该怎么想,该怎么做,就不至于颓废和沉沦。

  笔者在写作过程中常常想,一般人(当然包括我)在生活中都会遇到大大小小这样那样的苦难,但我们的苦难还能比他/她们更大吗?人家都那么勇敢地面对了,化解了,超越了,我们还有什么理由唉声叹气、自怨自艾、自暴自弃呢?!正如美国人常说的,比起林肯受过的苦,我眼下的苦算得了什么?!

  请以尊严的方式承受、化解苦难吧!这种方式本身就是一项实实在在的内在成就,因为它所显示的不仅是一种个人品质,而且是整个人性的高贵和尊严,证明了这种尊严比任何苦难更有力,是世间任何力量都不能将它剥夺的。"一个人通过承受苦难而获得的精神价值是一笔特殊的财富,由于它来之不易,就决不会轻易丧失。而且我相信,当他带着这笔财富继续生活时,他的创造和体验都会有一种更加深刻的底蕴。"(周国平:《智慧和信仰》第44页,中国盲文出版社,2006)

  本书所列举诸多实例,有的是根据原材料摘录或改编的。对此,笔者在书中均注明了出处。对于这些材料的作者和出版单位,笔者在此表示衷心的感谢!